2021年国家社会科学基金重点项目"数字化视角下推进以县城为重要载体的城镇化建设研究"(21AZD049)阶段性成果

乡村振兴战略下
中国农村社会保障研究

乡村振兴战略下
中国农村妇女社会保障研究

李立清　江维国　周贤君　著

中国社会科学出版社

图书在版编目（CIP）数据

乡村振兴战略下中国农村妇女社会保障研究/李立清等著.—北京：中国社会科学出版社，2021.12

（乡村振兴战略下中国农村社会保障研究）

ISBN 978-7-5203-9671-4

Ⅰ.①乡… Ⅱ.①李… Ⅲ.①农村—妇女—社会保障—研究—中国 Ⅳ.①F323.89

中国版本图书馆 CIP 数据核字（2022）第 017494 号

出 版 人	赵剑英
责任编辑	刘晓红
责任校对	周晓东
责任印制	戴 宽
出　　版	中国社会科学出版社
社　　址	北京鼓楼西大街甲 158 号
邮　　编	100720
网　　址	http：//www.csspw.cn
发 行 部	010-84083685
门 市 部	010-84029450
经　　销	新华书店及其他书店
印刷装订	北京君升印刷有限公司
版　　次	2021 年 12 月第 1 版
印　　次	2021 年 12 月第 1 次印刷
开　　本	710×1000　1/16
印　　张	16.25
插　　页	2
字　　数	243 千字
定　　价	88.00 元

凡购买中国社会科学出版社图书，如有质量问题请与本社营销中心联系调换

电话：010-84083683

版权所有　侵权必究

目　录

第一章　绪论 ·· 1

　　第一节　问题的提出 ·· 1
　　第二节　国内外研究现状 ·· 6
　　第三节　本章小结 ·· 36

第二章　中国农村女性社会保障基本理论分析 ······················ 37

　　第一节　中国农村妇女及现有状况分析 ····························· 37
　　第二节　中国农村女性的权益保障实践 ····························· 41
　　第三节　中国农村妇女社会保障制度安排 ·························· 53
　　第四节　农村妇女社会保障理论基础 ································· 65
　　第五节　本章小结 ·· 71

第三章　中国农村妇女社会保障现状分析 ······························· 72

　　第一节　农村妇女社会救助制度建设现状 ·························· 72
　　第二节　农村妇女社会保险制度建设现状 ·························· 80
　　第三节　农村妇女社会福利制度建设现状 ························ 106
　　第四节　本章小结 ·· 110

第四章　中国农村妇女社会保障绩效评估研究 ····················· 111

　　第一节　社会保障绩效评估相关理论基础 ························ 111
　　第二节　中国农村妇女社会保障案例考察与比较 ·············· 127
　　第三节　基于DEA的中国农村妇女社会保障绩效

　　　　　评估实证研究 …………………………………… 139
　　第四节　基于 AHP 的中国农村妇女社会保障绩效
　　　　　评估实证研究 …………………………………… 164
　　第五节　本章小结 ……………………………………………… 178

第五章　乡村振兴战略下中国农村妇女社会保障制度目标 ……… 179
　　第一节　乡村振兴战略的阶段目标 …………………………… 179
　　第二节　乡村振兴战略下中国农村妇女社会保障制度
　　　　　评价体系 ………………………………………………… 182
　　第三节　乡村振兴战略下中国农村妇女社会保障
　　　　　制度目标 ………………………………………………… 199
　　第四节　本章小结 ……………………………………………… 209

**第六章　乡村振兴战略下农村妇女社会保障制度目标的
　　　　实现机制** ……………………………………………… 211
　　第一节　农村妇女事业与社会保障的关联 …………………… 211
　　第二节　农村妇女事业发展的举措 …………………………… 223
　　第三节　乡村振兴战略下农村妇女事业的发展体系构建 …… 235
　　第四节　本章小结 ……………………………………………… 241

参考文献 …………………………………………………………… 242

第一章

绪　论

第一节　问题的提出

一　研究背景

伴随改革开放以来中国工业化、市场化与城镇化的持续推进，农村劳动力流失日益严峻，留守农村的大多是儿童、老人和照顾儿童与老人的妇女。较于劳动力弱的儿童与老人，农村妇女实质扮演着"即主内，又主外"的社会角色，发挥着稳固家庭促进社会发展的重要作用，特别自党的十一届二中全会以来，中国农村日新月异，农村妇女持续推进中国社会主义新农村建设和乡村振兴中的关键作用愈发凸显农村妇女社会地位显著提高。然而，农村妇女在健康、教育、经济、决策与管理、社会保障、环境、法律等方面始终处于相对弱势地位。她们的发展不平衡不充分问题还很突出。如何有效加强农村妇女权利保障工作，促进农村妇女发展，一直以来是各界关注的重要议题。

中华人民共和国成立以后，积极推进男女平等，妇女地位得到提高，大量妇女走出家庭，从事社会劳动。20 世纪 80 年代以后，中国掀起了波澜壮阔的反贫困战，取得了举世瞩目的成绩，农村妇女反贫困方面也取得了重大进展，并积累了丰富的经验。政府制定和出台了有利于妇女减贫、妇女发展的各类政策，企业、社会组织也积极参与，开展诸多富有针对性支持妇女减贫的活动。在各界的共同努力下，在促进贫困妇女就业、改善其教育和卫生服务以及引导和促进妇女参与社会公共事务等方面都取得了明显的成效。但是，从根本上解决农村妇女的贫困问题仍然任重道远，这主要是因为大规模贫困人口仍然存在，其中超过50%是妇女。因为受教育水平一般比较低，妇女的就业渠道少、就业质量也不高。随着经济发展和迅速的城市化，出现了农村留守妇女和农业女性化的趋势，在边远的贫困地区，妇女与男子之间的收入差距在扩大，因此后精准扶贫期间，农村妇女减贫问题仍然是一个值得特别关注的问题。

自20世纪80年代以来，中国开展了大规模、成系统的减贫计划，1978—2000年，绝对贫困人口从2.5亿人降低到3000万人，绝对贫困人口占农村总人口的比例从30.7%下降为3%。从2000年开始，中国政府将那些收入略高于贫困线的低收入农户也纳入扶贫对象中，到2011年，成功地使贫困和低收入农户数量从2000年的9500万人下降为2700万人，占农村人口的比重从10.2%下降到2.8%。在这个过程中，大量农村贫困妇女也同步脱贫。比如，中国政府通过实施一系列具有针对性的专项扶贫开发计划，取得了卓越的成效，使妇女占多数的农村贫困人口的总数量从1994年的8000万人逐步下降到了2004年的2610万人，绝对数值减少了5390万人。毫无疑问，中国经济持续发展惠及了农村贫困妇女。经济发展创造了更多的就业机会，特别是劳动密集型的工业和服务业，吸收了许多妇女劳动力，从而增加了她们的收入。在中国东南部珠江三角洲的外资企业中，来自贫困地区的女工成为重要劳动力。从1994年开始，中国相继出台了《国家八七扶贫攻坚计划（1994—2000年）》《中国农村扶贫开发纲要（2001—2010年）》以及《中国农村扶贫开发纲要（2011—2020年）》等在中国反贫困事业发展中具有重要影响的指导性文件，并根据实际情况不断调整专项扶贫、行业扶贫以及社会扶贫等具体举措。虽然这些政策的性别意识并不突出，但它们在推动国家减贫成效的同时，也惠及了大量农村贫困妇女。2014年1月，中共中央办公厅、国务院办公厅印发《关于创新机制扎实推进农村扶贫开发工作的意见》

（以下简称《意见》）。《意见》对社会弱势群体的贫困问题给予了特别关注，明确提出在反贫困过程中要加大对少数民族、妇女儿童、残疾人等社会弱势群体的扶持力度。惠及所有农村人口的社会政策使贫困妇女获益更多，与此同时，覆盖范围越来越广泛的最低收入保障政策使贫困妇女，特别是老年贫困妇女获得了较低水平但稳定的保障，这很大程度上缓解了农村老年妇女老无所依的问题。对农村学龄儿童提供统一补助数量使农村儿童入学率提高很多。由于过去女童入学不受重视，失学女童远远高于男童，所以普惠的教育补助使更多原本上学困难的女童进入学校，农村女童入学率明显提高，特别是贫困地区的女童入学率提高很快。新型合作医疗的开展也有效缓解了贫困妇女看病难的困难，有助于减少妇女因病致贫的可能。

习近平总书记曾指出，"小康不小康，关键看老乡"。对此，李克强总理也多次强调，农民为中国经济社会发展做出了贡献，并将继续做出非常重要的贡献，社会各界要善待农民，不仅要让耕者有其田，居者有其屋，也要让农民成为一种体面的、有吸引力的职业，让农村成为山清水秀、安居乐业的家园。善待农民，当然包括农村妇女这半边天，因为她们既是当前我国农业生产的主力军，也是美丽乡村建设、乡村治理现代化建设的重要参与者。农民有体面，才能表明小康的全面性，农村妇女有体面，才能表明农民小康的全面性。2018年11月2日，在同全国妇联新一届领导班子成员集体谈话时，习近平总书记再次指出，要"把握妇女对美好生活的向往，有针对性地做好联系妇女、服务妇女各项工作，把更多注意力放在最普通的妇女特别是困难妇女身上，格外关心贫困妇女、残疾妇女、留守妇女等困难妇女，为她们做好事、解难事、办实事"。他要求妇联成为"妇女信得过、靠得住、离不开的娘家人"。女性不仅在家庭生活与家庭发展中承担着"影响三代人"的重要角色，更是承担着融洽邻里关系、融合村庄人文环境等方面的天然职责。有效、全面发挥好农村女性的独特作用，对乡村治理现代化建设和乡村振兴战略的顺利实施至关重要。可见，健全农村女性社会保障制度，充分发掘其建设美丽乡村的内在潜力与热情，理应成为社会各界密切关注的研究领域。

二 研究意义

（一）丰富和发展社会保障理论、完善社保体系的有力支撑

目前，我国社会保障理论体系尚不健全，从社会保障研究对象来看，我国现有的社会保障相关理论大多是针对城镇居民提出的，而针对农村居民社会保障的内容不多且提出较晚、尚不完善，并且大多是以农村居民作为整体进行研究和分析，单独针对农村妇女群体的研究较少。保障和改善民生是我国社会保障制度建设和发展的重要目标。着眼于现阶段农村妇女的社会保障现状，将农村妇女社会保障问题作为研究对象，对社会保障体系进一步健全与发展提出富有建设性的意见，这对丰富和发展中国特色社会保障理论，完善我国现有社会保障制度，建立满足多样化需求的全方位、多层次社会保障体系而言都具有重要作用。

（二）推进城乡均衡发展、促进社会公平正义的需要

由于发展所面临的经济发展水平、资源配置状况、发展政策等方面条件存在较大差异，我国城乡社会保障在长期发展过程中产生了一定差距。相比之下，农村社会保障的发展水平要远远落后于城镇。从现有文献来看，目前我国针对农村社会保障尤其是农村妇女社会保障的研究并不多。通过对农村妇女社会保障现状及现阶段面临的主要难题进行研究和分析，有利于探索和发现农村经济发展背后的主要矛盾，解决以农村妇女为研究对象的社会保障领域难题，促使广大农村妇女群体能够同等享受社会保障待遇，缩小城乡社会保障差距的同时推动城乡实现均衡发展，维护社会公平正义。

（三）合理配置劳动资源、推动经济持续健康发展的重要路径

随着城镇化进程的不断推进，人口跨区域快速流动也使社会保障覆盖对象频繁跨区域流动。大量农村人口尤其是青壮年劳动人口由农村向城市流动，使农村人口构成状况日益复杂，农村妇女社会保障的发展也面临严峻考验。与老年人口相比，农村妇女具备一定的劳动生产能力，积极有效地解决农村妇女社会保障难题，贯彻落实相关政策，有利于满足农村妇女的基本生活需要，使其能够有充足的时间和精力支撑其从事生产劳动，从而弥补现阶段我国农村劳动力不足的迫切问题，可以为农村妇女提供充足的就业保障，促使农村劳动力资源实现合理配置，从而满足农村社会生产建设需求，推动农村经济建设迈上新台阶。

（四）加强社会主义新农村建设、提升农村居民幸福感的有效途径

健全农村妇女社会保障既是广大农村妇女平衡、充分发展的内在需求，是美丽乡村建设、乡村治理现代化建设的要求，还是城乡统筹发展，构建全面小康社会的现实需要。建设经济繁荣、设施完善、环境优美、文明和谐的社会主义新农村是新时代发展要求，而"稳定、发展、脱贫"则是统筹推进社会主义新农村建设的三项核心任务，针对民生需求精准施策是发展建设目标得以实现的成功关键。作为关乎民生大计的重要内容，社会保障与人民权益息息相关因而备受瞩目。在开展广泛调查研究的基础上健全和发展农村妇女社会保障制度，一方面，对现行制度中不合时宜的部分进行修整；另一方面，对现存制度中尚未明确的部分进行补充，有利于更好地利用法规制度维护农村妇女的基本社会保障权益，从而满足农村妇女在医疗保障、生育保障、养老保障、就业保障等方面的基本需求，增强其对农村的归属感与认同感，提升农村居民生活幸福感与满意度，维护农村社会的和谐稳定，营造良好的社会主义新农村氛围。

（五）贯彻实施乡村振兴战略的必然要求

乡村振兴战略是中国共产党在第十九次全国代表大会报告中正式提出的重要战略任务，实施乡村振兴战略，坚持农业农村优先发展，是根据我国基本国情决定的，也是推动城乡社会平衡发展、实现社会主义现代化建设的必然途径。农村社会保障的建立、健全对于推动城乡融合发展，促进乡风文明建设发挥着重要作用。一方面，完善的社会保障制度有利于促进乡村和谐稳定；另一方面，完善的社会保障制度有利于培育文明乡风，对实现乡村振兴具有重要意义。乡村振兴不仅是"物"的振兴，也是"人"的振兴。留在农村从事生产劳动的人群是农业发展的基础，这其中既包括拥有充足劳动能力的青壮年劳动力，又包括老年人、妇女等相对而言劳动能力较弱的劳动力。因此，关注和研究乡村振兴战略下农村妇女社会保障问题，满足农村妇

女基本生活需要的同时引导其自觉参与乡村振兴，促进乡村治理主体多元化以实现乡村治理能力和治理体系现代化，推动"农业强、农村美、农民富"建设目标的全面实现，是推进乡村振兴战略贯彻实施的必然要求。

第二节　国内外研究现状

一　国外研究现状

（一）国外对妇女贫困的研究

1. 国外对妇女贫困问题的研究

美国社会学家Diana Pearce在对美国20世纪50年代到70年代中期的贫困问题进行研究时意外发现，贫困具有显著的性别差异，女性更容易陷入贫困境地，并因此提出了"妇女是贫困中的最贫困者"的诊断。因为贫困人口中女性比率以及以女性为户主的家庭所占比重不断增加的原因，他还提出了"贫困女性化"的概念。随着女性贫困问题的提出及引发的讨论，西方学界自20世纪60年代开始加大了对贫困问题性别差异的研究力度。美国学者Valentine M. Moghadam进一步展开了对"贫困女性化"的研究，认为"女户主家庭是贫困率增长最快的家庭结构"，Moghadam在研究中发现，贫困人口在数量方面，女性贫困人口的数量呈增多趋势，相比男性而言，女性的贫困更具长期性，其提出的"贫困有一张女性的面孔"观点，使学界对妇女贫困问题的研究开始了系统化的探讨。1995年，联合国在《人类发展报告》中再次指出"贫困具有一张女性面孔"的观点，其依据是在全球贫困人口中，女性占比高达70%，贫困女性化特征自此引起各界的重视，并日益成为全球反贫困事业中的焦点问题。受此影响，国外学者对贫困女性化的成因也展开了广泛的探讨。Christopher, K.、England, P.、Smeeding, T. M.和Phillips, K. R.通过数据对西方发达国家收入的性别差异进行研究时发现，在澳大利亚、加拿大、法国、德国、荷兰、瑞典、英国以及美国等西方国家中，尽管贫困现象普遍存在，但单亲母亲落入贫困境地的概率明显更大。联合国妇女与发展组织从收入获得的角度提出，妇女因为更难获得土地进行生产，更难获得信贷、资本的支持以及收入高的工作，因而更容易陷入贫困。Amartya Sen 则从主体地位的角度指出，福利在性别方面的不平等，也是妇女更容易陷入贫困的重要因素。"贫困女性化"的发展被认为是由复杂的文化和物质力量推动的。Oostendorp 从劳动力市场角度出发的研究发现，一般情况下妇女进入劳动力市场的机会少，而且即使进入劳动力市场，其工资收入也通常比较低，与男性不平等。世界银行的有关调查数据显示，在过去的 10 年间，妇女工资的年均增长率大约为 1%，远低于男性工资的同期增长率，而且从总体上看女性获得的报酬只有男性报酬的 60%—70%，这种对于女性劳动报酬方面的性别歧视无疑会加深贫困女性化程度及其脱贫难度。还有国外学者从社会性别的视角对女性贫困问题展开了广泛分析，如 Sylvia 提出，"贫困女性化"这一现象产生的原因不仅仅是收入低这一单一要素，社会中普遍存在的性别歧视和能力剥夺也起到了推波助澜的重要作用；Michael Burda、Daniel Hamermes、Philippe Weil 进一步提出，劳动力市场的排斥只是一种表面现象，其背后的深刻原因是长久以来的传统文化对女性的偏见。还有学者基于资源分配的角度指出，在许多发展中国家，女性拥有土地与参加工作的可能都要比男性低，在教育资源的享受方面男女之间也同样存在差别。在对拉丁美洲国家土地占有情况的研究中，Deere 和 Leon 发现，尽管男女人口数量相差不是很大，但男性占有的农地数量为土地总量的 70%—90%。因家庭对女性的人力资本"投资"比较少，导致女性成人后无法在劳动力市场的竞争中占据有利的地位，加大了陷入贫困的概率，这又将反过来进一步加深社会对女性"投资价值"效率低的错误看法，于是在女性身上就形成了一种令人悲哀的恶性循环。Pia Piroschka Otte 等学者对莫桑比克的研究中发现，妇女在农业生产中承担着重要的角色，但妇女所生产的农产品主要供给家庭消费，而较少用于促进妇女的真正发展，家庭内部资源分配的不均，使贫困家庭中妇女的贫困状态较男性成员更严重。

2. 国外对妇女贫困多维测量的研究

联合国开发计划署将贫困定义为一种生存状态,认为贫困具有广泛的含义,是指人口寿命、健康、居住、知识、参与、个人安全以及环境等方面的基本条件得不到应有的满足,人的选择被这些基本条件限制了。欧共体则更多地从"社会排斥"维度阐述了贫困的含义,认为"贫困应该被理解为个人、家庭或群体的资源(物质的、文化的和社会的)如此有限,以致他们被排除在社会可接受的最低限度的生活方式之外"。Amartya Sen 较早提出应从多维视角洞察贫困及其发展,认为"应该把贫困从概念上定义为能力不足而不是收入低下",森提出的"可行能力"思想引起了学界共鸣,获得了广泛认同,被公认为是多维贫困理论的思想基础。客观地说,多维贫困源自"能力贫困"这个概念,而该概念正是由印度学者阿马蒂亚·森于20世纪80年代所提出。本质上,森将贫困概念从传统的收入贫困视角拓展为能力和权利贫困,开阔了研究者的视野,"多维贫困理论"也因此而产生。按照多维贫困理论的基本逻辑,能力被剥夺是贫困产生的根本原因,但贫困的度量不应是单向度而应是多维的;贫困既能在收入方面得到体现,也会在健康、受教育程度、生活水平等方面具有显著表现。随着全球对反贫困问题的日益重视,多维贫困测度理论和方法得到了快速发展,并广泛应用于贫困测度及制定反贫困对策的研究与实践中。目前,比较有影响的多维贫困测度方法主要有 FGT 法、MPI 法、因子分析法、模糊集方法以及 A-F 法。其中,由牛津大学贫困与人类发展研究中心的 Alkire 与 Foster 共同提出的 A-F 法,在多维贫困测度方法中应用最为普遍。至于女性多维贫困测度方法的具体操作,也有学者提出了自己的观点。Eva Mueller 提出,要从妇女就业、支持结构和社会态度三大维度测量妇女贫困,然后通过定量分析法以确定测算妇女贫困发生率与贫困程度所需的数据特征,方能实现妇女贫困测量的可操作化。为此,Eva Mueller 借鉴定量经济理论的基本原理构建了测量发展中国家妇女贫困发生率分析框架。

3. 国外对农村妇女反贫困的研究

20 世纪 60 年代开始,西方学术界就开始了有关妇女贫困问题解决对策的研究，并提出了一系列包括反贫困方法、平等和福利方法、效率方法在内的反贫困对策，且这些对策也被部分国家应用于实践。阿马蒂亚·森在研究妇女福利以及被差别对待内在因素的基础上提出，消除妇女贫困最为重要的方式是促进妇女就业。对此，Anderson 持有类似的观点，认为人力资本能够有效促进女性贫困者就业和增加其收入，因而对妇女进行教育、培训等投资是有效缓解其贫困的可行选择。Kevin 和 Christine 基于多维权利贫困理论，借鉴市场经济理论，极力倡导通过市场参与进行减贫，通过市场力量引导和帮助小农生产者实现自主减贫，这当然也包括女性小农生产者。Theodore Schultz 的"传统农业改造论"和"人力资本论"提出，造成贫困的主要原因是对人力资源的忽视与不充分运用，其后果在宏观上是造成国家落后，在微观上则是出现了个体和家庭的贫困，因而政府应当通过适当的手段加强干预，既要加大人力资本投资，也要为贫困人口创造就业机会，其作用目标是促进内生能力发展增强，实现贫困人口的自主脱贫。Christiaensen 在"人力资本论"的基础上提出，农户可以通过参与生产获得更多生产性资本，增强生产能力，进而缓解贫困程度。还有学者认为建立和完善最低工资政策也是缓解女性贫困程度的重要手段。有研究指出，自 1999 年在全国范围内实施最低工资法以后，英国大约有 1200 万劳动者的工资得以提高，且在直接受益的贫困对象中女性占 2/3，且美国最低工资政策的受益对象中的女性同样有 60%。还有学者倡导加入工会组织来促进女性脱贫，其依据主要是瑞典劳工运动极大地推动了女性的经济独立与社会地位的提升，而该国有差不多 80% 的劳动力均加入了工会组织。还有学者致力于推动工作的家庭政策，即倡导实行带薪和不带薪的产假、家庭照顾者津贴以及儿童看护服务和弹性工作制等，其目的是通过这些对策帮助女性实现家庭和工作的平衡。在此基础上，还有学者倡议制定只有男性才能享受的"父职假"，以此鼓励父亲在家务劳动和子女教养中承担起更多义务。

(二) 国外对妇女权益的研究

1. 国外对妇女权益问题的研究

在女权主义思潮与女性社会运动的影响下，国外有关妇女权益保障问题的研究由来已久。开始于18世纪末、结束于19世纪下半叶的第一波女权主义运动，其主要诉求是妇女参与政治；第二波女权主义运动开始于20世纪初至60年代，以白人中产阶级女性为主导，其诉求的焦点是争取经济平等；第三波女权主义运动发生在20世纪60—80年代，受到后现代主义思想的影响，运动诉求具有多元化、包容性等特征，如"主动离婚权""无过失离婚权""高等教育权"以及"使用无性别意识的语言"等更加明确的诉求均是其争取的权利内容。当前，西方学界有关妇女权益保障的探讨聚焦于保障缘由、保障目的以及保障的具体路径等领域。

妇女权益的保障主要是依托于女性主义意识下社会性别理论的研究成果，作为女性主义（Feminism）理论的中心概念，这一理论为研讨妇女权益保障问题提供了更加宽广的研究视角和分析架构。Gosta Esping - Andersen 在《福利资本主义的三个世界》一书中，比较了斯勘的纳维亚半岛（以瑞典为例）的社会民主主义模式、欧洲大陆（以德国为例）的保守主义模式以及盎格鲁·撒克逊派系（以英国为例）的自由主义模式，探究了三种形态的社会政策下妇女劳动就业以及工作区隔的水平，分析了国家各项政策对于妇女参与就业程度和工作区隔水平的影响。

西方有学者指出，保障妇女权益最重要的目标之一就是让其进入社会公共领域，保障其在社会公共领域内拥有政治参与、劳动、文化教育以及婚姻自由等各类权益，改善其在政治、经济、文化和婚姻家庭等方面的弱势状况。为此，英国社会学家 Richard Titmuss 提出了"女性主义福利"的概念，关注妇女在社会生活中的发言权以及家庭生活中的平等地位，应该说"女性主义福利"将原本仅关注提升妇女在政治方面的福祉的学界视野扩大到了社会服务、经济生活、精神文化、医疗卫生以及婚姻与家庭等更为宽阔的领域。

西方少数学者基于性别化视角，对于妇女的工作、教育、社会保障等具体权益的维护策略展开分析，取得了一些富有共识和影响的成果。Barbara S. Deckard 将性别化要素归纳到政府的法制化建设中，极力倡导建立保障妇女雇用、生育、离婚、家暴、性骚扰等特殊需求的法律法规，以从制度层面加强妇女权益的保障。英国学者 William Beveridg 别出心裁地提出了维护女性社会权益的新想法，也就是扩大男女社会保障缴费比例，利用差价以保障家庭妇女的福利待遇，并提倡针对孤寡女性的特殊情况与特殊需求提供相应的补贴。

2. 国外对妇女土地权益的研究

客观地说，男女平等的法律精神是国外学者探讨妇女土地权益的逻辑起点。Bina Agarwal 认为，在一个社会体系中，男女之间如果出现持续不平等的现象，必然会限制社会生产力的发展，最终将导致社会经济增长的减缓。在南亚的诸多国家或者地区，尽管法律层面对男女平等享有土地权益进行了规范，但现实却与之相反，女性的土地权益非常容易受到侵害，保护不到位的情况比比皆是。如越南，该国的新物产法规定，夫妻具有在地契上共同署名的权利，但现实中该规定却很少真正执行；印度相关法律同样规定妇女可以拥有土地，但事实上，因各种各样的主观、客观因素的影响与制约，妇女的土地权利并未得到有效的保障，法律意义上的妇女的合法权益与其实际的土地所有权和自主控制权之间还存在很大的差距，法律条文只能停留在制度文本上。此外，在拉丁美洲和非洲，即便妇女拥有土地权利，但性别差异在土地权利的体现方面也无处不在，妇女的土地产权极不稳定。与此同时，当土地产权遭受外界威胁时，处于弱势地位的妇女通常倾向于失去土地权利以求自保。Rebouche 在对肯尼亚的平等法案进行研究时指出，尽管其结构更有针对性，理论上可以更好地有利于妇女平等和土地平等分配等问题的解决，但实际上部分法律制裁依然是基于性别歧视去执行，导致了诸多原本存在的问题不仅没有得以解决，反而变得更加严重。Karanja 在分析肯尼亚妇女土地权益时指出，妇女土地所有权被边缘化以及由此产生的问题严重制约了妇女的整体经济福利水平，而妇女社会经济地位低下则导致其实际土地权益难以实现，因而形成了一个恶性循环。尽管法律明确规定了男女平等，但它仍然受到很多因素的影响，其土地产权很容易受到其他因素的制约。

（三）国外对农村妇女社会保障的研究

由于国情不同，国外的社会保障政策与我国存在很大差异。国外学界针对农村妇女社会保障的研究，主要是围绕女性健康、生育保险、就业、养老等而展开。

1. 农村女性健康的研究

众所周知，健康是人类发展的基本前提，也是个体享有一切其他权利的基本条件。世界卫生组织（WHO）在界定生育健康概念时指出，妇女有权得到卫生保健服务，这不仅包括妊娠期及分娩过程的安全，还包括为每对夫妇创造生育健康婴儿的条件与机会。对此，国际妇女健康联盟（IWHC）也曾指出，每一个国家或地区定义的生育健康概念必然要适合其国情，但每个妇女都应无条件地享有生殖健康的权利。世界卫生组织总干事陈冯富珍博士在《妇女和健康：当今的证据，未来的议程》报告中旗帜鲜明地指出，社会与政治是影响妇女健康的主要因素。如果缺乏平等观念，将妇女视为社会中的二等公民，既会导致妇女教育和就业机会的剥夺，又使其无法获得相应的工作报酬，也没有权利拥有特定的财产，更无法花钱寻求医疗卫生保健，那么在妇女健康的增强方面就根本不可能取得重大进展。无论是历史还是现在，一个社会体系中掌控经济、政治和社会的主角通常是男性，女性往往是配角。与男性相比，因为地位不平等，妇女很难进入正规劳动力市场并获得平等的报酬，因而她们也难以获得各种依附于工作岗位的社会保障，这当然也包括卫生保健。

作为人力资本投资的主要方式，教育对妇女健康促进同样具有重要的影响。有统计数据表明，全球文盲人口中，女性的数量是男性数量的两倍以上。在亚洲的部分发展中国家，学龄阶段的早婚的女孩占比高达38%。尽管公共卫生措施不能对早婚产生直接的抑制作用，但在妇女健康促进方面它确实不容忽视。然而，妇女健康需求得不到满足的问题始终未能得到很好的解决，其原因不是单一的，而是个人行为规范、社会态度和使其长期存在的公共政策等多种因素综合作用的结果。

有研究表明，在收入水平不同的两个国家的妇女健康状况比较中，高收入国家的妇女疾病负担和死亡率均低于低收入国家，这无疑说明贫穷是女性健康问题产生的重要因素。而且，进一步的研究表明，随着国家整体经济的增长和人均收入水平的提高，妇女健康问题将会逐步得到改善。除贫穷这个重要的外界影响因素之外，医疗水平等其他因素也不可忽视。与男性不同，妇女具有与生育功能相关的生物学方面的弱点，而这些弱点容易使其遭受某些特殊健康风险，这是性别差异的生理体现。在高收入水平国家，女性死亡案例中超过40%归咎于心脏病、痴呆和癌症等慢性类病；与此不同的是，在低收入水平国家，女性死亡案例中大约40%是孕产妇和围产期病症、下呼吸道感染以及艾滋病等。显然，上述数据表明，低收入国家的妇女卫生保健服务尚不到位，不能满足该群体的基本需求。再如，宫颈癌这个病种可以早查、早防、早治，疗效通常也比较好，但在低收入国家，其致死率大约为80%。对此，Penelope Key等在1987年指出，尽管人们已经意识到妇女因生理结构原因对卫生服务有特殊需求，但可悲的是，该群体并没有得到相应的卫生保健服务。因此，Vincenf Fauveau等在1988年就呼吁，发展中国家妇女的健康问题要引起相关部门，特别是公共卫生服务部门的高度重视，切实保证妇女能得到应有的公共卫生服务。

2. 农村妇女生育保险的研究

从妇女生育保险立法来看，1883年，德国颁布了关于生育保险的第一部法律——《疾病保险法》。该法的颁布具有里程碑式的意义，不仅标志着德国率先步入生育社会保险法律制度的国家，也为其他国家树立了典范。1919年，国际劳工组织制定了《保护生育公约》（以下简称《公约》）。《公约》是生育保险的国际标准，世界各国均以此作为建立生育保险制度的依据。

受权利平等思想的影响，国外学者认为生育保障制度应将农村妇女纳为保障对象。Virginia C. Li、Wang Shaoxian的研究发现，相对城市妇女而言，农村妇女的生育状况明显要差，因此政府和社会应更加关注并加大投入，促进农村妇女生育保障问题的解决。Grace的研究指出，农村孕产妇获得的生育保障服务要显著低于城市孕产妇，因此国家的公共卫生服务不应该受户籍的制约，应该将重点放在如何解决农村妇女的生育保障方面。Hill, Heather D. 提出，许多国家为农村低收入家庭妇女制订了贫困救助计划,为其生育期间提供特别帮助,保证其生育期的基本生活,切实保障了妇女的身体健康。Fitzgerald 通过总结马萨诸塞州医疗保险改革中孕产妇保险的经验后提出,公共卫生保健服务需要提高保险覆盖面,要使不同阶层的妇女都能被覆盖。

3. 农村妇女就业的研究

在妇女参与经济方面,国外学者主要聚集于农村妇女的就业问题。早在 20 世纪 90 年代,英国学界就开始从理论和实证双维度研究农村妇女的就业及其劳动收入问题。Jo Little 强调,农村妇女的就业参与具有极其重要的作用,因为它不仅关系到劳动力的充分利用和经济的发展,而且关系到家庭人员的内部分工与地位的平等。他还强调,中央和地方政府的制度与政策是影响妇女就业机会、获得劳动收入的重要影响因素。Malkit Kaura 则指出,在区域经济发展中,农村妇女起到的作用非常显著,做出的贡献非常大。Clemente J. Navarro Yáñez 从历史、受教育水平和工作特征等角度阐述了西班牙农村妇女的就业及社会流动性,深层次分析了西班牙农村妇女在工作和机遇方面的不平等。此外,美国学者孟芝等的研究发现,"19 世纪,得益于教育的普及、科学技术的革新和传统观念的改变等,参加文化教育、工商服务等方面工作的美国妇女日益增多。妇女就业对部分行业经营方式及整个社会的经济也产生了不小的影响"。受到美国妇女参与社会工作热情日渐高涨的影响,学者开始将研究重心投射到妇女就业对经济发展的促进乃至整个社会的进步的影响方面。水町勇一郎认为,受传统思想的影响,人们潜意识地对女性工作和工资待遇存在不同程度的歧视,因此应该以雇用均等法为中心,逐步改善女性被歧视现状,解决女性平等就业和平等待遇问题。

4. 农村妇女养老的研究

西方发达国家老龄化问题出现得比较早,因此对老年人的养老关注得比较多,但对农村妇女这一群体养老问题的研究非常稀少。当然,国外专家学者有关老年人保健问题的研究对本研究具有启示意义。奥地利医师 Lgnace Leon Naschex 最早关注老年人保健问题,并于 1909 年提出了"老年医学问题"。到 20 世纪 80 年代,老年人保健问题的研究领域逐渐变得宽泛，研究视角呈现多元化的趋势，老年社会学和老年心理学在此背景下应运而生。西方学者主要从以下两个维度对老年人保健相关问题展开了分析，并且取得了较为丰硕的成果。一是关于老年学的理论建构。在众多学者的努力下，产生了脱离理论、老年政治学理论、社会排斥理论、社会融合理论、女权主义理论、活动理论以及社会交换理论等一系列关于老年人的理论，为老年人问题的深化研究提供了广泛的理论基础。二是关于老年学的应用性探索。关于老年学的应用性探索又主要分为两个方向：一是关于老年人养老保障社会支持系统的研究，如倡导加强老人公寓、老人养老院、孤老收容所、老人病房等的建设，以完善社会支持网络；二是关注老年人余热的发挥，其取得的共识主要有：社会各界要从文化娱乐活动、知识更新、继续工作等方面入手，加大对老年人的支持力度，让其觉得具有创造和贡献价值，而不是社会的负担。对此，日本学者还特别提出，在老年人群体中，应对老年妇女，尤其是丧偶老年妇女的养老问题给予重点关注。

二　国内研究现状

（一）对农村社会保障的研究

目前，新农保、新农合和农村社会救助制度事实上已经成为惠及我国广大农村居民的重大民生工程，对维持农村居民基本生活、推动农村经济发展、促进乡村振兴等发挥着重要效用。根据《中华人民共和国国民经济和社会发展统计公报》，截至2019年年末，全国参加城乡居民基本养老保险、基本医疗保险的人数分别达到53266万人和135436万人。而根据《中国社会统计年鉴（2019）》显示，2018年我国农村居民最低生活保障平均标准为4833.4元/人·年，该年享受农村居民最低生活保障和享受农村特困人员救助供养的人员分别有3519万人和455万人，其中农村特困人员集中供养人数为86.2万人、分散供养人数为368.8万人。尽管农村社会保障力度不断加强，但从制度完善的角度看，受长期以来城乡二元结构的深远影响，我国农村地区的社会保障制度尚存在内容体系残缺、结构体系碎片化、层次体系欠均衡等结构性的问题。目前，乡村振兴战略下我国对于农村社会保障的研究可以大致分为以下几个层面。

从农村社会保障制度变迁来看，国内学者按照侧重点不同将我国农村社会保障发展划分为不同阶段。王曙光、王丹莉从社会保障与集体经济关系角度出发，认为从中华人民共和国成立直至20世纪80年代中期属于以集体经济积累为主的低成本农村社会保障制度，这一阶段政府对于包括社会救济、养老、医疗等在内的农村社会保障的财政投入相对较少，农村基本社会保障的实现与农村的集体经济组织有着密切的关联；而从20世纪80年代中期至90年代末期，是农村社会保障体系由以集体经济为主要依托的保障模式过渡到国家财政投入低而集体经济角色相对缺失的保障模式，这也是我国农村社会保障体系的转型探索时期和相对低谷时期；21世纪至今，随着城乡一体化加速发展，国家功能与集体经济功能有机融合的新型农村社会保障制度逐步形成。

从农村社会保障与乡村振兴关系来看，国内相关研究认为社会保障对于乡村振兴战略的作用主要体现在消灭农村绝对贫困、转变农民消费方式、优化农业产业结构以及助推乡村社会善治这四个方面。正如国内社会保障学者徐进所言："新时代社会保障已经形成以经济参与、民生保障、社会建设、国家治理为核心构成的责任体系。"但是也有学者从社会保障发展的限制性条件出发，认为农村社会保障及其在推进乡村振兴战略实践的过程中也面临着外生性束缚和内生性障碍两类发展困境，主要包括农业产业结构比较单一、农村集体经济地区发展不平衡、深度贫困地区绝对贫困消灭困难、农村社会保障制度体系尚不完善等。

从农村社会保障法律制度来看，许多学者从农村传统社会保障法律体系构建的角度指出，我国并没有建立健全的相关法律体系来保障农民的合法权利，因而只有建立健全农村社会保障相关的法律制度，方能真正保护好农民合法权益、推动农村经济健康发展，进而构建起社会主义和谐社会和构建社会主义新农村。此外，也有学者结合国内实际情况根据新形势对农村社会保障法制建设进行研究分析并提出建议，认为除了要完善传统的农村社会保障法律制度之外，面对新形势下农民的生活和工作现状，还应该大力加强失地农民社会保障、农民工社会保障及农村社会救助等法律制度的建设。

除此之外，有学者从农地社会保障功能入手，认为厘清农地与社会保障的关系，正确看待农村土地承担的社会保障功能对于认识农村社会保障实质、推动农村社会保障事业发展同样具有重要的现实意义。国内学术界对农地社会保障持有两种截然不同的态度，部分学者认为农地保障是社会保障的一种特殊形式，农民主要依靠农地来保障基本生活，因此强化和创新农地保障有利于维护农民的基本权益，认为农地在现阶段最主要的功能不是生产资料而是社会保障。当然，也有部分学者对此持反对意见，其观点主要有：从本质上看，农地属于生产资料，它只是农民在社会保障缺位的特定条件下，被迫进行自我保障的一种反应，无论从本质、责任主体还是保障形式来看，它与社会保障并不能同日而语，存在本质上的区别，并且农地的保障功能在某种程度上阻碍了农村社会经济发展。这些研究对完善我国农村社会保障制度具有重要意义。

（二）对农村妇女贫困（生活保障）问题的研究

1. 农村妇女

按照《现代汉语词典》的释义，妇女可理解为"成年女子"。实践中，"妇"具有为人妻、为人妇的含义，当然妇女并非已婚妇女的专称，年满18周岁的女性青年也可称为"妇女"。学术界对"农村妇女"这一概念的研究较少，国内学者研究认为鉴定是否为农村妇女应该从以下三个方面进行界定：一是以职业为依据，指专门从事农业劳动的妇女；二是以社会身份为依据，指持有农业户口的妇女；三是以居住地为依据，指在农村范围居住和生活的妇女。

传统的社会保障体系覆盖范围狭窄且存在社会资源分配不均现象，因此建设多层次的社会保障体系、实现社会资源的合理配置是世界性趋势。目前我国多层次社保体系目标明确但发展理念较为模糊，相关政策渐成体系但实践效果不佳。包括老年人口、农村妇女在内的社会群体未能充分享受到社会保障的保障效用。

农村妇女是农村人口结构中的重要构成。农村妇女的文化程度普遍较低，受教育水平低于男性，就业机会少，外出务工收入比男性低，健康和卫生状况差，社会参与程度低。再加上机会短缺和能力匮乏，从而形成了一种恶性循环，对男性的依附程度较高，在离异、丧偶等情况下极易沦为贫困群体。

2. 农村妇女贫困问题

关注妇女，特别是贫困妇女群体的生存和发展是各国政府义不容辞的责任。妇女在家庭中权利的提升对于贫困人口脱贫具有积极影响。一方面，年龄、文化程度、是否有儿子和家庭年人均收入等人口特征变量对农村贫困地区妇女的生活质量产生了多方面的影响；另一方面，与他人聊天、倾诉等社会支持变量对农村贫困地区妇女的生活质量也会产生一定的影响。

国内学者对农村居民尤其是农村妇女脱贫问题较为关注。程玲对我国农村贫困人口的性别构成进行分析，发现贫困的发生、表现和结果具有性别差异，妇女是农村贫困人口的主要构成人群。王小林在总结"十三五"期间农村妇女脱贫面临的新挑战时指出，农村贫困妇女规模大、人群多样化、多维度贫困等是新时代农村妇女脱贫面临的主要挑战，因此要加强农村精准扶贫的性别治理、提升"两支队伍"对贫困妇女的专项帮扶能力、提升农村贫困妇女在贫困治理中的参与程度。率先提出贫困指数以反映贫困状况的阿玛蒂亚·森认为，贫困的真正成因是权利与机会的缺失。贫困者权利的缺失对其陷入贫困具有直接影响和决定作用。基于此，虞崇胜等指出建立健全以能力、权利、制度为中心的精准脱贫实现机制，改善贫困家庭的权利是精准脱贫的关键。汪三贵等也认为需发挥贫困人口的主体性作用以实现内源式发展，并且还指出，在以家庭为生计单位的背景下，家庭内部的权力结构内在地影响了家庭的基本决策及其表现，因而关注农村妇女贫困问题对于减贫也有着重要的意义。女性赋权一方面可以促进女性贫困的减少，另一方面可以通过提高女性的受教育水平和家庭地位对子女的教育、营养等产生积极影响，从而降低子代陷入贫困的概率。就现实而言，推进妇女权利的改善是提升贫困家庭自我发展能力、推进贫困地区精准扶贫工作的重要途径。

第一章 绪论

随着精准扶贫战略的稳步推进,我国农村脱贫问题得到了有效的解决,但农村妇女的生计发展问题依然严峻。《中国农村扶贫开发纲要(2011—2020年)》将全国划分为14个片区,共680个县作为新阶段扶贫攻坚的主战场,其中农村妇女群体成了重点扶贫对象之一。农村妇女作为农村家庭和乡土社会的重要组成部分,在农业生产、生育抚养、社区建设以及文化传承方面都扮演着重要角色,并在性别、家庭分工、社区参与和职业选择上也存在特殊性。农村女性人力资本各要素能显著促进家庭收入增长,因此实现新时代精准扶贫离不开对农村妇女人力资本水平的关注和提升。在具体的扶贫工作实践中,随着各界对农村妇女贫困问题关注力度的加大,扶贫政策的针对性日益增强。为扎实推进新时期妇女扶贫开发工作,加大对连片特困地区农村妇女的帮扶力度和对口支援,国家扶贫工作和民间扶贫组织形成了多层面、多部门联动的"大扶贫"格局,例如"母亲水窖"、"春蕾计划"、农村贫困"两癌"筛查与救助、"母亲健康快车"等扶贫举措都为改善农村妇女的生活条件和提升农村女童教育水平做出了重要贡献,同时本土化的社会工作者队伍建设也促进了其内生发展能力的增强,对面临诸多资源约束下的农村妇女起到了反贫困的实践效果。

在多维政策的引导和推进下,连片特困地区的妇女扶贫举措得到了广泛推崇并形成了类型多样、主体多元和特色迥异的扶贫模式。然而,由于农村妇女的自身心理、生理的天然脆弱性以及农村社会中对女性参与政治生活的忽视等主客观因素的综合作用,使其脱贫更为困难。当下农村妇女所处的现实困境依然是不容忽视的问题。当前,导致农村妇女贫困的不是经济收入的低下,而是获得物质福利机会和能力提升的缺失。因此,全面、深入了解连片特困地区农村妇女生计的需求意愿,对于分析农村妇女未来的发展形势,协调政策供给与妇女需求的关系,提升妇女的可持续发展能力,都具有重要意义。

农村妇女在农村现代发展中的角色定位日益清晰,国内关于完善和提升农村妇女社会保障待遇的研究近些年来也不断增多。陈爱武对中华人民共和国成立70年以来的妇女人权保障建设进行概述,认为随着相关法规的颁行,我国妇女在政治、经济、文化教育、健康与社会保障、人身权益、婚姻家庭等领域取得了一定成绩,但在体制机制方面,法律政策性别评估机制亟待建立,性别平等的宣传教育力度也需要加大。罗军飞等认为帮助农村贫困地区妇女摆脱贫困、提升生活质量,可以从个体和社会两方面着手。对于妇女自身来说,应当继续推进九年制义务教育,力争保证女童都能完成九年制义务教育;改变生育观念,破除传统多子多福和养儿防老的观念,多胎生育不仅有害妇女自身健康,而且会加重家庭负担,同时还会抵消劳动力增加的人口红利;树立自我意识,废除"三从四德""夫主妇从"的旧俗,改变以往将自我价值寄托在丈夫或儿子身上的错误思想,认可自己对家庭的贡献。对于社会来说,政府主导、党政协同、社会积极参与共同给予妇女生活上的关心、生产上的帮助、物质上的支持和精神上的鼓励。弘扬互帮互助的传统美德,鼓励邻里之间的互帮互助;宣传男女平等基本国策,营造支持妇女发展的有利环境。

(三) 农村妇女基本权益保障研究

1. 农村妇女生育保障

"生育作为一种社会现象,同时兼有三个特征:数量、时间和性别。"因此人们的生育意愿也相应地"包含生育子女的数量、生育子女的时间、生育子女的性别三个方面的内容"。其中,"意愿生育性别"反映着人们对生育子女性别的认识和期待,是生育意愿的重要组成部分,农村传统文化制度的式微让农民的生育观念发生了变化。随着农村治理模式的转变和经济社会的发展,广大妇女越来越深入地参与到村庄经济活动和公共事务治理中,她们不再仅仅是市场经济发展和改革开放成果的被动"接受者"和"享受者",更是作为主动的"创造者"融入其中。农村妇女的主体意识正是在这种主动性和主体性参与中不断得以萌生和增强。陈丽琴对中华人民共和国成立70年来农村妇女意愿生育性别偏好的变迁进行研究发现,乡村治理模式的变革、农村经济的发展、社会转型等现代化历程都直接或间接地影响了妇女家庭生活和生育意愿的日常实践。农村社会发展为妇女主体意识的建构和意愿生育性别偏好的变迁提供了宏观背景,国家生育政策又为妇女生育性别偏好的实现提供了选择的微观空间,其生育性别偏好也随之得以重塑。

我国农村生育保障制度经历了多个发展阶段。在计划经济时期，因国家对农村地区社会保障事业建设的投入严重不足，家庭保障是农村的基本保障方式，生育保障同样也是基本上由家庭承担，而农村合作医疗的发展，在一定程度上促进了农村妇女生育保障水平的提高。随着改革开放的不断深化和农村经济社会的不断发展，特别是随着农民生活水平的日益提高，农村医疗卫生保障的供需矛盾也开始显性化且日益尖锐，独生子女奖励制度等与计划生育政策相关的奖励制度被视为我国特殊国情下对农村妇女生育保障的重要补充措施，理应视为农村生育保障制度的组成部分。并且，随着农村经济的发展和国家对社会保障事业建设投入力度的加大，特别是在近些年来国家对城乡公共品投入均等化的影响下，农村基层与生育相关医疗卫生服务得到了一定的改善。然而，因医疗卫生设施不足、医疗卫生人员欠缺等限制性因素影响，我国农村妇女生育保障制度仍有待完善。

农村妇女生育意愿是影响农村生育率的重要因素。田瑞靖以长期处于低生育水平的宜昌为例进行研究，一方面，将家庭权力纳入生育决策模型中，考察社会变迁过程中农村妇女家庭权力的变化对生育决策的影响；另一方面，对低生育率地区的妇女地位和生育率关系进行研究，考察妇女地位在较低生育率下降中的效应，发现家庭权力在生育决策中产生重要影响，男性的生育观念更为传统，男性主导家庭权力可以提高家庭的生育意愿，而女性拥有越来越自主的生育决策权力以及更理性的、以核心家庭幸福为准则的生育观。郑卫东基于山东日照东村文献资料和田野调查，发现集体化时期分配制度对农村妇女的生育意愿具有重要影响。杨凡等在梳理流动对人们生育观念影响的相关理论的基础上，通过对调查数据进行分析，在控制了人口流动的选择偏差的条件下，比较了从未流动的农村育龄妇女和有流动经历的农村育龄妇女在男孩偏好方面的差异，认为我国人口的大规模流动正在改变着农村育龄妇女的生育观念。

随着我国经济的发展、男女平等思想的深入和女性地位的提升，有关农村妇女生育保险的研究与日俱增。毫无疑问，国内学者的这些成果既为国家对农村生育保险制度的健全提供了新启示，也为农村生育保险相关的后续研究提供参考与借鉴。潘锦棠曾提出，生育保险覆盖范围不全面，需要实现覆盖全民的生育保险制度。杨菊华认为，建立健全生育支持政策是我国生育保障制度的发展方向，生育支持政策是中国生育政策调整后新出现的一个概念，被视为生育水平止跌回升的重要举措，也是家庭支持政策的一个重要组成部分，有利于减轻父母的养育负担，缓解家庭的生养压力，形成良好的生育环境，让持续走低的生育率止跌回升，从而应对人口老龄化和劳动力短缺等人口结构问题。钟启华在探讨我国农村公共政策的社会性别差异时指出，农村公共政策包容性不够，存在性别不平等现象，如女性平等的教育权难以实现、生育自主权无法得到有效保障、财产继承产权不能实现等问题，其根本原因是公共政策这个正式制度在农村这个特定的场域中遭遇到传统的、平等的性别文化这一非正式制度的消解，导致公共政策呈现出性别平等意识缺乏的表象。

2. 农村妇女就业保障

农村妇女就业保障也是目前国内学者关注的一个重要方向。农村人口结构的变化会改变农业劳动的数量与质量。这种改变可能不是放松了约束，而是使约束趋紧。例如，人口老龄化、女性比例的增加、非农就业的增加等会使劳动投入在数量上短缺、在质量上弱化。在此背景下，虽然农村受教育程度较高的人口比重不断增加，但现实中，受教育程度越高的农民，越倾向外出务工或者离开农村，这样会制约劳动质量的提高。

随着农村经济发展与社会平等理念的增强，越来越多的国内学者开始关注农村妇女的权益保障，有关农村妇女生计发展的研究也日益增多，其中主要以农村妇女的发展困境和政策支持两个重要研究领域为主。在发展困境方面，有学者从社会结构的视角探讨阻碍农村妇女生计发展的深层机制。金一虹认为，在市场经济条件下，价格上涨对留守妇女可能带来较大的生活压力，又由于生理特质、性别文化和经济不景气等其他原因，妇女抗风险的能力通常比男性更加脆弱。王洒洒等从市场、制度和社会层面出发，认为妇女遭受着结构性社会排斥。任守云也同样指出，男性中心主义的家庭结构以及"男外女内"的角色分工模式在许多农村地区还普遍存在，进而导致妇女为了孩子留守乡野，遮蔽了其负担和贡献，越发被绑定在支持家庭的角色中而无法流动，导致农村妇女就业困难。有学者从社会文化视角进行分析，研究发现现代社会中农村女性占有资源和机会的缺乏以及社会分工中的性别隔离是妇女被边缘化的主要原因。也有学者从法律制度层面分析，如夏江皓研究发现，现行的法律制度在保护女性权益的制度设计上存在不足以及执行力度不够等问题，增加了离婚妇女生计发展的阻力。有学者从农村妇女文化程度视角出发，发现农村女性的文盲率较高且拥有的发展资源较低，文化水平的低下致使农村妇女在非农化的发展过程中滞后于男性，使很多农村妇女留守家庭，进而强化了妇女生计发展方向。此外，另有学者对流动妇女进行分析，发现大多数外出务工的农村妇女缺乏劳动技能，存在拖欠工资情况以及社会保障缺失、妇女发展空间遭受挤压等问题。

从政策支持层面上看，尊重妇女的主体性地位是增强农村妇女就业保障、实现农村妇女可持续发展的关键因素。国内学者多角度地对农村妇女就业机会增加、就业水平提升等提出了政策建议。赵群从社会观念角度出发，认为需要树立社会性别平等意识、在扶贫实践中尊重妇女的经验与知识以及保障妇女的参与度。唐永霞、罗卫国从妇女文化教育角度出发，认为针对贫困地区的农村妇女，政府应当为其提供优质的教育资源，提升农村妇女的技能和素质，例如将女性科学技术的提升纳入农业科技信息的普及计划中，为其自主创收提供可能。此外，李泓宽从法制角度出发，认为解决妇女生计问题，必须立足实际构建妇女就业机制，坚持以人民为中心的指导思想、完善保障妇女就业的法律法规、对妇女进行劳动再生产价值补偿以及提高妇女就业能力。毛平等同样从法制角度出发，以彝族地区农村妇女发展情况与存在问题为例，提出了运用法律保障其平等就业权利的对策建议。梁文凤从妇女自身意识角度出发，认为实现农村妇女生计发展需要将"输血式"供给同长期的"造血式"帮扶相结合，要提升农村妇女参与经济实现自我发展的意识，以及要强化基层妇联组织建设引导妇女参与发展。闫坤等选取四川省绵阳市特困县为案例，提出努力降低妇女参与小额信贷的政策门槛，提高小额信贷的精准性和有效性，提高农村妇女贷款的可获得性的政策建议。

近年来，有关农村妇女就业创业及其影响因素的研究成果日益增加。王静采用定性与定量相结合的方法，探讨了北京地区土地流失的农村妇女的就业问题，认为其就业的阻滞因素源自政府、社会以及妇女自身三个方面。李玉杰按照重要性将影响农村妇女就业的因子进行排序，认为"市场活动、经济组织、家庭收入、观念习俗、身心健康、文化科技"依次影响其就业，进而提出要从"整顿环境、完善政策、健全网络、信息系统建设、强化教育"五个方面入手，促进其就业。霍红梅以社会性别为基本分析框架，从社会资本维度探究了农村妇女创业致富过程中通常面临的困窘，并指出要维护农村妇女的经济权益，帮助其成功创业，就必须增加社会资本投资，扩充其社会关系网的规模。范红丽等研究发现，现阶段农村仍然存在大量女性劳动力因为照料老人而从事农业劳动，而养老基础设施和公共服务的完善能够释放这些劳动力，从而支持农村产业转型升级，助力乡村振兴战略的全面实施。

3. 农村妇女医疗保障

目前，我国农村医疗保障政策主要包括新型农村合作医疗保障制度、大病保险（依托新农合）、民政医疗救助、健康扶贫政策等内容。客观地说，我国农村医疗保障已经形成了以基本社会医疗保险为主体，大病保险与医疗救助政策为补充，相互衔接、多层次的医疗保障体系，为广大农村居民提供了基本的医疗保险服务。然而，对于一些特定人群来说，依然存在保障力度明显不够的问题。比如，那些收入水平略高于国家贫困标准线的贫困边缘群体，其通常面临着较高的健康风险，如果遭遇一些突发性的疾病甚至大病的时候，现有农村医疗保障政策无法为其提供充足的医疗保障，必然面临支付困境，疾病就很可能会使贫困边缘户这个特殊群体迅速陷入贫困状态，成为新的贫困群体。

即使我国农村社会保障体系在不断完善，但有关农村妇女的医疗保障依然存在不少缺陷。谢飞等在分析新型农村合作医疗制度实施过程中存在的问题时发现，尽管参合比率已经非常高，但农村妇女仍然存在忽视健康、就诊率低等问题。其表现主要有：一是自愿参合的积极性并不高，农村妇女存在被动参保的情况；二是"大病统筹"具有重病、大病导向，导致农村妇女的各种小病杂病容易被忽视，而这些却又实实在在影响其正常的生产生活；三是因为传统思想的影响，农村妇女地位较低，导致其家人甚至自身都对其健康状况不重视。针对这些情况，谢飞等认为，要把性别理论纳入新型农村合作医疗制度的设计、执行以及评估的全过程，要逐步将"大病统筹"模式向"小病统筹"过渡，同时要为农村妇女建立健康档案，开展健康保健教育，提高自我保健意识，特别是合作医疗要进一步加强对农村妇女中的弱势群体的救助力度。

随着社会的不断发展，单一的农村医保制度已经很难适应农民多样化的医疗需求，农村妇女的医疗保障同样面临这样的情况。首先，在医保制度的设计中，没有广泛吸纳农村妇女的意见和诉求，使"新农合"相关政策没有向农村妇女这个弱势群体适度倾斜。其次，在有些家庭，参保的决策权没掌握在农村妇女自身的手上，而是受制于家庭，而"新农合"采取的是自愿参保原则，这容易导致缺乏自主权的女性无法参保，这种情况在性别歧视思想根深蒂固的民族地区更加明显。最后，"新农合"报销过程中的手续比较烦琐，而居住于偏远山区、牧区的农村妇女可能因为交通不便而放弃小额医疗费用的报销，导致政策效果难以达到。

4. 农村妇女社会救助保障

社会救助也是有关农村妇女社会保障研究的一个重要方向。毫无疑问，社会救助制度对保障农民的基本生活权益，保持农村社会持续稳定具有非常重要的作用。改革开放以来，我国的农村社会救助事业建设在各界的共同努力下快速发展。然而，作为弱势群体，农村妇女依然存在社会救助权益难以保障的现实障碍。有学者指出，弱势群体通常是指在社会性资源分配过程中，具有经济利益的贫困性、生活质量的低层次性和承受力上的脆弱性的那类特殊社会群体，而贫困性是弱势群体最本质的属性。在弱势群体中，妇女通常占据了绝大部分的比例。弱势妇女群体是一个处境十分困难、承受力非常脆弱、极其需要社会各界支持与帮助的群体。在我国广大农村社会中，妇女更是因为其相对低微的社会地位，导致社会话语权的严重缺失。她们在享受社会救助权益的过程中难免会面临着申请资格被剥夺、让位给其他群体，得到社会救助名额之后却得不到实际救助以及维护自身社会救助权益之路狭隘而漫长等现实障碍。

在我国社会救助体系尚不够健全的背景下，以保护农村妇女的风险援助和生活救助为目的的社会救助法律制度更加不完善，学界相关研究也很不到位。我国从社会性别视角对农村社会救助制度进行的研究大都散落在各种农村制度和公共政策的研究之中，尚缺少系统的社会性别视角下对农村社会制度的专题性研究。有关妇女特别是农村贫困妇女权益保障的分析表明，无论是现行立法还是社会救助实践，无论是从立法精神、制度制定抑或是在救助实施的过程中都缺乏社会性别平等的意识，导致农村妇女很难获得真正需要的风险援助和生活救助。

尽管在我国实际救助中没有专门针对农村妇女的具体的社会救助措施，但我国很多研究者对农村妇女社会救助权益相关的公共政策、法律等问题表示了极大的关注。在农村土地问题方面，王晓睿等认为农村妇女土地承包权益被损害的原因是法律法规或政策缺失、行政执法不到位、司法救济难度大、集体产权制度成员资格认定困难等原因综合作用的后果。惠建利基于女性主义经济学的视角对现有社会救助制度及其实践对妇女特别是弱势妇女的支持作用展开分析后认为，要进一步健全基于弱势妇女群体的社会救助体系构架，明确新时代农村妇女权益保障的新目标是"既追求性别平等，又追求经济增长，实现两者的综合发展"。

从农村低保制度中农村妇女保障状况来看，因为缺乏相关法律的支持，加上"低保"的评判标准缺乏统一性，名额分配也经常偏好于弱势群体中的"强者"，导致处于弱势群体"弱者"地位的农村妇女在评选中通常被忽视。其原因主要有两个：一是农村低保制度按属地管理，一些素养不高的村干部掌控着"低保"名额的分配权，而乡村是一个人情社会，这使真正需要"低保"的农村妇女却得不到"低保"制度的照顾；二是低保制度运行缺乏相关立法的保障，受到不公平待遇的妇女也缺乏有效的反馈渠道，导致制度失去纠错的可能。

5. 农村妇女养老（土地）保障

国内学界对妇女社会保障，尤其是农村妇女社会保障的研究成果并不多。除生育保险可以算作一个专题性研究之外，其他保障的研究均依附于整体的社会保障政策和各类社会保险的研究之中，缺少针对女性特点的专题性研究。然而，农村妇女这一特殊群体，在各种现行的社会保障政策中，也均处于边缘性的弱势地位，权益保障并不充分。因为在生理特征方面存在特殊性，在社会地位方面存在弱势性，加上社会性别观念的错误导向，农村妇女的生活保障、健康保障以及经济保障等均不充分。特别是，农村妇女基本没有固定的工作，仅靠在家务农以获取少量的经济收入，这就导致了其经济地位的严重缺失。在某种程度上说，有待完善的养老制度、有限的经济收入以及落后的观念，共同导致了农村妇女养老保险的缺失。

国内有少数学者分析了目前我国农村妇女养老保障存在的问题，并提出了相应的对策建议。姜木枝认为，我国农村妇女养老保障水平非常低，精神生活匮乏且家庭养老功能日益弱化，进一步影响着农村妇女的生活水平、健康与精神状况，而解决这些问题的关键在于构建完善的老年妇女照料体系。具体来说，一是通过适当的方式增强老年妇女预防身体功能减退的自觉性，延长其健康寿命，进而缩短患病后不能自理时段，也减轻其家庭和社会负担；二是进行适度的生育投资，以增强老年妇女的晚年生活保障；三是根据实际需要建立居家养老和社区养老相结合的养老形式，为老年妇女的晚年生活提供多元化保障；四是设计体现性别差异的养老保险制度，增强对老年妇女的关照。还有学者总结了农村老年社会保障存在的主要问题，认为土地养老方面面临土地利用率持续下降和非农用地规模持续扩大的问题，以及现行的农村社会养老保险难以保障未来的老年生活、农村社会养老保险基金管理水平低和农村养老保险制度本身存在巨大的风险等。对此，有研究者指出，影响农村老年妇女社会保障水平的原因是：农村经济发展水平低下是问题产生的客观原因，农村老年妇女数量增多和家庭结构小型化变化是现实原因，农村尊老观念弱化则是产生问题的内在原因。周平华等则指出，随着中国老龄化进程的推进，农村老年妇女比例和数量快速增长，目前我国农村老年妇女养老保障问题形势严峻，主要是由农村老年妇女患病率和伤残率高、收入保障程度和受教育程度低、精神生活贫乏、处于社会的弱势地位等因素造成的。金淑彬等基于聚类分析结果选取内蒙古、重庆、四川、贵州、宁夏、新疆6省（区、市）90个行政村的1150名60岁及以上的老年妇女进行问卷调查和深度访谈，结果显示，农村老年妇女的养老现状不容乐观，一是身体状况较差；二是生活来源主要来自个人，经济条件有限；三是贫困发生率高，生活水平较低；四是日常护理缺位；五是受环境、文化、习惯和经济条件的影响，精神状态较差。

依据国内相关研究观点，农村妇女养老保障问题主要集中在以下三个方面。一是部分留守老年妇女可能存在基本生活难以保证的危机。大量青壮年外出务工，加重了留守老年人口自身养老的负担，再加上女性寿命普遍较男性更长，人口老龄化难免会导致老年女性丧偶情况增多，如果子女又不在身边一起生活，或者有子女不孝顺的情况出现，老年妇女很可能面临基本生活难以保证的危机。二是青壮年留守妇女养老负担加重。农村家庭体制是以随夫居住为核心的，女性结婚之后都要居住在丈夫家。然而，在许多家庭中，丈夫常年外出务工，很少回家，这实际上间接地将"养儿防老"这项传统任务转移给了留守的妻子。也就是说，留守妇女日益成为田间生产劳作的主力军，但同时还要承担起负担双方老人日常照料的重任。三是相关制度存在缺陷。现行的农村养老保障制度存在参保缴费年限过长、保费收缴过程中"捆绑式参保"等问题，这也在一定程度上影响了"新农保"在农村地区尤其是妇女群体中的贯彻落实。

作为农村居民维持基本生活不可或缺的重要方式，农村土地的养老保障功能也日益成为研究农村妇女养老保障的一项重要内容。长期以来，土地为中国农村居民提供了养老保障功能。随着农村土地市场化进程加快，侵犯农村妇女土地权益现象屡见不鲜，现行村庄基层自治制度已经为一些村民集体侵害妇女土地权益披上了"合法性"外衣。其中，出嫁女、离婚女和丧偶女等群体更易受到排斥。有些村庄甚至规定出嫁女不享有村民待遇，无权承包本村土地的规定，从而使农村妇女的土地权益维护面临多重障碍，同时妇女因婚嫁而失地的情形还会加剧已婚妇女来自丈夫家暴的风险。

（四）现阶段我国农村妇女社会保障面临的问题

1. 农村妇女文化程度不高，自身参保意识不强

教育缺失是致使农村妇女文化程度偏低的重要原因。农村留守妇女的知识文化水平会影响其对社会保障政策的了解程度，而对政策的了解程度又会影响到其对医疗保险、养老保险的参与程度和满意度评价等，所以说妇女文化水平也是农村社会保障事业发展的一个重要影响因素。近年来，随着国家对农村教育的重视程度和投入力度的逐渐加大，农村学校的数量和教学质量都有一定程度的提高，农村教育质量明显提升。然而，对农村地区妇女群体来说，教育缺失的问题相较于男性依然严重。有研究表明，农村女性的受教育程度明显低于男性，特别是在未上学和初中以上学历的人群中，女性受教育的比例均显著低于男性。

国家全面推行的九年制义务教育制度无疑减轻了有儿童上学的家庭的负担，使更多的农村儿童得到受教育的机会，不至于与城市儿童完全不在同一起跑线上。一些基金发起组织的义务教育支持项目，如春蕾计划，也确实帮助了更多的农村女童得到受教育的权利，一定程度上改变了以往不同性别儿童受教育不平等的局面。然而，有研究指出，在基础教育方面，农村女性受教育的比例仍然低于同龄男性群体。在农村贫困家庭，受传统性别歧视观念的深远影响，当无法为家中所有孩子读书提供经济支持时，最先被辍学的通常都是女童。甚至在一些贫困程度并不是很深的农村家庭，也会因为女童读书无用观念的无形影响，而无故让女童辍学。基础教育的缺失或不足使成年后农村妇女缺少最基本的知识与素养，在城镇劳动力市场缺乏效力，因此只能留在乡村从事传统农业生产。另外，职业技能教育的缺失也是农

村妇女面临的一个重要问题。在国家政策的扶持和各基金会的帮助下，农村女童的基础教育状况有所改善，但在基础教育结束后能够得到继续教育的农村女性数量比较少。很多农村女性在基础教育结束后，就被家庭要求外出打工赚钱养家或者结婚生子，没有机会进一步接受职业教育、高等教育，进一步成长的空间被人为封闭。农村女性的文化素养和思想水平无法到达更高层次，也就意味着无法从事对知识、文化有更高要求的工作，因此其就业质量无法得到保障，收入水平也比较低。

2. 政府宣传不足，社保信息获取渠道狭窄

首先，农村留守妇女因为把绝大部分时间与精力都投入在农业生产、照顾老人和小孩等方面，基本上没有时间关注国家民生政策。现实生活中，主动关心经济社会政策的留守妇女非常少，因此其对社会保障制度了解也很不深入，最多一知半解，部分人甚至是完全不知道。其次，政府部门在政策宣传方面也没有专门针对农村妇女进行宣传，宣传对象不明确，宣传手段和方式也比较传统，没有针对性，导致一些农村妇女难以了解社会保障制度及参保对自身的好处。最后，尽管普法教育已经取得了了不起的成就，但远远没有达到尽善尽美的程度，因而农村妇女的权利意识和法制观念尚比较弱，间接影响了其权利的合法享有。

3. 农村妇女社会地位低下，受家庭束缚大

在有些农村地区，男性与女性参与家庭养老的机会并不完全平等，养老主体的选择通常会按照"先男后女"的顺序进行，妇女基本上只能是以儿媳的"照顾者"的角色参与养老，难以被认为是家庭养老的主体。大量农村男性劳动力涌入城市务工，农村妇女在家庭中的作用也在逐步改变，由传统的相对单一的家庭妇女角色变成了既要参与农业生产又要兼顾家庭的"双面手"角色。在现实婚姻家庭生活中，农村妇女群体的生存发展存在诸多隐患，面临着诸多不确定性，其家庭地位相对弱势，人身财产权益容易受到侵害，留守妇女的婚姻关系也并不是非常牢固，家庭暴力现象在部分农村地区，特别是偏远的农村地区仍然时有发生。尽管改革开放以来，随着市场经济的冲

击，农村妇女的自我意识不断强化，其家庭地位也有所提升，但是受制于传统社会性别观念的无形影响，传统女性定位依然左右着大多数农村妇女的思想意识和行为举止。有研究指出，双重角色的冲突让农村妇女疲于奔命，零碎的家务杂事占据了其大部分休闲时间，消耗了其多余的精力以及社会活动的参与机会，致使其无法参加各种精神文化培训、技能技术培训等促进综合素养提升的活动。

4. 农村妇女权益相关保障制度法规不完善

针对农村妇女社会保障问题没有形成系统的法律规范，不能有效保障农村妇女的权益。我国的农村妇女社会保障法制建设相对滞后，针对农村妇女的医疗保障、养老保障、社会救助等缺乏必要的法律规范。一方面，缺乏专门的农村妇女社会保障法从整体上协调和规范社会保障事业有序、平衡发展；另一方面，虽然有关部门出台了一些规章制度和规范性文件，指导农村妇女社会保障事业的建设，但因其位阶和效力的天然局限，并不能够从根本上保证农村妇女权益保障的法制化运行和规范化管理。而且，相关规章制度和规范性文件的内容并不完全一致，不同文本之间的协调性比较差，这也不利于跨部门的合作以及救助对象合法权益的保护。特别是，地方政府出台的社会保障政策，出于财政支出约束等因素的考虑，对获取保障资格的人群通常会做出较为严格的限制，致使有些规定成为排挤部分符合条件的农村贫困妇女享受社会保障的工具。同时，农村医疗保障在起付线、报销比例、转移接续及封顶线的设计等方面也影响着留守妇女对参与农村医疗保障的积极性。并且，医疗费用报销程序通常较为麻烦，部分工作人员办事效率比较低，也会影响到留守妇女对医疗保障的参保积极性。

5. 土地养老保障功能不断弱化

农村妇女的土地权益是"在广大的农村地区，女性居民享有与土地有关的权利和利益，如土地承包经营权，和直接关系到土地承包经营权的其他权益"。我国《中华人民共和国妇女权益保障法》第32条明确规定："妇女在农村土地承包经营、集体经济组织收益分配、土地征收或者征用补偿费使用及宅基地使用等方面，享有与男子平等的权利。"然而，现实中，我国农村妇女的土地权益受损情况依然比较常见，其表现主要有以下三种形式。

第一种情况是外嫁女的土地权益受损问题。在"增人不增地，减人不减地"的土地政策制度安排下，夫家村一般没有机动地可以分给新嫁过来的妇女，导致其一方面丧失娘家村的承包土地，另一方面也无法在夫家村获得承包土地，而要获得承包地，只有等待新一轮的土地调整。第二种情况是农村离婚妇女的土地权益受损问题。这类女性在婚姻中靠丈夫的土地生活，没有自己独立的土地权益，如果离婚的话就自然会失去这种土地依赖，加之原有土地在结婚时已经被娘家村集体收回，就会面临家庭婚姻生活破裂的同时也陷入生活的困境。第三种情况是丧偶妇女的土地权益受损问题。相对于离婚妇女的土地权益，丧偶妇女的土地权益并无太大的差别，主要受子女、自身再婚意愿以及与夫家其他至亲感情等因素的影响。

农村妇女土地权益问题突出，加之土地经济产生效益降低，承载于土地上的养老保障功能事实上在不断"虚化"。在很长时期以来，土地是农村妇女重要的生产资料，也是其进入老年后重要的养老保障资源。尽管2018年12月29日国家对《中华人民共和国农村土地承包法》进行了修改，此次修改也对农村妇女土地承包权益产生显而易见的积极影响，但其中"第六十九条，确认农村集体经济组织成员身份的原则、程序等，由法律、法规规定"。这也意味着关于集体经济组织成员资格的界定并没有得到明确规定，此次修改的农村土地承包法在"集体经济组织成员资格"方面并未取得实质性突破，农村妇女土地权益受损问题也不可能从根源消除。

（五）农村妇女社会保障优化路径

1. 加强农村妇女社会保障意识培养

加强教育培训，注重农村妇女文化素质和技能培养，是增强妇女权益保护意识，加强农村妇女社会保障的重要途径。一方面，政府应在原有的农村优秀文化基础上不断加入鼓励女性维护自身权益的文化因素，解除传统观念的束缚。要以妇联为联络点和工作重心，以大众传媒为载体搭建创业宣传平台，培养农村妇女自我发展意识，扩大社会对农村妇女权益的关注、尊重和扶持力度，培养出让农村妇女能充分感受自我价值的社会氛围。鼓励部分外出务工村民返乡、通过宏观框架下的微观调整保障农村女性的土地权益、逐步改善农村地区的生育观念、增强农村女性的自我卫生保健意识以及关注农村妇女的心理健康。文化知识储备是掌握实用性专业技术的重要基础，要想加强综合素质过硬的新型农村妇女的培育，就要进一步落实农村基础教育平台。公共部门应积极完善农村教育体系，加大对农村公共教育的财政投入力度，并引导社会力量共同完善农村各种教育设施，要特别保证学龄阶段农村女性的正规教育，同时要通过多渠道的宣传，改善农民的教育观念，防止"重男轻女"的传统观念在农村继续传递，避免教育方面的性别倾斜。

2. 发挥村委会、妇联等机构职能，加强教育培训

据国内学者研究，尽管不会通过法律途径解决，但有部分农村妇女在自己权益受到侵害时并不会忍气吞声，而是愿意通过村委会等基层组织来进行调解。因此，充分发挥社会组织的作用，也是加强农村妇女权益保护的重要途径。因此，村委会中的妇女委员要增强责任心，充分发挥贴近农村生活、了解农村风土人情的优势，创新工作手段，为农村妇女排忧解难，切实帮助其维护好合法权益。同时，村委会要运用村内宣传板、广播等载体宣传社会保障知识、相关法律法规以及男女平等思想，还要实时对农村妇女进行知识教育及技能培训，并引导其切实遵守法律法规、维护自身合法权益。

此外，发挥妇联力量也是引导农村妇女维护自身权益不可忽视的途径。妇联的重要职责就是增进党、国家和妇女的联系，并切实做好妇女的"娘家人"，维护好妇女的合法权益。村级妇联不仅要配合村委会宣传各项社会保障相关的国家法律、政策，也要通过多种形式教育和引导农村妇女形成自尊、自信、自立、自强的品质，提高其思想道德素质与科学文化素养。有条件的地区，可以开设妇女课堂，组织教育培训，有针对性地向农村妇女传授各种专业知识，以提升其就业能力，帮助提高农村妇女的致富能力，从而帮助她们增收致富。

3. 完善农村妇女养老保障体系相关法律法规

建立健全农村妇女社会保障法律法规是扩大保障范围、提高保障水平的必然要求。第一，加强制度保障。要真正达成城乡社会保障统筹的目标，国家层面必须结合农村经济社会发展中出现的新情况、新特点以及新问题，进一步完善保障农村妇女权益的有关法规条款，为农村妇女合法权益的维护提供制度支持。第二，完善农村养老保障纠纷救济制度。具体来说，要通过强化乡镇司法所建设、扩展法律援助范围等途径，切实解决农民养老保障纠纷的法律援助与司法救助。第三，应重视农村妇女的生育保障问题。有条件的地区，可尝试逐步建立起政府对妇女的生育价值给予补偿的制度，为生育妇女进行建档管理，并以社区为第一责任单位积极落实妇科疾病的筛查与治疗，促进农村妇女的身体健康素养提升。

4. 推进信息网络覆盖，拓展信息获取渠道

随着信息化时代的来临，国内学界有关农村妇女信息获取与信息使用能力等信息素养的研究成果日益增多。有研究者提出，要加强农村宽带网络等信息化基础设施建设，切实完善信息传播的硬件设施；要向社会开放有关信息资源，农村妇女提供就业、健康等信息服务；要全面开展信息化培训，提高农村妇女信息化素养，促进信息化技术在农村生产经营、文化教育、医疗卫生、家庭生活中的应用；要加大对农村妇女信息获取与使用等技能的培训力度对农村的基层干部开展信息技能培训，让其在生产生活中对农村妇女进行信息获取与信息使用的指导培训，让农村妇女能主动、及时了解最新的政策内容以及主流文化思想，成为新时代独立的、有思想的现代女性。

5. 建立健全农村妇女社会保障责任追究制度

有专家认为，要建立健全农村妇女社会保障责任追究制度，首先，要成立专门的养老保险机构，细化分工、落实责任，由专人分别负责养老基金的收缴、管理与使用，并形成多层次、多部门的监督与追责制。其次，不能忽视家庭养老的作用，要将其纳入乡规民约，以非正式的方式约束乡村地区的不孝行为。再次，要建立利益诱导与激励机制，通过所得税减免和声誉激励等方式，强化子女提供养老服务

的责任。最后，对不尽赡养义务，甚至歧视、虐待、遗弃老人的个别子女，应引导舆论进行批评、教育，那些被遗弃的老人应由乡（镇）、村等组织送往福利院集中供养，由此产生的费用由相关部门采取强制性措施，向其子女征收，特别是要将虐待老人触犯了刑律的子女，交由司法部门来追究其法律责任。

6. 加强对农村妇女社会保障事业的监管

充分有效的监督是促使农村妇女社会保障制度得以良好运行的基础。从政府层面来看，各级政府应将农村养老保障体系建设的情况写入年度政府工作报告，并向同级人民代表大会报告，接受相应的监督。而且人大有权通过审查报告或者质询、检查政府工作或者罢免政府组成人员以及受理群众对政府及其工作人员的检举控告等方式进行监督，以推动政府切实履行其在养老保障方面的职责。从社会层面来看，要保证制度执行不走样、不打折扣，就要加强对农村养老保障相关制度执行的监管力度，积极引导、广泛动员农村妇女参与农村社会公共事务，并选派有妇女代表参加的监督组，专门负责监督农村养老保障相关制度落实状况，及时反馈制度运行中出现的新问题。

三 研究文献述评

通过对国内外关于农村妇女社会保障问题的研究文献进行梳理，我们可以得出一些被社会各界普遍接受的观点：第一，农村妇女自身的弱点决定了农村妇女这一群体需要社会的特别关注，在研究社会保障问题的同时需要将农村妇女社会保障问题作为一个专门领域进行进一步研究。第二，农村妇女社会保障问题的重要性体现在多个方面：女性贫困问题具有长期性，解决农村妇女社保问题对于降低贫困发生率、缓解农村贫困现状具有重要作用；由于老龄问题的性别差异显著，这种老龄问题"女性化"的特点也决定了农村老年妇女的社会保障问题成为研究老龄化问题的重中之重。第三，随着国家政策对农村妇女权益的日益重视，农村妇女的社会保障模式正在逐渐呈现出多元化特征。

同时，我们在研究过程中也发现，现有文献对农村妇女社会保障的研究仍存在不足之处。与其他社会保障问题相比较，国内学者对于农村妇女社会保障的重视程度不高,有关这方面内容的研究较少且尚不全面。一是目前我国相关统计调查少、数据缺乏。分年龄和分性别的数据对于国家制定相关政策而言尤为重要,但是目前我国关于农村妇女的统计调查往往缺乏年龄和性别的分层,严重制约了农村妇女议题的分析和研究。二是许多学者关于农村妇女社会保障权益的研究角度较为单一,大多是以社会性别和年龄的视角进行考察研究,没有针对不同时段农村妇女的特殊问题及现实需求进行动态分析。

第三节 本章小结

从现实出发,回应当下研究农村贫困妇女社会保障议题的重要意义,尤其是在乡村振兴的大背景之下,保障农村妇女的基本权利和权益,是促进整个社会的公平正义,推动乡村振兴全面发展的重要举措。在此基础之上,本章从妇女的贫困问题,农村妇女贫困多维测量、农村妇女反贫困举措等多个视角对本领域研究前沿动态进行了梳理和展望。

第二章

中国农村女性社会保障基本理论分析

第一节 中国农村妇女及现有状况分析

自1949年中华人民共和国成立以后，促进妇女全面发展、促进男女平等一直是中国社会主义制度建设的题中应有之义，我国女性的地位也因此得到大幅的提高。截至目前，我国已经形成了以宪法为基础，以妇女权益保障法为主体，以《中华人民共和国婚姻法》《中华人民共和国民法典》《中华人民共和国母婴保护法》《中华人民共和国反家庭暴力法》《女职工劳动保护特别规定》以及《中华人民共和国农村土地承包法》等100多部法律法规为补充的一整套保障妇女权益的法律体系。除此之外，我国也是最早签署联合国《消除对妇女一切形式的歧视公约》、最早承诺社会性别平等化的国家之一。但不可否认的是，女性权益保障情况虽然得到了改善，但因男女不平等固有思想、村规民约等的影响，我国还存在一定数量的农村女性权益得不到保障的情况，其需求被漠视，地位被边缘化。为了更好地保障农村妇女应有权益，就要清楚地了解其权益得不到保障的原因，从根本上解决这一问题。

一 农村女性与中国社会保障

社会保障从本质上说是指国家和社会以立法的形式对国民收入进行分配与再分配,通过集中形成的社会保险基金,对个别社会成员,特别是那些生活面临特殊困难的人们的基本生活给予保障的社会安全制度或事业。从全社会的角度看,社会保障旨在维护社会公平进而促进社会稳定发展。《中华人民共和国宪法》规定:"中华人民共和国公民在年老、疾病或者丧失劳动能力的情况下,有从国家和社会获得物质帮助的权利。"通常情况下,社会保障被认为是由社会保险、社会救济、社会福利、优抚安置等内容组成。

作为社会保障不可缺少的组成,农村妇女社会保障是指国家通过立法并采取行政措施对国民收入进行再分配,向年老、疾病、伤残、失业及其他因遭遇不幸而生存出现困难的农村女性给予物质帮助,并同时向有工作单位和没有工作单位的农村女性提供相应福利补偿而采取一系列的措施、制度和活动的总称。社会保障保障农村妇女权益的功能主要体现在以下四个方面。一是保障农村妇女在基本生存遭遇困难时,可以通过社会统筹以及政府补贴等途径,为其提供一定的经济补偿和物质帮助,减轻其面临的风险压力,保障其基本生存能力,减少其在生存中遇到的困难。二是预防贫困的发生,美国社会学家皮尔斯在谈到贫困问题时提出,妇女是贫困者中的最贫困者。贫困女性群体包含农村失地妇女、城镇失业妇女、城乡流动妇女、未实现再就业的农转居妇女、单亲家庭妇女、工作中的低收入妇女、老年妇女及艾滋病毒感染、气候变化灾害影响的妇女等边缘弱势群体。习近平总书记夫人彭丽媛女士也曾呼吁:"各国各界人士,积极行动,推动妇女事业和经济社会事业同步发展。妇女不脱贫,人类就不可能真正消除贫困。"对贫困妇女参保给予一定额度的补贴,将其纳入社会保险范围,提高其参保率与覆盖面,也是一种长效反贫困机制。三是通过再分配手段,缩小性别之间的贫富差距。与就业与否无关,基于居民身份的城乡居民养老、医疗保险,能提高妇女享受养老和医疗保障待遇的比例和水平,对缩小男女差距、预防妇女贫困具有独特的功能,能在很大程度上缓解以连续就业为基础的社会保障可能导致社会保障的性别不平等问题。四是不断提高保险待遇水平,改善农村妇女生活质量。毫无疑问,医疗费用报销比例不断提高、报销药品不断增加以及城乡居民养老保险标准的不断提升,增强了社会保险的保障能力,在一定程度上解除了农村妇女的后顾之忧,提高了其生活水平。

总体来说,社会保障的根本目标是保障社会上存在的弱势群体的基本生存权利,维护社会公平进而促进社会发展。新中国成立70多年来,随着城镇职工社会保障制度不断完善,城乡居民医疗保险、养老保险制度的确立以及新农合的日益健全,农村妇女群体的社会保障状况得到了较大的改善。然而,因社会保障水平与就业和经济发展密切相关,导致社会保障待遇水平在男女之间、城乡女性之间依然存在一定差异。

二 中国社会保障对农村妇女地位的影响

因为面临复杂的国际、国内环境,新中国在成立后选择了城市、工业优先发展的道路。在此背景下,社会保障的建立首先惠及的对象必然是以城镇职工为主的体制内群体,体制外的女性劳动力,特别是农村妇女就被排斥在社会保障制度之外。尽管社会保障制度本身并不具有性别差异,但当时的社会保障与就业紧密相连,其覆盖范围、社会保障水平均与就业息息相关,而农村女性劳动力通常在劳动力市场竞争中处于弱势地位,这样就导致了中立的社会保障政策因为制度设计时对性别差异的忽视而对女性产生不利影响,甚至在一定程度上进一步加剧了劳动力市场中的性别歧视。而且,性别、年龄、文化程度、职业特征以及劳动合同签订情况等不同因素都一定程度上影响着妇女社会保障权益的实现,农村女性则面临着更大的不平等。

进入21世纪以来,党和国家对男女平等与妇女发展问题更加重视,社会保障的再分配功能更加凸显,女性的社会保障水平和社会地位都得到了较大提升。党的十六届六中全会首次提出要建立覆盖城乡居民社会保障体系;党的十七大指出要加快完善社会保障体系;党的十八大指出要逐步建立以权利公平、机会公平、规则公平为主要内容的社会保障体系,实现社会保障全民覆盖;党的十九大提出要建立多层次社会保障体系,让改革发展成果更公平地惠及全体人民。在这一系列思想的指导下，妇女的社会保障权益得到了进一步的重视，国家也颁布了《中华人民共和国就业促进法》《中华人民共和国社会保险法》《中华人民共和国妇女权益保障法》以及《中国妇女发展纲要（2011—2020年）》等一系列有利于妇女社会保障事业发展的政策法规，促进了社会保障中的性别平等。

三 农村女性生存现状

（一）农村女性老年现状

2019年年底老龄办关于老年人口数量的统计数据显示，我国60周岁及以上的老年人口数量为2.54亿，大约占全国总人口数的18.1%，而其中六成以上的老年人口居住在乡村。因为女性寿命通常高于男性，女性老年人口所占比例较高，所以从性别的角度看我国老龄化问题有着至关重要的作用。从整体上看，农村女性老年生活面临着心理慰藉较少、经济收入较低和医疗资源缺乏等困境。随着计划生育的实行和传统家庭结构的逐渐瓦解，农村出现了"空巢老人""留守老人"，其儿女转移到城市，以往的家庭照顾模式变得非常脆弱。尽管政府出台了相关帮扶政策，但在农村地区依然有一定数量的女性老人达不到政府帮扶标准，但其经济获取能力不足，经济收入明显低。随着年纪的增大，农村女性老人对身体照料和医护资源的需求也随之增加，有调查显示，98%以上的农村老人都处于一种亚健康状态，患有风湿、肌肉关节劳损、营养不良等农民职业病，但农村医疗资源基本只能满足小病的就医、就诊。

（二）农村女性就业现状

关于农村女性劳动力的生存研究可以大致分为两类，即对农村留守女性劳动力和流动女性劳动力的关注。农村留守女性的丈夫，甚至儿女大都进城务工，其不仅要从事高强度的农业工作，还要负责老年人以及孩子的照料，扮演了本应该由夫妻双方共同扮演的角色，承受着双重负担，从而导致其心理、生理问题突出，且丈夫外出务工后，留守妇女离婚现象增多，身心健康状况令人担忧。流动女性劳动力指依然拥有农村户籍，进入城市务工和在当地或异地从事非农产业劳动6个月及以上的女性劳动者。本地女性农民工是指在户籍所在乡镇地域内从业的女性农民工。外出女性农民工是指在户籍所在乡镇地域外从业的女性农民工。在长期形成的社会认知习惯中，农民工一直被视为典型的弱势群体，而女性农民工因性别、生理等因素，是一个兼具了农民、工人、女性三重弱者身份的特殊群体，可谓是弱势群体中的弱者。《2019年农民工监测调查报告》相关数据显示，当年我国农民工总量为29077万人，比2018年增长241万人，增长率为0.8%，而其中女性农民工为10206万人左右，占35.1%，相比2018年增长0.3%。女性农民工所呈现的基本特征为文化程度偏低、技能缺乏、社会保障不充分、社会交往边界很窄以及承受着工作、家庭的双重压力。还应特别指出的是，因为在流动过程中具有"流动"+"性别"的双重弱者身份，女性农民工对社会事务的参与通常体现为边缘性、象征性的参与，很难获得正式参与的机会，因而也就难以进入制度化的政策过程。

第二节 中国农村女性的权益保障实践

《中国统计年鉴（2019）》数据显示，我国在2018年年末总人口数为139538万人，其中女性占比为48.87%。因为女性在家庭中的特殊身份，其权益如果得不到必要的保障，一方面会损害女性自身的幸福生活，另一方面也可能对后代的健康成长产生不可忽视的影响，进而影响社会发展和社会文明进步，因而对女性弱势群体尤其是农村女性弱势群体提供规范有序的保障显得十分迫切、十分必要。通过社会保障促进农村女性的健康发展，正是国家和社会履行其维护社会稳定、和谐、健康发展等职责的具体体现和有效手段。

一 农村女性养老保障政策的演变

我国农村女性养老保障的发展大体经过了小农经济下农村家庭养老保障制度、集体经济下农村集体养老保障制度、统分结合下农村家庭和集体养老保障制度以及社会化大生产时期农村社会养老保险制度探索共四个阶段。

（一）小农经济下农村家庭养老保障制度

1949—1955年中华人民共和国成立初期，我国养老保障制度没有城乡区分，城乡均沿用着传统的家庭养老模式。1951年，当时的政务院通过的《中华人民共和国劳动保险条例》（以下简称《条例》）要求，"国家和城镇国有、集体单位职工缴纳社会保险，退休后发放养老金；农村公社建立集体和家庭相结合养老保障，以家庭为主的养老保障制度"。可以说，《条例》的颁布意味着城乡割裂的养老保障体系的初步确立，我国长达半个多世纪、城乡差异明显的养老保障事业建设自此走上了不同的道路。1950年，《中华人民共和国土地改革法》在农村全面实行，土地改革运动大规模启动，农村居民分到了土地，成为土地的主人，生产积极性大幅提高，农村生活也得到了极大的改善。然而，因中华人民共和国成立初期困难重重，百业待兴，国家财政只能优先用于保证城镇发展，农村老年人养老无法依靠国家，农村女性的养老也只能依靠家庭，土地及其产出成为其养老的主要物质支撑。

这一阶段的家庭养老模式具备以下特点：一是小农经济为农村养老保障提供低水平的物质基础，土地收入成为农村养老的主要经济来源，但由于中华人民共和国成立初期农业基础薄弱、技术水平有限、粮食产量水平低，农村女性无法获得较高的经济收入，只能依靠土地勉强维持生计，解决温饱问题。二是政府废除了旧社会的苛捐杂税，减免了部分农业税，降低农业生产的负担与成本，从而提高了农村居民的生产性收入，在一定程度上支持了农村家庭养老保障的发展。三是开展集体合作化试点，探索农村集体养老保障方式，并通过集体互助方式协作解决农村老人鳏寡孤独的养老保障问题。总体来看，尽管家庭养老保障的保障水平低，但其覆盖面非常广泛，保证了中华人民共和国成立初期那段特殊时期农村女性老人能有最基本的生存条件。

（二）集体经济下农村集体养老保障制度

1956—1981年，集体经济发展的组织形式和生产方式在农村正式建立和发展，对无依无靠的老年人等特别困难群体实施集中供养或者分散供养的"五保制度"正式建立。1956年，社会主义改造完成之后，农村居民以公社为载体参与集体劳动，并以工分的形式参加集体经济分配，也就是通过"吃大锅饭"的方式来保障自身生活并获取相关养老资源。通过农村公社这个组织载体，政府将农村居民的养老保障职责交给村集体，村集体承担着筹集农村居民养老费用的责任，为农村居民养老提供经济来源，农村家庭则在村集体领取有关物质生活资料，并负责照顾老人，承担经济以外的生活照料、精神慰藉等赡养责任。1958年，国务院颁布《国务院关于工人、职员退休处理的暂行规定》，这标志着城乡分割的养老保险模式的正式确立。也就是，在城镇地区实行单位退休制的社会养老，在农村地区实行以家庭养老为主的保障模式。1962年，党中央颁布《农村人民公社工作条例（草案）》（以下简称《农业六十条》），农村五保制度正式建立。农村地区开设敬老院，无依无靠的老年人由村集体实施集中供养或分散供养。1966—1977年这十年是我国经济社会发展史上的一段特殊时期，"文化大革命"运动在全国范围内大规模开展，政治运动替代了经济生活，农村集体养老模式受到巨大冲击，农村敬老院被冲击得支离破碎，大多数农村地区的集体经济濒临破产，五保老人基本生活根本无法维系，农村老人的养老生活变得举步维艰。

1979年，中共中央通过的《关于加快农业发展若干问题的决定》（以下简称《决定》）提出，要发展集体经济，办好集体福利事业，确保农村老人生活得到更好保障。《决定》被研究者认为是逐步恢复"文化大革命"冲击的农村集体养老保障制度的开始和重要标志。在党的十一届三中全会之后，家庭联产承包经营责任制开始在农村推广，农民生产积极性大幅提升，农村经济得以逐步恢复，农村老人，包括农村女性老人的生活保障水平不断提升。

在农村集体经济时代，人民公社的合作化模式实际上意味着农村居民对家庭剩余财产分配权的完全丧失，从而导致小农经济所维系的家庭养老保障功能被集体经济所替代。集体经济制度下的养老保障制度的特点主要有三点：第一，农村集体经济提供了基础的养老保障，农村老人的养老生活依靠人民公社的剩余财产，"大锅饭"在起初展现的公平性对农村居民发挥了一定的激励效应，但随着时间的推移，

"搭便车"现象日益增多,导致集体经济收益不足,农村老人的养老生活难以得到保障。随后,在三年自然灾害与十年"文化大革命"的"天灾人祸"的共同影响下,农村集体经济陷入了瘫痪状态,农村集体养老保障功能日益缺失,农村老人的温饱问题只能勉强得到解决。第二,建立起了完全割裂的城乡养老保障体系,城乡养老福利呈现出明显差异。1958年政府国务院颁布的《中华人民共和国户口登记条例》将户口分为"农业户口"与"非农业户口"两种类别,城乡分割的户籍制度进一步固化了城乡居民社会保障差异,农村老年人的养老保障只能依靠家庭或者集体,政府不再提供财政支持。第三,农村集体养老是一种短暂性的自我封闭型养老保障模式。在计划经济时代,农村集体养老的覆盖面比较窄,保障功能比较弱,仅仅限于村集体内部,没有从社会层面进行统筹,主要体现为农村集体内部农村居民的自我扶助式养老。

(三) 统分结合下农村家庭和集体养老保障制度

1982年之后,我国农村实行统分结合双层经营体制,即集体统一经营与农户分散经营并存的经营模式和经营体制。1982年1月,党中央颁布的《全国农村工作会议纪要》提出,"支持包产到户,完善公共提留,保障五保户生活",要在"包产到户"的条件下继续做好农村老人养老工作,特别要保障好五保户的生存权利。1987年民政部发布的《关于探索建立农村基层社会保障制度的报告》指出,要开展农村养老保险制度试点工作,首次明确提出了以乡镇企业农民工为主的农村社会养老保险制度的建设问题。1991年6月,民政部发布的《县级农村社会养老保险基本方案(草案)》开始实施,农村社会养老保险的县级试点工作正式推进。1992年,《县级农村社会养老保险基本方案》正式出台,资金由个人缴纳为主,集体补助为辅,国家予以政策扶持的农村社会养老保险制度在全国正式推进。2007年,人社部发布了《关于做好农村社会养老保险和被征地农民社会保障工作问题的通知》,要求"着力加强被征地农民的养老保险知识普及和养老等社会保障管理",标志着被征地农民社会养老保险合法权益开始得到制度保护。

改革开放之后，国家进入高速发展阶段，社会经济飞速发展，这一时期的农村养老保障具有如下特征。第一，人民公社消亡，集体经济瓦解，农村实行家庭联产承包责任制，农村居民对土地实行自主化，自主经营、自负盈亏，这充分调动了农村居民生产的积极性，生产热情高涨，"搭便车"现象在家庭低成本监督下日益消亡，家庭、土地养老模式又重新开始在农村地区发挥主导性作用。许多农村家庭的经济状况日益改善，甚至能够提供具有较高水平的农村居民养老生活保障。第二，乡镇企业的蓬勃发展为农村集体经济注入新的活力，既促进了农民收入的增加，也创造了更多的社会财富与养老资源。第三，发达城市和沿海城市的发展促使大批农村劳动力进城务工，"农民工"数量激增且奋斗在工业生产的第一线，但同时新的问题又出现了，农民工的养老问题和由于乡镇企业发展被征地农民工的养老保障问题日益凸显。

客观地说，农村家庭和集体养老保障顺应了统分结合的发展要求，为农村养老和社会和谐创造了良好的环境。农村社会养老保险则顺应了改革开放后农业产业发展和家庭结构、土地养老新变化的发展要求，迎合了农民工、被征地农民等新兴群体的养老需求，促进了劳动力生产要素城乡间自由流动。

（四）社会化大生产时期农村社会养老保险制度

在我国农业进入现代化发展时期，以家庭联产承包经营为主要特征的小农生产方式与农业产业化、规模化、机械化发展的要求严重偏离，大量农村生产用地流转集中经营，于是土地不再是农村居民生活和养老的主要保障。生产方式的转变、家庭结构的小型化、农村人口的乡城流动等带来的社会变化均要求建立农村社会养老保险模式，以应对农村社会发展的新变化。

在经过早期试点、经验总结之后，2009年9月1日，国务院提出"建立个人缴费、集体补助、政府补贴相结合的农村社会养老保险制度试点，实行社会统筹与个人账户相结合"，这标志着在全国范围内建立农村社会养老保险制度的步伐正式开启。在农村社会养老保险制度的示范效应影响下，人社部于2011年10月颁布《关于印发开展城镇居民社会养老保险试点工作宣传提纲的通知》，首次探索在城镇试点建立城镇居民社会养老保险制度，这标志着城镇居民社会养老保险制度建设步伐的加快，为后来的城乡居民基本养老保险制度建设奠定了基础。

2013年后，党和政府根据新的国际、国内环境，加快了农村社会养老保险制度的建设步伐。国务院于2014年2月21日下发的《关于建立统一的城乡居民基本养老保险制度的意见》提出，将农村社会养老保险和城镇居民养老保险制度两种制度合并，并构建全国统一的城乡居民基本养老保险制度，并将其称为城乡居民社会养老保险制度。应该说，城乡居民养老保险的统一是我国基本养老保险制度建设与改革迈出的重要一步，它使全体人民能公平地享有基本养老保障和社会发展红利。城乡居民养老保险的统一，让亿万老年人"老有所依"的梦想得以实现，增强了全社会的安全感与凝聚力。

二 农村女性生育保障政策的演变

生育保障政策有广义和狭义之分，前者是指国家为实现生育控制而给予女性的生育补偿政策，后者仅指与生育保险有关的政策。

（一）改革开放前

在计划经济时期，因生产水平较低，社会财富有限，政府对农村地区的公共财政投入也不多，农村基本保障范式只能以小农经济支持的家庭保障为主，生育保障的责任同样落到了家庭这个主体上。当然，在人民公社时期，农村集体也相应承担了一部分保障责任。应该说，在"文化大革命"开始前，国家在农村社会保障事业建设方面还是进行了适度投入。在中央政府的指示下，卫生部于1964年4月下发了《关于继续加强农村不脱产生产的卫生院、接生员训练工作的意见》（以下简称《意见》）。《意见》提出，"在3—5年内，争取做到每个大队都有接生员，每个生产队都有卫生员"。尽管《意见》的内容不具有系统性，甚至部分内容也存在执行阻碍，但它却在客观上促进了农村医疗队伍的建设以及农村医疗事业的发展。同时，尽管社会的许多事业建设都遭受了严重破坏，但农村合作医疗却在"文化大革命"期间反而超常规发展。1976年7月，卫生部向中共中央、国务院递交总结全国农村合作医疗事业发展情况的书面报告，对"赤脚医生"① 在农村卫生事业中的重要作用予以了高度肯定，并建议："赤脚医生、合作医疗已经发展起来的地方，要抓紧充实提高；还没有办起来的地方，特别是国防边境、少数民族地区、高寒地区、老革命根据地、渔区、牧区，要积极地、有步骤地、因地制宜地尽快办起来"。1978 年，为应对人口数量急剧增长带来的贫困等问题，我国开始实行计划生育政策。这一时期农民生育保障的重心是控制人口数量，执行计划生育政策，政府并没有对生育保险做出过多的规定。

（二）改革开放后

随着改革开放的不断深化和社会主义市场经济的建立，农村医疗卫生保障资源供应不足和供给水平低与农村医疗资源需求不断增多的矛盾日益突出，建立在集体经济基础上的农村合作医疗无法适应经济和社会发展的新形势，因而出现了严重的萎靡。20 世纪 80 年代以后，通过合作医疗报销部分生育费用的措施也几乎被全面取消，这意味着农村地区的生育费用开始主要由个人与家庭负担，与村集体、与社会全面脱钩。直到 1985 年，计划生育保险产品开始在商业保险市场中出现，才使农村孕产妇、新生儿的医疗保障看到了新的希望。这一阶段，独生子女父母保险在农村是最受欢迎的险种之一，其筹集方式是由投保人、乡镇政府财政分别按一定的标准缴纳保险金。该制度的根本目的尽管是为了顺利推进计划生育政策，但相关的奖励政策通过经济补偿的手段减轻了因独生子女生育行为而产生的经济、赡养等家庭负担与风险，无疑对独生子女家庭起到了一定的生育保障作用。因此，这种计划生育奖励制度实际上是我国政府在特殊国情下对农村妇女生育保障实施的一种补充措施。

随着农村经济的发展和国家对农村社会保障事业建设投入力度的加大，2003 年后，新型农村合作医疗建立，农村基层生育医疗服务随

---

① 赤脚医生，是我国 20 世纪 60—70 年代开始出现的名词，指没有固定编制，经乡村或基层政府批准和指派的有一定医疗知识和能力的医护人员，受当地乡镇卫生院直接领导和医护指导，其特点是：亦农亦医，农忙时务农，农闲时行医，或是白天务农，晚上送医送药的农村基层兼职医疗人员。

着农村基层医疗体系的建设而得以日益改善，农村妇女生育医疗也被纳入了"新农合"的可报销范围。国家在加强农村医疗基础服务设施建设的同时，也高度重视村卫生室的建设，要求在农村地区合理配置卫生资源，要做到每一个行政村都建成一个村卫生室，每个村卫生室至少要配备一名合格的乡村医生，并且对生育政策进行展板宣传，大大改善了农村妇女的生育环境。然而，2007年《国家人口发展战略研究报告》相关数据表明，我国每年有多达20万—30万的先天性畸形儿出生，因此如何提高出生人口素质、保障生育质量便理所当然成为当时面临的一个重要课题。对此，时任国务院总理温家宝曾指出，"做好人口和计划生育工作，稳定低生育水平。加强出生缺陷预防工作。加强流动人口服务和管理。保护妇女和未成年人权益。在农村妇女中开展妇科疾病定期检查。支持残疾人事业加快发展。继续加强老龄工作"。同时，国家对农村居民推行生育家庭奖励政策，奖励那些遵守计划生育政策的农村居民，应该说该政策不但对我国控制人口的数量增长具有重要作用，同时在一定程度上推动了农村妇女生育保险的发展。

三　农村女性医疗保障政策的演变

（一）合作医疗制度的产生

中华人民共和国成立初期，国家经济基础极其薄弱，在资源供应方面存在城乡不平衡问题，医疗资源只能针对一小部分群体，大部分农村妇女无法享受到优质的医疗资源。1955年，全国上下掀起了农村合作社高潮，具有互助性质的合作医疗制度正是诞生于这个阶段。1959年，卫生部对农村合作医疗给予了充分的肯定，并且大力推广该制度。中央政府于1960年在《农村卫生工作现场会议报告》中对合作医疗制度再次予以了肯定，并将其更名为集体医疗保健制度。同年，官方媒体在宣传中对此项制度予以高度肯定，促进了其在全国范围内的全面开展。有统计数据表明，合作医疗制度当时覆盖了大约50%的农村地区。根据世界银行的相关报道，当时我国仅用了20%的医疗资金却解决了80%农村人口的医疗难题，可见其影响之深远。截至1976年年底，我国仅有不到10%的地区没有实施合作医疗制度。

毫无疑问，在合作医疗制度下，农村妇女能享受到一定程度的医疗保障。

（二）新型农村合作医疗制度的产生

家庭联产承包责任制由于统分结合、自负盈亏、自主经营等特点彻底打破了原有的人民公社制度，合作医疗的发展也受到制约。到1989年全国仅剩5%的地区还在坚持合作医疗。从1998年起，我国开始建立适应市场经济体制的城镇职工基本医疗保险。进入21世纪以来，我国逐步建立起了新型农村合作医疗和城镇居民医疗保险制度。1998年，国务院在总结试点经验的基础上颁布了《国务院关于建立城镇职工基本医疗保险制度的决定》，2003年国务院办公厅转发了原卫生部等部门的《关于建立新型农村合作医疗制度的意见》，2007年国务院颁布了《国务院关于开展城镇居民医疗保险试点的指导意见》。随着这一系列政策的出台与执行，到2010年，城镇职工医疗保险、城镇居民医疗保险和新型农村合作医疗保险这三种不同的保险制度日益成熟，为全民提供稳定的医疗保障，这其中当然也包括农村妇女。

新型农村合作医疗是以政府为主导，秉承自愿原则，以农民为保障对象，通过多方集资，旨在解决农民重大疾病问题的医疗互济制度。旨在解决农民"看病贵、看病难"问题的"新农合"制度，传承了以往农村合作医疗中有益的经验，并不断地创新及与时俱进。从保障资金的筹集来看，新农合解决了资金来源非常单一的困扰，由原来的农民自给自足方式集资，变为国家、政府、集体、个人多方共同集资。从"新农合"的统筹层次来看，其统筹范围不断提升，切实提高了农民在风险预防与抵御方面的能力。从保障对象来看，新农合以"大病统筹"和广大农村居民为主，从而解决看病难、治病难的问题，防止因患重病而返贫的现象，突破了传统合作医疗中只管小病小灾的局限性。从具体实施来看，政府转变了自己的角色，积极参与到新农合的建设当中，由旁观者走向引导者。综上可知，新农合本质上是一种互助共济制度，以广大农民群众利益保护为出发点，它提高了农民的知情权，也使其获得了一定的管理权，农民能够亲身参与到这种保障制度当中,是名副其实的针对农民的农村公益、福利性的保障制度。

而且,"新农合"制度使得保障覆盖面大幅扩展的同时,也使医疗保障水平得以逐步提高。一方面,"新农合"通过提高门诊、住院费用的报销比例、额度,提高了参保人员的保障水平;另一方面,城乡居民大病保险通过降低起付线、提高报销比例和封顶线等倾斜性政策对贫困人员实行精准支付,提高了贫困人员受益面和受益水平,有效阻击了因病致贫或因病返贫现象。

四 农村女性就业保障政策的演变

就业保障是指国家为了保障公民实现劳动权所采取的创造就业条件、扩大就业机会的各种措施的总称。农村女性就业保障是为了保障农村女性在就业中享有和男性平等的权利和地位,将女性从传统家庭角色中解放出来,为其创造就业机会的各种措施之总称。

(一) 女性就业的变革期

1954年,《中华人民共和国宪法》规定:"妇女在政治的、经济的、文化的、社会的和家庭的生活各方面都享有同男子平等的权利"。国家通过以根本大法的形式确保了妇女享有和男性平等的权利和地位。1953年,中国妇女第二次全国代表大会通过的《关于今后全国妇女运动任务的决议》指出,妇女运动的中心任务是继续教育、发动和组织广大妇女群众,参加并搞好工、农业生产和祖国各个方面的建设。"大跃进"时期,无业女性被计划性地安置到国营单位和街道集体企业中就业,中国女性的就业出现了基于政治目的而导致的畸形状态。直到1961年,固定工和临时工并存的就业制度开始实施,才在一定程度上缓解了女性盲目就业的情况。

这一阶段呈现出以下几个特点:一是统一劳动招收和调配制度,使曾经处于单一角色的家庭妇女实现了角色的转变和扩展,促使其不再局限于家庭中的生儿育女的角色,而是开始走向社会。二是这一阶段统一社会保险和社会福利制度,导致重男轻女和要男不要女现象逐渐消退。国家以行政指令的方式,要求在商业、服务业等适合女性就业的第三产业推行以女替男政策;1960年以后,劳动部门批复单位用人计划时，按照男女比例搭配"论堆分"，努力为妇女提供就业岗位。三是虽然这一阶段妇女地位获得了空前的提高，在国家政策的支持下走向各个行业，但女性独立的自主意识依然没有增强，只是其依附对象由之前的男性转为单位、政府。

（二）女性就业的过渡期

1976年"文化大革命"结束，女性就业模式出现了新的变化，由之前的统一分配向自谋职业和竞争就业转变，中国女性不得不重新审视自己、调整自己、认识自己、走向市场。这一阶段女性的从业率虽有所下降，但女性入学、升学、就学率提高，此外，成年女性参与社会劳动的年龄延长。1979—1989年，女性大多从事护理业、服务业和纺织印染业，这类型的工作可能不需要太高的教育水平或者高级技能，而是需要更多的耐心和细心。1980年，政府决定实行"劳动部门介绍就业、自愿组织就业和自谋职业相结合"就业方针，政府对就业控制开始松动。20世纪80年代中期之后，"外来妹"这一以农村女性为主的流动群体迅速聚集在经济发展特区，填补了大量本地人不愿意做的工作空缺。

此阶段女性就业人口规模日益扩张，职业性别隔离状况显化。外来打工妹从事高强度的劳动换取低报酬，且许多企业不能按规定为女工购买社会保险，她们无法得到体制的照顾，社会援助网络在20世纪80年代中期尚未形成，因而外来妹的就业权益无法得到妥善的保护。

（三）女性就业的调整期（1991—2000年）

20世纪90年代开始，中国对外开放程度不断深化，经济发展出现了持续高速增长的局面。受此影响，中国女性开始觉醒自我意识，追求实现自我价值最大化，女性的性别特征被进一步认知和强化。然而，在社会医疗、养老、生育、失业保险等与市场经济相配套的保障体系并不完善的条件下，竞争机制被率先引入就业领域，追求效率但缺乏温度的市场竞争导致妇女就业受到了前所未有的冲击。这一时期为了缓解国企改革带来的大量劳动力妇女下岗问题，国家采取了"下岗分流、减员增效和实施再就业工程"的方针，建立了国有企业下岗职工基本生活保障、失业保险、城市最低生活保障"三条保障线"和基本社会养老、医疗保险制度，有效缓解了大批待业妇女所造成的社会压力。

在计划经济时代，女性成为单位制的受益群体，但在市场经济语境下，女性则是单位制的受害者。这一阶段中国女性就业结构发生显著变化，女性劳动力开始转向到适合其特点的第三产业上。此外，女性劳动力的就业开始出现另外一个新特征，也就是由简单的强体力劳动工作岗位逐渐转向专业岗位、技术岗位以及管理类岗位。

（四）女性就业的重组期

进入21世纪之后，中国就业市场中性别结构出现了新的变化，大量女性劳动力源源不断涌入就业队伍，在岗女性显现年轻化、受教育程度提高和岗位白领化等特点。2005年修正的《中华人民共和国妇女权益保障法》规定："国家有必要采用合适方法，完善女性的各项权利，减少女性歧视行为。""坚决实行男女同工同酬制度，女性在享有福利待遇方面应该享有与男性同样的权利。"2008年制定的《中华人民共和国促进就业法》规定："男女享有平等就业和择业权。"《中华人民共和国促进就业法》第一次将"就业歧视"写进了我国法律，使维护女性平等就业的法律体系更加健全。但2014—2015年的《全球工资水平报告》数据显示，中国男性和女性就业率仅差14%，但在相似的岗位中，女性平均比男性少挣29%；在地理分布上更为不均，农村地区的女性比男性要少挣45%。虽然我国女性在就业平等权利的保障方面已经位居世界前列，但女性在就业实践中依然存在性别歧视现象，因此女性就业，特别是农村女性的就业保障还需要进一步加强。

五 农村女性社会救助政策的演变

作为社会保障体系的重要组成，社会救助是国家对遭受灾害、失去劳动能力或低收入的公民无偿给予资金或物质，以维持其最低生活水平的一项社会保障制度。农村女性由于各种原因的限制，更容易成为社会弱势群体，社会救助是农村女性陷入贫困后国家给予的"最后一道防线"，对保障农村女性的基本生存水平具有重要意义。

70多年来,党和国家逐步建立完善社会救助制度,即使在社会财富积累非常薄弱的计划经济时期,我国也建立了国家负责与依托集体经济相结合的农村社会救助制度。20世纪90年代中期开始,我国陆续建立起了城乡居民最低生活保障制度、农村"五保户""低保户"等制度,对农村贫困人口进行兜底保障。在这些制度框架下,妇女与男性拥有平等的权利,这无疑更好地保障了弱势女性,特别是农村贫困女性的社会保障权益。还应指出的是,高龄养老津贴制度的实施,使占老年比例较高的女性权益得到了较好的保障。有数据表明,截至2018年年底,我国各省份均已实施了高龄津贴制度。同时,有30个省份已经建立了老年人服务补贴制度,有29个省份建立了老年人护理补贴制度,可见高龄老年妇女的权益得到较好的保障。

尽管70多年来,我国社会救助得到了明显的发展,但农村的社会救助主要是针对贫困人口的基本生活救助,对妇女的专项救助依然不够充分,具体主要存在以下几方面的问题。一是救助范围不能在农村全面覆盖,救助的对象多且救助的标准较低。二是缺少专门针对农村妇女的专门救助法律,且救助程序不够明确也不够规范。三是救助实施的监管机制不完善,在社会救助的实际操作中,存在救助金和救助物资去向不明等违法行为,无法真正落实到农村贫困女性身上。

第三节 中国农村妇女社会保障制度安排

一 农村妇女社会保障相关概念体系

"社会保障"在1935年美国颁布的《社会保障法》中被首次提出。围绕"社会保障"这一概念,国内外学者对其进行了诸多界定。陈良瑾认为社会保障是国家和社会通过国民收入的分配和再分配的方式,依法对社会成员的基本生活权利予以保障的一种社会制度。郑成功则认为社会保障是国家或者社会依法强制建立的具有经济福利性、社会化的国民生活保障系统。本书认为社会保障制度是指经济社会发生改变所形成的一种社会风险化解的措施,它具有福利性、社会化的特征,主要包括社会保险、社会救助、社会优抚、社会福利等内容。

（一）农村社会救助

农村社会救助主要是指政府和社会针对农村地区中由于各种原因陷入生活困境的公民，给予财务接济或者实物扶持以及社会服务的形式，从而使这些群体的基本生活权利得到保障。农村社会救助制度的实施，保障了农村地区居民最低生活标准，起到兜底和维稳的作用。它是在公平和效率两大要素之间追求一个平衡，对达到救助标准的对象进行社会最低标准的保障。某种程度上，农村社会救助是农村社会保障的最后一道防线。社会救助本身是对公民生存权利的保障，每一个人都享有生存和发展的权利，获取社会最基本保障是人人所应当的权利。从世界范围来看，社会救助是一种公认的政府行为，政府作为国家公共产品的主要供给者，应当承担社会救助的主要责任。从国家政府颁布的《社会救助暂行办法》来看，社会救助的主要范围包括灾害救助、医疗救助、教育救助、住房救助、就业救助、临时救助、最低生活保障等。一个完整的社会救助体系离不开稳定的救助资金投入机制和合理的救助对象补偿机制。而农村社会救助中重点需要关注的两个内容是最低生活保障的标准，以及保障对象的界定，即"保障谁""保障哪些内容"和"保障到何种程度"。

（二）最低生活保障

最低生活保障最早是由英国经济学家帕特里克·明德福提出的，最低生活保障对农村妇女社会保障研究来说是一项十分关键的内容。最低生活标准的确定，一般由民政等部门拟定，报本级的人民政府批准执行。从当前最低保障制度的发展现状来看，最低保障的覆盖程度低、保障水平不高、保障内容也较为单一。因此，有学者也提出要通过合理划分各级财政的分担比例来提高对于农村最低生活保障的基本投入。

农村弱势群体的救助是我国整个社会救助体系中的重要构成部分，这充分体现了社会主义的制度优势。自20世纪50年代以来，我国就针对农村地区专门制定了五保供养政策，主要是从吃、穿、住、医、葬五个方面给予救助和服务。它的主要救助对象是一些不具备劳动能力、没有任何经济来源的老人、残疾人等农村地区的弱势群体。供养方式主要包括集中供养和分散供养。集中供养是由机构来提供供养服务，而分散供养主要是由村委会来提供主要的供养服务。对农村特困人口的救助资金主要来自中央的财政补助、地方政府的财政预算、农村的集体经济收入以及供养机构的其他收入四个方面。

（三）农村社会保险

社会保险是指为丧失劳动能力、暂时失去劳动岗位或者因健康因素而造成损失的群体提供收入或者补偿的一种社会经济制度，社会保险是整个社会保障体系的核心，主要涵盖了医疗保险、养老保险、失业保险、工伤保险、生育保险五大内容，还有部分地区在探索实施长期护理保险的内容。本书所讨论的农村妇女社会保障，主要讨论医疗、养老、生育这三个方面的内容。

1. 农村养老保险

我国农村养老保险制度最早于1986年国家的"七五"计划中提出，该计划明确指出要探索农村养老保险制度。同年，民政部在江苏省沙洲县召开了全国基层社会保障会议，提出建设农村社会养老保险制度，随后出台了包括《国务院关于企业职工养老保险制度改革的决定》（1991年）、《县级农村社会养老保险基本方案（试行）》（1992年）、《国务院办公厅转发民政部关于进一步做好农村社会养老保险工作意见的通知》（1995年）等一系列法律法规，第一次从全国层面提出构建农村社会养老保险制度。这种养老保险制度是按照参保人个人缴纳为主、集体补贴为辅、政府提供制度支持的原则。政府在此过程中并不予以财政支持，然而随着时间的推移，"老农保"的弊端也开始逐渐显露。

2003年后，国家开始探索新型农村社会养老保险制度，加大对农村养老的财政投入。2007年的《中共中央关于推进农村改革发展若干重大问题的决定》明确提出，要"按照个人缴费、集体补助、政府补贴相结合的要求，建立新型农村社会养老保险制度"。2009年国务院专门出台了《关于开展新型农村社会养老保险试点的指导意见》。"新农保"的最大特点在于由政府来进行兜底，中央政府对被保险人提供每月55元的基础补贴，同时地方政府根据地区经济发展情况适当提高养老金的发放水平，并且政府还会随着整个经济社会的发展来提高养老金的发放额度。

城乡居民基本养老保险制度是在城乡一体化发展战略指导下，将新型农村社会养老保险制度与城镇居民社会养老保险制度相结合，构建全国统筹的养老保险政策。2014年，国务院发布的《关于建立统一的城乡居民基本养老保险制度的意见》，明确要求将不再对城乡之间分别进行制度创设。城乡居民基本养老保险的发展，对于缓解人口老龄化的浪潮冲击，推动乡村振兴战略的实施具有十分重要的意义。

2. 农村医疗保险

农村合作医疗是一种由个人缴费、集体补助、国家财政拨款三大来源所组成的一种具有互助互济功能的农村医疗保障制度。农村合作医疗的探索可以追溯到20世纪50年代的卫生合作社和保健医疗合作社。中华人民共和国成立后，农村医疗合作制度的内容和形式也在不断丰富和拓展。在集体经济的主导下，农村医疗合作制度的主要资金来源是集体（生产大队）和个人共同筹资，由此来保障医疗合作制度的有效运行。在这个过程中，集体经济的发达程度显得尤为重要。在1978年后，家庭联产承包责任制替代了生产大队，乡村集体经济的发展失去了主心骨，使农村医疗合作制度也因缺乏经济支撑而一度陷入停滞。

由于"老农合"的停滞，加之乡村地区长期落后的发展现状，使得许多农村家庭出现了因病致贫、因病返贫的现象，并且成了一个社会问题。针对这一情况，2002年，国家政府颁布了《关于进一步加强农村卫生工作的决定》，明确提出要构建一个以大病统筹为主的新型农村合作医疗机制，并且要在2010年实现农村居民的全覆盖。新型农村医疗合作制度相较于"老农合"的不同之处在于其筹资结构主要由政府财政、集体经济和参保农民三大主体组成，同时在大病保险机制上，积极引入市场的力量来分担农村居民所应支付的费用，并且要求重大疾病的报销比例不得低于治疗费用的50%。这一规定有效缓解了"因病致贫、因病返贫"的问题，弥补了农村合作医疗保险制度存在的漏洞，丰富和完善了我国基本医疗保险的内容，有利于整个社会的稳定发展。

然而，随着大量的农民进城务工，新农合的发展又衍生出了新的问题，城乡居民之间的医疗支出报销比例相差大，许多农民工就近就医报销不便等。分割的城乡居民医疗保险制度越来越不利于医疗资源的高效使用。因此，2016年，国家政府随即出台了《关于整合城乡居民基本医疗保险制度的意见》，将新型农村合作医疗保险与城镇居民基本医疗保险结合起来构建城乡居民基本医疗保险，有效保障居民的医疗权益。

3. 生育保险

生育保险是指妇女劳动者因为生育或分娩而暂时停止工作，由国家和社会提供医疗服务、补助和产假的社会保险制度。生育保险制度的发展与生育政策是相辅相成的。从目前来看，我国的生育政策和生育保险制度的发展大约经历了四个阶段：第一阶段是自由生育阶段（1949—1961年），这一阶段主要的保障对象是女工人与女职员。在1951年颁布的《中华人民共和国劳动保险条例》中对妇女的保障内容已经包括生育产假、生育补助以及医疗检查费用补贴等内容。第二阶段是计划生育探索和确立时期（1962—1979年），这一时期的生育保障制度主要配合计划生育政策。1963年的《第二次城市工作会议纪要》提出，要对节育职工的生活福利、劳动保障、公费医疗等不利于计划生育政策执行的部分进行修改。尤其是1969年颁布的《关于国营企业财务工作中几项制度的改革意见》明确要求国营企业停止工会经费和劳动保险金，这意味着生育保险的工会基金被取消，社会生育保险完全转由企业保障。第三阶段是计划生育时期（1980—2013年），这一时期随着社会的不断发展，开始逐步意识到对妇女权益保障的重要性。生育保险也由原先的"企业统筹"转变为"社会统筹"，以此保障妇女的基本权益。同时，还对晚婚、晚育等对象提供延长生育假、婚假以及其他福利待遇。第四阶段是"全面二孩"政策时期（2013年至今），这一时期主要为了缓解老龄化、生育率低、劳动力紧缺等问题，国家开始施行"全面二孩"政策。为此，国家开始进行一系列的政策调整以降低妇女的生育成本和生育风险。另外，在供给侧改革的大潮流下，2019年国务院专门发布了《关于全面推进生育保险和职工基本医疗保险合并实施的意见》，要求将各地职工医保和生育保险合并，从而减轻企业缴费负担，提升整个社会保险机制的运行效率。

（四）农村社会福利

福利从一般抽象意义来理解就是人们获得幸福的各种条件。而农村社会福利是指政府为了保障农村居民，特别是一些弱势群体的基本生活，提升其生活质量而提供资金和服务的社会保障制度。整体农村社会福利是对每一位农村居民所提供的福利服务以及改善乡村整体面貌的措施。农村特殊群体福利主要针对的是儿童、老人、妇女、残疾人士等弱势群体。整个社会福利制度的发展经历了国家统筹发展、市场经济主导发展、社会政策扩张与社会福利制度重建、社会政策深化与社会福利制度整合四个时期。在国家统筹发展时期，社会福利的发展具有典型的城乡二元特征。尽管如此，在城市内部或者农村内部的基本社会福利保障如教育、医疗、就业等内容也基本得到了一定程度的满足，没有出现严重的社会分配不均现象；在市场经济主导发展时期，社会福利政策也发生了巨大的变化和调整，社会福利制度体系逐渐转变成由市场进行主导。然而在此衔接的过程中，许多人的基本社会福利受到了损害；在社会政策扩张与社会福利制度重建时期，政府开始重新梳理市场与整个社会政策的关系，也逐步意识到在社会福利制度推行过程中政府责任的缺失。因此，开始在教育、医疗等民生领域强化政府主导的地位；第四个时期是社会政策深化与社会福利制度整合时期，党的十八以来，随着社会主要矛盾的变化，整个社会政策的发展进入了一个全新的时期。精准扶贫、乡村振兴、健康中国等各项政策协调推进，促进了城乡政策的一体化融合发展。

（五）农村妇女社会保障

农村妇女社会保障嵌入社会保险、社会救助、社会福利等多个领域，在识别农村妇女基本需求的基础上，采用多种社会保障的形式向其提供资金、实物和社会服务等帮助，从而有效保障其基本生活和权益。农村妇女社会保障制度所讨论的无非是对妇女最基本权利的保障，它涉及两个方面，即生存与发展的权利。从生存方面来看，包括养老保险、医疗保险、生育保险、贫困妇女的社会救助、农村妇女的社会福利等；从发展方面来看，主要体现在促进妇女就业和妇女参政议事的权利。本书重点围绕着对农村妇女基本生存权利的保障，主要从社会保险、社会救助、社会福利三个方面入手。

1. 农村妇女社会保险

农村妇女社会保险主要是通过养老、医疗、生育等社会保险制度来体现。其中养老保险是指政府和社会依据相关法律在劳动者达到国家规定的劳动义务解除年龄界限时，以社会保险的形式为其提供稳定的资源来维持老人基本生活的各项需求的一项社会保障制度；医疗保险是对补偿和化解因疾病造成的经济损失和风险所设立的一项社会保障制度，它的筹资结构主要由参保人、用人单位、政府等共同缴费组成。以上两种保险针对的是所有适用条件的社会成员，并没有专门的性别区分。而生育保险则是主要针对怀孕和分娩的妇女劳动者，主要是在妇女怀孕和分娩时为其提供医疗服务、补助以及产假的一种社会保障制度。关于农村妇女社会保险制度的讨论，主要是集中于老年妇女的养老和健康两大问题。

2. 农村妇女社会救助

社会救助是针对老年群体、残疾群体、妇女、未成年人等弱势群体，采用实物扶持、款物救济以及社会服务等方式，保障其基本生活权益。农村妇女作为农村三大主要留守人员之一，政府通过组织安全教育、增强社交技能、掌握法律知识等活动，让其能保障个人权利。另外，在就业方面不断鼓励和支持农村留守妇女就业，通过政策引导地方企业积极雇用留守妇女，并为就业妇女提供一定的生活补助。在农村妇女的生活、情感、安全等问题的解决方面，政府采取由农村社区、社会组织、基层妇女社会工作人员所组成的妇女保障体系，来对妇女的生存困境进行介入和援助。同时，政府还在不断加强《中华人民共和国妇女权益保护法》《中华人民共和国反家暴法》等相关法律知识的宣传教育工作。

3. 农村妇女社会福利

社会福利是政府和社会采取的优化和完善城乡居民尤其是弱势群体的社会生活的一项社会政策制度，它有广义和狭义之分。其中，广义的社会福利是指所有的社会成员都可以享受到的社会福利服务，而狭义的社会福利主要是针对某一些特殊群体，本书中的农村妇女社会福利便属于此范畴。对于妇女的社会福利保障主要包括三个方面：一是生育福利，主要是包括妇女的生育津贴和妇女的产期保护；二是妇女的劳动权益保护，包括在《中华人民共和国劳动法》以及《中华人民共和国妇女权益保障法》中明确要求的男女劳动权利平等化，同时享有特殊的劳动保护权利等；三是福利服务和福利设施的提供方面，目前国家卫生保健部门正在不断加强妇幼保健医院和妇产医院建设，为女性提供优质的妇幼保健服务。

二 中国农村妇女社会保障制度的功能和作用

保障妇女权益是新中国成立以来所一直秉承的原则。在长期的历史发展中，中国妇女一直承受着君权、神权、族权（父权）、夫权等四座大山的压迫。现实像一张大网一般将妇女束缚在一个狭小的空间，让其呼声和呐喊埋藏在一个黑洞中。中华人民共和国成立使妇女地位发生了翻天覆地的变化，妇女第一次在法律地位上享有和男性同等的权利，并且得到了国家宪法的确定。可以明显看到的是在长达几十年的实践中，越来越多的女性参与到各行各业中，成为重要的力量支柱之一。然而问题追溯至农村地区，在长达几十年的社会变迁过程中，农村的社会结构正处于一个转型蜕变的过程，随着城乡要素的不断流动，越来越多的农村青壮年劳动力开始向城市流动，使许多农村地区开始变得萧条。乡村振兴战略的实施在某种程度上正是对这一问题的回应。乡村振兴是全方位的振兴，需要积极调动各方要素。农村妇女是乡村治理主体的重要一部分，但是由于其生理以及农村社会环境等多方因素的影响，农村妇女一直处于相对弱势的地位，而乡村振兴的实现需要农村妇女力量的广泛参与。因此，进一步完善农村妇女社会保障制度具有十分重要的意义。

第二章　中国农村女性社会保障基本理论分析

（一）强化农村妇女参政议事权利，助力乡村振兴发展

农村妇女社会保障制度的完善，对于维护农村妇女的基本权益具有十分重要的意义。在过去几十年发展的过程中，尽管国家在法律上一直在追求男女性别平等。然而现实生活中，许多农村妇女不仅要承担繁重的家庭责任，还要进行一定的经济创收，农村妇女处于长期被压迫状态。不平等的家庭分工和尚不完善的社会保障制度，也为农村妇女参与到乡村治理的过程带来阻碍。在现实层面，乡村振兴的有效实施，需要对乡村治理的主体进行深度的剖析，需要厘清哪些是可以借助的力量，而哪些因素会阻碍乡村振兴的实施。通过完善农村妇女的社会保障制度，保障其教育、医疗、生育等各个方面的基本权益，提升其社会地位，能在更大程度上激发其参与乡村治理的热情，丰富和完善乡村振兴的实现路径。

（二）维护农村社会结构基本稳定，化解降低社会风险

乡村振兴是实现乡村的全面振兴，需要每一个农村家庭的共同努力。对于女性而言，其在家庭中的地位和作用是不言而喻的。尽管在长期的社会发展过程中，首先，男权主导的形式，男性在受教育权、参政权等各个方面的社会条件要优于女性。然而，在家庭中，女性在某种程度上却承担着比男性更加繁重的事务。许多留守在家中的农村妇女，不仅要照顾家里的老人和小孩，同时还要完成一定的农业生产任务，来保障她的家庭生活质量。随着女性意识的崛起，农村妇女也渐渐意识到要加强自身权利的保护，这就意味着男性必须承担更多的家庭责任，以实现男女之间的平等。在这种调整和转变的过程中，可能会引发新的家庭矛盾，甚至演变成一种社会问题。因此，加强对农村妇女的社会保障制度体系的构建也是对这一社会问题的一种回应。另外，对农村妇女社会保障的另一大问题是对农村老年妇女的社会保障问题。女性平均寿命高于男性，导致女性老年丧偶率更高，而满足孤寡老人的健康养老需求，不仅是整个社会的应尽之责，也是农村子女的殷切期望。因此，在实现农村妇女社会保障的整体推进的过程中，要切实保障好农村老年妇女的各项权利。

（三）改善农村妇女综合生活质量，实现社会公平正义

实现农村妇女社会保障的根本是改善农村妇女的生活质量，促进整个社会的公平正义。从整个保障体系来看，首先，加强对农村妇女的社会救助体系建设。可以看到，目前的家庭暴力事件仍然频发，而且往往是女性处于较弱势的一方。尤其是在一些相对较为偏远的农村地区，信息相对闭塞，妇女的救助更难得到回应。因此，农村地区社会救助体系的完善，具有十分重要的意义。其次，完善农村妇女的社会保险制度建设，尤其是在养老、生育、就业等领域，农村妇女的权利亟须得到保障。通过社会保险制度的建设和完善，能够更加有效地改善农村妇女的生活质量，有效维护社会公平正义。

三 农村妇女社会保障与乡村振兴的关系

（一）完善农村妇女社会保障是实现乡村振兴战略的重要途径

农村妇女是乡村治理的重要主体。习近平总书记在党的十九大报告中明确提出要实施乡村振兴战略，以产业兴旺、生态宜居、乡风文明、治理有效、生活富裕为总方针来建设社会主义美丽乡村，其目的是缩小城乡之间的差距，满足农村地区的人民对于美好生活的追求。然而在现实治理的过程中可以发现，诸如治理动力不足、制度不完善等问题的出现，让乡村振兴战略的进一步实施陷入困境。实现乡村的全面振兴，应当切实发挥农民在乡村振兴过程中的主体作用，调动千万农村主体的积极性和主动性，从而为乡村振兴的发展提供不竭动力。从当前农村现状来看，在传统的男主外、女主内的家庭分工模式下，许多农村男性青壮年劳动力都选择了外出务工，而大多数农村女性选择在家处理农活和家务。因此，农村妇女应当是当前乡村治理中的重要主体。完善农村妇女的社会保障，对于助力乡村振兴战略的实施具有至关重要的作用。

首先，健全的农村妇女社会保障制度是实现产业兴旺的中坚力量。作为乡村振兴战略的核心内容之一，推动农村产业的发展势必离不开人。加强对于农村妇女的社会保障能够为农村产业的发展提供重要支撑。通过对农村妇女进行社会保障，提高农村妇女的经济收入和社会地位，能够有效地激发农村妇女的积极性，促进农村的生产和消

费活力，带动乡村产业的蓬勃发展。另外，实现乡村的产业兴旺，离不开对土地资源的合理开发和利用。土地是农村的重大优势，农村土地的灵活有效流转和适度开发经营是实现乡村产业兴旺的先决条件。通过对农村妇女进行社会保障，可以有效地解决当前土地细分所造成的低投入、低效率的问题，实现乡村土地资源的有效可持续利用，实现乡村产业振兴发展。

其次，农村妇女社会保障是实现乡风文明的主要抓手。乡风文明离不开优良的家风，而优良的家风是需要感情来维系。在传统的乡村社会中，男女的家庭分工一直处于一种"男主外、女主内"的模式，许多农村妇女的经济来源于其配偶。这种经济依附关系在某种程度上降低了农村妇女的话语权，不利于家庭结构的稳定。乡风文明的建设应当着力破除传统思维中的重男轻女观念，推动乡村治理中的性别平等化。通过对农村妇女社会保障制度的优化，有效缓解农村妇女在生育、养老、医疗、教育等各方面的压力，逐步提升农村妇女的社会地位。

再次，农村妇女社会保障是实现乡村有效治理的重要途径之一。有效的治理势必离不开主体和客体的支持，在乡村治理的过程中，农村妇女既是乡村治理主体之一，又是乡村治理的主要对象。因此，在实现乡村治理高质量发展的同时，要加强农村妇女的政治参与以及对于政府认同感和政策的支持。在完善农村妇女的社会保障制度时，既要保障农村妇女的政治参与权利，积极引导其在参与村级事务的处理以及村庄建设的过程中，为乡村治理带来新思想、新活力，又要保障农村妇女在生育、医疗、养老等各个方面的权利，积极听取其意愿的表达，提升其对政府的认同感，确保政策的有效实施。

最后，农村妇女社会保障是实现生活富裕的强大后盾。乡村振兴的实施本质是为解决人民对美好生活的向往以及发展不平衡、不充分之间的矛盾。通过社会保障制度来改善农村妇女的生活现状，对于实现生活富裕的目标具有重要作用。其一，对农村妇女受教育、生育、医疗、就业等各个方面进行保障，不仅能够提升农村妇女的社会地位，而且有利于激发农村妇女的潜在动力，推动农村的产业发展、乡村建设，从而改善农民的物质生活水平。其二，完善农村妇女社会保障制度，也是实现农村生活富裕的基本要求。对农民的生活状况进行改善，首当其冲的是对于一些弱势群体进行相应的制度保障，提升其对抗风险的能力，让其获得一种幸福感、获得感和安全感。

（二）乡村振兴战略的基本要求也是农村妇女社会保障的任务和目标

妇女是整个农村社会人力资源的重要组成部分，也是实现乡村有效治理的主要力量。然而在乡村社会长期发展的过程中，农村妇女却一直处于一种弱势地位。在许多家庭，妇女不仅要创造一定的经济价值，同时还需承担繁重的家务。尽管九年义务教育得到普及，然而在许多农村地区，家庭对于女性接受高等教育的期望值仍然低于男性，许多农村家庭老人仍保留着"养儿防老"的观念，这也让农村女性的受教育权利受到践踏；另外，在养老方面，女性的平均寿命高于男性，因此导致了女性的丧偶率偏高。随着老龄化浪潮的来临，农村妇女的养老问题成为一大难题。在子女外出务工，以及丧偶率偏高的情况下，农村妇女的养老显然面临着更加艰难的处境；在政治参与方面，尽管在政府工作中，"妇女参与决策和管理"是女性优先发展的六个领域之一，妇女拥有参与和管理国家事务的权力和机会。然而在现实的生活中，"男主外、女主内"的思想在许多人心中依旧根深蒂固。女性的发展受限于家庭生活内，难以参与到村庄治理的过程中。以上分析，不仅是农村妇女的生存现状，也是农村妇女社会保障所亟须解决的问题。社会保障制度的基本任务和目标是运用相关政策和福利来提供最基本的服务，它所起到的是一个兜底的作用。对农村妇女社会保障的制度体系进行完善，改善农村妇女的生存现状，是乡村振兴战略的基本要求。

党的十八大以来，"三农"问题一直是国家政府的工作重心。乡村振兴战略的实现根本目标是为了改善农民的生活环境，满足农村地区的人民对于美好生活的向往。因此，包括精准扶贫、环境治理等一系列的政策的实施，都是为了推动农村的现代化发展，实现农村社会的稳步转型。需要注意的是，乡村振兴战略的实施并非一蹴而就，而是一个长期的过程。在这个过程中,要注意各个要素之间的有效融合。既要实现城乡要素的融合发展,又要推动村庄内部各要素的协调促进,包括产业、生态、文化、人才、组织等各个方面要素。实现各个要素的稳步推进势必离不开社会保障制度的完善。在产业领域,需要发挥出农村妇女的主体力量。挖掘和激发出农村妇女的潜能,为农村妇女提供稳定的就业机会,推动产业的振兴发展。在文化领域,乡村振兴的发展要求推动优秀女性文化的发展。借助于文化的感染力,唤醒女性意识的崛起,提升农村妇女参与乡村治理的积极性,进一步带动乡村振兴过程中的人才和组织建设发展。

第四节 农村妇女社会保障理论基础

一 女性主义理论

"女性主义"一词最早源自19世纪80年代的法国,由法语中女性(femme)和表示政治立场的词缀(ism)构成。女性主义的初衷是为了促进性阶层平等而创立的社会理论与发起的政治运动,目的在于通过消弭性别不平等以保障底层人民的基本权利。随着我国女性地位的不断提升,女性主义的概念被引入国内并引发学界的激烈讨论。总体来看,国内学者大都围绕着"对'女德'思想的批判""对女性自我价值观的引导""对女性婚恋、工作、生活的讨论"三个方面开展研究。在对"女德"思想的批判上,学界基本达成共识,在某种程度上反映了女性对被压迫地位的厌倦和反抗。随着女性独立、权利意识的崛起,学界再次审视女性环境、地位、薪酬、就业、家庭责任承担与分配以及政治参与等问题。而关于这一切,马克思主义女性主义已作出了系统论断。

马克思主义女性主义属于马克思主义与女性主义的有机结合。它是立足历史唯物主义视角对妇女受压迫现状进行分析。它指出,由于整个社会趋向于将男性的工作社会化,而把女性的工作家庭化,这使得女性社会人的资格被剥夺,无法享受作为一个独立个体所应有的各项权利，这是男女地位不平等的根本原因。因此，马克思主义女性主义主张的是要解放妇女，必须实行共有制来代替资本主义社会的私有制，通过解放生产力来使女性获得属于自身的平等。20世纪80年代以前，我国政府对女性的保护反映了马克思主义女性主义关于如何保护妇女权利、争取男女平等的设想。在国家计划经济体制下，妇女在经济上和男性的差别不大，对于妇女的相关保护法律也得以有效的实施。80年代后，随着改革开放的不断深入，国家的宏观分配制度也有所转变，一定程度上冲击了法律捍卫妇女权利地位的有效性。值得注意的是，性别歧视本质上属于意识，因而如何树立平等意识，扭转妇女被歧视的局面，并通过法律界定和执行相关的标准是亟须努力的方向。

二 社会公平理论

社会公平理论最早由美国社会心理学家J.S.亚当斯提出，他所关注的是人的知觉与动机之间的关系，即公平分配的方案以及不同分配方案下人们的反应。它指出人们的工作积极性与其所获得薪酬存在密切关联，高工作积极性离不开公正的薪酬分配制度。另外，个体还会将自身的付出所得薪酬与他人来进行对比，以获得公平的主观感受，而人的行为动机正是在这种对比获得感下被驱使。当人们认为他的付出得到了公平的回报时，才有了继续努力工作的激励，从而获得更多的回报。

社会公平也是中国共产党一直秉承的价值理念和价值追求。党的十八大以来，以习近平总书记为核心的党中央从现实出发，提出了实现中华民族伟大复兴的中国梦，并将公平正义作为中国特色社会主义发展的内在追求。中国梦不仅仅是中华民族的梦想，也应该是每一个中国人的梦想，因此，每一个人都应该拥有着实现自身发展和奉献的机会，同时这种努力的成果也应当是每一个人所共享。因此在实现中国梦的过程中，社会的公平正义是贯穿整个过程的。党的十八届三中全会还特别指出，全面深化改革，要始终确立促进社会公平正义、增进人民福祉为出发点和落脚点的关键定位。即深化改革的成果绩效衡量不能简单地以经济效率作为标准，而是要把改革发展的成果能够惠及每一个人作为改革成功的标准,要实现共享发展的新理念,在将蛋糕不断做大的同时也要把蛋糕分好,提升人民幸福感和归属感。这一过程离不开法律和制度保障,社会主义法治和公平正义也密不可分。习近平总书记指出:"公平正义是政法工作的生命线,司法机关是维护社会公平正义的最后一道防线。"因此,维护社会的公平正义应当贯穿到立法、执法、司法、守法等各个方面,为民众提供一个民主、公平、正义、法治、安全的新环境。

这一理论同样也适用于中国农村妇女社会保障领域。由于收入得不到保障,受教育程度普遍偏低,使农村妇女长期处于比较弱势的地位。加之女性的平均寿命高于男性,使女性孤寡群体也在不断增加,加强对于农村妇女的社会保障迫在眉睫。社会公平和正义是中国特色社会主义的内在追求,因此,如何维护农村妇女权益,提供农村妇女良好生存环境,是社会各界的共同追求。在实现乡村振兴的背景下,农村妇女公平感的获得应当从制度、法律、环境、宣传等各个方面入手,确保农村妇女的基本权利得到保障。

三 社会性别主流化理论

"社会性别主流化"最早出现于1985年联合国的《内罗毕战略》中。其后,各界围绕社会性别主流化作出了积极讨论。在第四次世界妇女大会上通过的《北京宣言》和《行动纲领》性别中,明确将性别主流化作为促进性别平等的全球性战略。联合国经济与社会理事会界定社会性别主流化为:社会性别主流化是将妇女和男人的关注、经历作为在政治、经济和社会各个领域中执行、设计、跟踪、评估政策和项目计划不可分割的一部分来考虑,从而使妇女和男人能平等受益,不平等不再延续下去的过程。它的最终目的是达到社会的性别平等。这是一个漫长的过程,需要对各个领域的每一项计划,包括它的目的、内容、过程等对女性和男性产生的影响进行评估。其目的在于对一些不平等的社会和体制结构进行变革,实现以人为本的社会发展模式,让妇女参与社会有效治理的过程中。在此环节中,政府应当成为社会性别主流化的责任主体,在政策制定的过程中,要体现性别平等的原则,并且通过政策引导来提供一个社会平等的环境。对于我国妇女人权的保障，各级政府始终坚持着"五纳入"的原则，即要将妇女保护纳入国家的政策法规、发展项目、工作议事日程和责任考核、经济社会发展规划中等。社会性别主流化注重将性别意识引入决策中，尤其是政府的立法、公共政策等都需要考虑男性与女性之间的差异和需求，不仅要体现出性别平等的特点，而且应当对政策实施后的政策效果对男性和女性的影响差异进行衡量。这一过程中，妇女应当主动来表达出自身的意愿和需求。

可以看到，性别平等理念的传播并非随社会发展而自然实现的。在公共政策领域，一项政策的实施必然伴随着一些群体获益，而另一些群体受损。现实实践中我们也看到一些特殊的妇女群体的权益得到了保障，如针对农村女童实施的一些权益保障的政策，这些政策就是符合社会性别主流化理论。也需要注意，一些貌似保持性别中立的政策其实对于女性权益的保障确存在疏漏，如对于一些下岗工人出台的一系列政策，看似中立，但相较于男性职工，女性职工下岗后处于一种相对弱势的地位，其所获得的权益很难达到平等。同时，在相关政策中又缺乏对于女性下岗职工的专门保护，因此在某种程度上这样的政策也是存在性别缺失的。因此，社会性别主流化理论的优势在于会对每一个环节、内容、目标、过程中的对男性和女性造成影响的差异进行评估，然后不断改进优化，进而实现社会性别的平等。

四 社会救助理论

社会救助是农村妇女社会保障体系的核心内容之一。社会救助最早发源于英国，1601年英国《济贫法》的颁布标志着社会救助制度的正式确立。《济贫法》中还明确规定了要建立贫民教养院、贫民习艺所等救助机构，通过向较富裕地区征税来补贴较贫困地区等。到了20世纪30年代后，世界经济危机转变了人们对贫困的观念，即贫困不仅仅是个人和家庭的原因，还与社会制度息息相关。因此，在世界范围内，美国颁布了1933年的《联邦紧急救助法》、1962年的《公共福利修正案》、1974年的《社会保障法》等，英国的《贝弗里奇报告》也成为这一时期社会保障领域的标志性成果，它对推动社会保障发展具有里程碑意义。而到了20世纪70年代以后，经济萧条的氛围笼罩着整个资本主义世界，过高的社会福利让政府的财政负担压力巨大。同时，这种福利制度也被认为是造成经济萧条的主要原因之一。在这种背景之下，许多西方国家也开始对社会福利救济制度进行改革，主要通过削减社会救助支出来适应经济发展。

我国社会救助制度的建设开始于20世纪90年代，经过20多年的实践逐步形成了民生兜底的基本制度保障体系，在医疗救助、住房救助、就业救助、教育救助、特困供养、最低生活保障、临时救助等多个方面起到了兜底保障作用。然而综合来看，当前我国的社会救助制度的发展在新形势下面临着新的挑战。一是随着不同群体之间的经济差异越来越大，如何满足低收入群体对美好生活憧憬的问题。二是人口老龄化浪潮所带来的老人养老、健康护理问题，应当如何进行制度调配。三是在百年未有之变局的形势下，突发事件的所带来的贫困、保障等一系列问题应当如何解决。四是在受救助群体逐步扩大的形势下，政策导向如何实现从兜底向助力的转变，挖掘和帮助一些有能力实现自己脱贫的对象。以上四个方面是我国社会救助制度所面临的挑战和新要求。社会救助制度也围绕这些要求进行一系列改革和发展，主要体现在：一是对于救助对象的扩大，将救助对象的人口控制在10%左右，同时也在不断地推动城乡救助一体化建设。二是对社会救助的标准进行调整，在确定一般性标准的同时保留最低标准。三是不断地提高社会救助水平。应当根据受救助对象的实现情况和需求，提供合理的救助服务。以农村妇女的救助为例，应当了解当前农村妇女的生存现状，包括她们的收入状况、家庭情况、身体状况等，在对农村妇女进行救助时根据其自身需求，来提供帮助和服务。在政策设计的过程中一定要注意政策影响的性别差异，让农村妇女的权益得到有效的保障。

五 民主参与理论

民主参与理论是兴起于20世纪70年代美国、欧洲等一些西方发达国家的一种新媒介规范理论。它认为任何个体和弱小的社会群体都有知晓权、传播权、对媒介接近和使用权，以及接受媒介服务的权利。村民自治中的民主参与环节是民主参与理论在现实实践过程中的具体表现，同时也是对传统治理理论的一种发展和创新。民主参与改变了传统的资源垄断和排他的现象，让每一个社会群体借助于各种媒介手段参与到各个环节的决策过程中，实现多元化决策。中国的民主参与的由来主要有两个方面：一是中国的民主参与是现代化进程中的一部分；二是改革开放后，社会结构变得复杂，不同阶层的利益诉求，需要通过民主参与的形式来进行表达。可以看到，长期以来农村妇女的权益容易遭到忽略，而民主参与理论的发展，让许多农村妇女可以借助于新兴媒介来表达自己的诉求。或者作为村级决策主体的村两委能够借助于新兴媒介来和农村妇女等弱势群体进行有效互动。让"参与"不再是简单停留在表面。

六 马斯洛需求层次理论

马斯洛需求层次理论最早是由美国心理学家亚伯拉罕·哈马德·马斯洛在其《人类激励理论》中提出的。马斯洛从低到高将人的需求分为生理需求、安全需求、爱和归属感、尊重和自我实现五大类，当低层次的需求得到满足后，人们才会渴望得到更高层次需求的满足。首先是对于生理需求的满足，包括对水、食物、睡眠、住所等维持人类生命机能正常运转的需求。第二个层次是安全需求，马斯洛认为人类对于安全的追求是一种本能的机制，它是人类为了维持其生存所必需的各个方面的保障，包括人身安全、家庭安全、财产安全、工作保障等。第三个层次是社会需求。即人人都渴望得到一种相互的关系和照顾，拥有归属感、情感、理解等。第四个层次是尊重的需求。即每个人都希望获得他人和社会的认可和尊重，获得一个稳定的社会地位。马斯洛认为，当尊重的需求得到满足时，每个人会对自己所做的工作充满信心和热情。第五个层次是自我实现的需求，即人们渴望实现自身的价值、理想和抱负，充分挖掘自身的潜力，达到一种自我实现的境界。

这五个层次的需求毫不例外地存在于每一个社会个体中，在农村妇女社会保障制度体系构建过程中，首先，应当先从农村妇女最基本的生理需求入手，对其住所、食物、衣服等进行基本的保障，让其能够维持基本的生活。其次，在进行社会救助时，也要考虑到其情感的需求。尤其是在农村老人养老方面，由于女性的平均寿命较高，使得其丧偶率也随之上升。再加上许多农村青壮年劳动力都选择外出务工，因此，老人的精神需求也应当引起足够的重视。最后，在对农村妇女进行社会救助时，也应当考虑其尊重和自我实现的需求，不能简单地进行物质支持和帮助，还要考虑其对于社会和他人尊重的需要，注重其自我价值的实现。

第五节 本章小结

本章主要对农村妇女权益保护现状及相关理论进行梳理。首先对农村妇女与中国社会保障的关系进行明晰，指出中国社会保障对农村妇女地位的重要影响。其次，专门对中国农村妇女的权益保障实践进行了剖析，重点梳理了整个中国农村妇女社会保障政策演变历程及制度安排。再次，探讨了乡村振兴战略背景下，中国农村妇女社会保障发挥的功能和作用。最后，介绍了妇女研究领域的六个基础理论，为中国农村妇女社会保障的进一步研究提供了理论支撑。

第三章

中国农村妇女社会保障现状分析

第一节 农村妇女社会救助制度建设现状

一 农村妇女社会救助存在的问题

(一)性别盲视现象较多,缺乏系统的法律规范

1. 农村社会救助政策存在性别盲视

社会性别理论指出,社会制度、法律、价值观对妇女的歧视,造成了政治、文化、经济对妇女的压迫,因而在对法律、政策、方案、项目做出决定之前需要进行性别分析,通过分析掌握其对男性和女性分别会产生怎样的影响。该理论认为假如分析所得出的结果中,法律、政策、计划和项目的情况对男性和妇女所造成的影响并不平等的话,就应当避免做出错误性决定,并且在法律、政策、计划和项目被确定之后,对其执行情况进行定期审查,通过这样的手段和措施,分析不同阶段政策对女性和男性的不同影响,以此确保妇女是真正的受益者。但是,我国目前的社会救助政策存在性别盲视问题。

首先,随着外出打工的人数逐年增加,离婚率也不断上升,农村家庭最为明显的变化是单亲家庭的增多。特别是农村依旧有"嫁出去的女儿,泼出去的水"这样的思想存在。女儿一旦嫁出去组建新的家庭,就以丈夫的家庭关系为主,跟娘家的家庭关系限于婚丧喜忧等边

缘性交往。在重视婚姻稳定和父系亲属关系的农村社会之中，成为单亲家庭的这种社会事件，具备着一些负面效应，而在社会关系方面，单亲家庭中的母亲因为家庭中缺少成年男性的关系，很有可能就会失去原有的社会关系。比如在女方变成单亲之后，因为这种身份的原因，在婆家的关系很有可能就会顺位下降到儿子的后面，尤其是因为离婚这种原因所导致变成单亲家庭的女方，在婆家与娘家的角色定位会显得异常的尴尬。

其次，如果一个家庭内的其他成员没有那种救济贫穷的亲友或嫁出去的女儿的意愿，或者他们的经济收入或者家庭条件不支持他们救济，在这种情况下，社会救助政策就会强制执行"亲属互助责任"的行为，而这种基于社会控制目的的行为，不仅仅会使救助贫困家庭的时机被白白地耽误，也非常容易引致申请对象与其亲属之间的关系紧张化，因此这种行为不仅不会改善其生活条件，反倒还会成为其求助获得支持的一种较大障碍。而随着近年来单亲家庭的形成以及其规模的继续成长，这种旨在强调"亲属互助责任"的社会福利功能，对于经济条件欠佳的单亲家庭，尤其是女性单亲家庭，其所起到的作用，有必要对其进行新的审视与检查。因此，社会救助政策为应对这种因家庭结构的变化，而可能发生的负面社会经济后果，就必须应该首先强调官方社会援助网络的照顾功能，以此来对非正式救助这一社会功能的不足进行一定的补充和完善。而从政策性的角度来进行审视社会救助政策，其所表现出来的社会照顾这一功能，是宪法赋予的所有公民的生存和为经济安全保障的人权保障，对未来经济发展所需要的劳动力等人力资源方面有着极大的正面和积极意义。基于此种情况，制定社会救助法要致力于从女性视角出发，积极建立可持续、高质量发展的脱贫机制，真正意义上使社会救助的核心功能得到较为充分的发挥。

2. 社会救助没有形成系统的法律规范

目前，我国最基本的生活救助制度主要包括三方面：城乡最低生活保障、灾民救助和农村五保供养。针对这三方面的救助对象，展开医疗救助、法律救助、教育救助、就业救助、住房救助和临时救助等多方面多形式的社会救助方式，形成具有综合效应的农村社会救助制度体系。但是，在社会救助业务不断完善发展的过程中，针对我国农村妇女这一弱势群体，缺少相应的社会救助，也缺少相关法律规范。主要体现在以下几个方面：

第一，法规和规章不健全。尽管2020年9月7日，民政部、财政部起草的《中华人民共和国社会救助法（草案征求意见稿）》全文公布，但新的社会救助法当下还没有正式实施，还在征求社会各界意见的阶段，针对农村妇女存在的新问题还没有得到解决。特别是，除了已有的国家制定的相关行政法规外，如《城市居民最低生活保障条例》《法律援助条例》《农村五保供养工作条例》《城市生活无着的流浪乞讨人员救助管理办法》，对于需要社会救助的对象并没有专门的行政法规规定开展何种形式的医疗救助、法律救助、教育救助、就业救助、住房救助和临时救助等。同时，在有关部门文件中或者某些地方性文件中虽然出台了一些规章和规范性文件，但因效力的不足，导致无法从根本上保障社会救助的规范化管理和法制化运行。至于专门针对农村妇女的社会救助相关法规，更是空中楼阁。

第二，社会救助的公平性问题也有待完善。这主要体现在以下几个方面。其一是城乡二元结构下的社会救助形式。现行社会救助法律规范的建立，遵循了建立城市、农村救助体系的旧观念，并不是对城市和农村救助对象实施平等的社会救助制度，这就使农村社会救助对象享受不到与城市救助对象相同的社会援助，无形之间加大了城市与农村社会救助差距。其二是存在不同部门之间的社会救助不平等现象。当前社会救助是由不同的行政机构管理落实的，而不同地域、不同部门难免出现救助标准不一的现象。这就需要一个统一的规范性指南或纲领来协调统一这种部门差异。

（二）社会救助在实施过程中存在的问题

1. 政策宣传不到位

根据前面的表述，我们可以看出，目前政府出台了相当充足的优惠政策，希冀借助这些政策上的帮助来让这部分经济不利的家庭状况得到改善，在帮助他们脱贫的方面，这些政策发挥了相当的作用。但是在实际生活中，由于当前的政策宣传工作还不到位，政府出台的部分特殊援助政策也未发挥实际效用，大多数的村民对于社会救助的印象还相当的滞后。比如，部分村民依然把社会救助当成五保户等概念，对政府出台的医疗、住房、司法救助等方面的政策，还是缺乏一定的了解。比如，在法律援助方面，部分村民仍不清楚法律援助的具体定义究竟是什么，他们不清楚法律援助的申请对象究竟有哪些，甚至连申请法律援助的程序要怎么样的形式也不知道。

2. 社会救助的实施缺乏有效的审查监督手段

由于缺乏高效精准的信息收集平台、社会信用体系不健全、救助部门之间的信息不对称，导致了被调查者的隐性收入、隐性就业以及收入和财产状况难以精准评估。尤其是核查手段的根本突破涉及国家有关法律的修订，这使全面核查家庭收入和财产是非常困难的。目前，家庭收入的核实主要还是依靠乡镇委员会的干部，以比较原始的方法进行逐个调查。尽管做了大量调查取证的工作，也通过张榜公告等方式接受了社会监督，但家庭收入核实不精准的问题还是时有发生，不能完全避免。因此，在农村应保不保，而不应保的却享受保障的问题得不到全面解决。

3. 与男性相比，农村妇女在获取救助资源时处于不利地位

在农村地区，传统观念仍旧十分严重。女性主内的思想仍然是主流，妇女和男性相比参加社会公共事务的比例远远不足，家庭之外被视为是男性的事情。农村妇女社交圈很小，自然很难拥有强大的社交资源。当生活出现困难时能否获得社会救助，很大程度上要依靠家庭里男性的"面子"和"关系"，步步都需要男性的帮助。在父权制家庭结构下，妇女的生活并不是完全能自己决定。而且大多数贫穷妇女受教育程度不高，不了解申请救助的流程。因此，农村妇女甚至是单亲妇女家庭在获取救助时困难重重。

4. 农村贫困妇女低保水平较低

2008年，湖南省人民政府出台了《湖南省农村最低生活保障办法》这一政策性文件，该文件明确提出了农村最低生活保障所需资金，由省、市州、县市区人民政府民政部门根据农村最低生活保障标

准和享受农村最低生活保障待遇家庭的数量提出资金需求，经同级财政部门审核后列入年度预算。这一文件对农村低保申请、审核、审批、资金发放等工作程序进行准确的界定，并且对其资金筹措与管理措施、相关制度建设以及各级各有关部门的职责等农村低保制度框架进行了初步构建。从民政部2018年第四季度的例行新闻发布会可知，截至2018年9月底，全国共有城乡低保对象4619.9万人，农村低保平均标准已达每人每年4754元。而湖南省泸溪县农村低保一、二、三类对象的月保障标准分别达330元、210元、160元，都低于全国平均水平。这一标准仅够维持最基本的生活需求，而当面临生病住院或子女上学时，生活压力可想而知。而根据中央和省委、省政府提高城乡低保标准并增加低保补助资金的要求，我国将提高对低保家庭中的重病重残人员、高龄老人和儿童，以及缺乏劳动力的家庭、零就业家庭、单亲家庭等的补助水平，并且表示要对这部分人群给予重点的关注与照顾。这一规定的发布，将会间接性地使农村贫困妇女的贫困程度情况得到一定程度的改善，但是这一规定仅仅是初步规定，至今为止较为具体的实施措施还没有出台。

5. 专项救助制度匮乏

到目前为止，在我国的农村地区，有关于社会救助的相关内容仍然需要完善，而关于这方面的问题主要表现在，专项社会救助制度不能完全解决现实中不断出现的新问题。关于这一现实问题，尽管目前国家从政策方面进行努力，通过制定专项救助政策和法规的方式来应对这一专项问题，但这些政策法规中的大部分仍旧还停留在政策文本层面，并没有在实践中得以实施。因此在社会救助体系中，目前仍旧有许多现实层面上的难题亟待解决。举例来说，目前医疗、住房和教育等特殊救助对象的确定方式仍旧比较模糊，特殊救助的统一标准也有些不当。依据目前的政策而言，这些特别援助的标准基本上是参照最低生活保障标准来进行指定的。这就是说，其他专项社会救助对象主要是从低保对象中选择，而在医疗、住房、教育等方面有困难的家庭，政府会对其实施专项的救助。虽然这种措施对于整个操作程序是进行了一定程度上的简化，但是这种较为特殊的救助方式也很容易产生弊端。比如部分生活在低保边缘的困难群体，很可能因此项特殊措施而享受不到任何救助待遇，使设置专项救助标准的科学合理性得到一定程度上的降低，并且导致社会救助标准的范围变得有些狭小。

6. 没有充分发挥慈善组织的作用

在西方国家的社会中，早就存在一种较为普遍的社会行为，即非政府组织和个人利用自己的知识、技能、体力或财富为弱势群体开展服务活动，这也是最早的志愿者行为。因为发展较早的缘故，目前西方社会的志愿者所进行的志愿服务活动，具有较强的专业性、公益性、宗教性、社区性等多种特性形式。

自改革开放以来，我国也出现了中国青年志愿者活动，这种志愿活动符合中国国情，而且还与国际志愿服务接轨，也正是由于这种原因，我国的青年志愿者活动的发展速度很快，而且活动形式也从简单的生活护理发展到系统化，相对完整的非政府组织服务，在缓解贫困、促进社会正义方面，中国青年志愿者活动有着极为重要的表现。2011年，中共中央、国务院制定了《中国农村扶贫开发纲要（2011—2020年）》，纲要提出了以政府为主导，社会组织、市场共同参与的扶贫策略，引入非政府组织参与我国扶贫项目的实施，通过促进非政府组织参与扶贫服务项目的资源供给，从而达到提高扶贫效率的目的。这些文件的提出表明，目前我国政府对于非政府组织、社会组织在协助农村贫困群体方面所表现出来的非常突出的作用已经有了较为充分的认识。同时，我国希望通过政府与社会组织的有机融合这一方式，形成一支救助农村弱势群体的重要社会力量。中华全国妇女联合会是中国最大的非政府妇女组织，而通过调查和访谈发现，妇联没有充分发挥在农村弱势妇女社会救助中的作用，这种情况导致弱势妇女在遇到困难时的第一反应是选择求助于妇联的情况极少出现，甚至还有部分农村妇女对于妇联的组织形式缺乏一定的认识和了解。而正是由于妇联与农村妇女的接触很是缺乏，因此本应该作为农村弱势妇女娘家人的妇联，对于处于困境中的农村弱势妇女所发挥的作用乏善可陈。

目前，我国广大的农村地区还没有形成一种适合慈善组织发展的文化环境，因为部分农村地区居民的经济条件并不是很好，他们可能刚刚解决了自身家庭的温饱和贫困问题。因此对他们而言，对慈善组织进行投资简直就是异想天开，因为这种投资行为不能马上获得实际回报，是一种针对未来的项目，而这种情况的出现严重阻碍了当地妇女慈善组织的建立和发展。截至目前我国很多农村地区还没有建立这种专门针对贫困农村妇女的慈善性组织。虽说成立了一些救助妇女、孩童、老人的基金会，但是这些组织数量少、规模小、资金有限，无法在救助农村弱势妇女方面起到应有的作用。

（三）农村贫困妇女社会救助缺乏发展的维度

当前我国的社会救助政策中，针对农村妇女的社会救助政策，仅仅只是一项维持其经济收入的政策，推动发展的核心力量较为缺乏，这种情况对于增强农村妇女的自我发展能力有着不利的影响。也正因如此，她们才无法彻底地从根源上摆脱贫困状态，无法明确发展自己的正确方向。

1. 社会救助偏重维持，忽视农村妇女的发展需要

我国农村社会救助的目标并不是通过制度化方式来为受助者提高可持续发展的生计能力，以此来谋求未来的长期发展，而是偏重于维持接受救助者的基本生活，因此我国的社会救助政策才会有所欠缺。诚如前文所述，社会救助的最基本职能就是要维持受救助人员的基本生活，但是，这类职能目前仅仅是最基本的目标，并不是完全的、长期的目标。而长期目标，应该侧重于提高贫困妇女自我恢复生产和发展的能力建设。但是，目前农村社会救助形式单一，缺乏对贫困人口的激励措施。主要方法是分发大米、油、盐和其他生活必需品或低额现金等物资，它忽略了受助者对于资产、技术、教育、信息、技巧、获得资源和管理能力等可持续发展的资源积累需要，只有掌握了这些资源，才能从根本上帮助妇女自我发展。目前我国广大农村地区的社会救助只能让贫困妇女的基本生活得到勉强维持，这种救助方式既不能使贫困妇女的思想得到改变，也不能提高其生产能力从而提升抵抗各种危机风险的意识和能力，也就不能从根源上改变贫困的生活状态。

2. 农村社会救助是一种事后干预，而非事前预防的社会保护

当前我国的农村社会救助其实是一种事后补偿机制，这种机制是将资源用于减轻人们的痛苦和不幸，其最根本的目的就是要使她们的基本生活得到保障。但这种机制本质上是一种应急型政策，其政策本身的整体性和长期发展的眼光都较为缺乏。而这种机制的主要弊端是针对国家和受助者来说的，事后补偿都是治标不治本，甚至代价高昂，对于国家和受助者来说都是无法承担。

同时，农村社会救助制度缺乏风险规避意识和通过措施减少风险发生和为减少损失而进行的资源储备，受助者的受助非常有限，导致农民极易陷入贫困陷阱。例如，农村医疗卫生服务安全网的缺乏，疾病成为当前农民最主要的致贫因素之一。因此，事前防范可以针对贫困妇女脆弱程度较高的特点，从而更好地发挥作用，减少各种风险所带来的损失。

3. 妇女救助对象限在瞄准绝对贫困人口，贫困边缘妇女无法得到有效的保障

当前我国农村社会救助主体单一，社会动员仍旧不充分，由此带来了社会救助范围较为窄小以及救助水平也较为低下的不足。而且，在资源极为有限的情况下，社会救助的目标也较为有限，只能对那些极度需要救助，即没有获得救助就无法渡过难关的贫困妇女进行救助，因此生活水平略高于贫困线的低收入妇女，相对而言获得各种救助的可能就会大大减少。在这种情况下，社会救助会使相当一部分的贫困家庭收入超过贫困线，这对其抵御风险的经济或物质能力并没有太大的增强。因此，这导致了那些处于贫困边缘的妇女抵御风险的能力得不到进一步的提升，也就是说，她们依然是高度脆弱的群体，很有可能一个小小的危机就会让其重新陷入极度贫困的境地。所以，政府除了对极度贫困的妇女进行救助外，还有必要向那部分处于贫困边缘化的妇女提供一定的援助，以此来增强其防范抵御风险的力量。

4. 救助对象缺乏针对性，不能满足农村贫困妇女的需要

我国现行的社会救助标准和方法，普遍存在目的性和针对性缺乏的情况。这种情况是因为我国社会救助工作流程有些过度简化，并未对社会救助对象进行较为细致的划分，这种情况的出现使得社会救助对象多样化和多层次的需求不能得到进一步满足。由于各个受助者年龄、身体状况和家庭特征等方面有着各自的不同，因此其对救助的需求存在一定程度上的差异。这就对救助内容和方式提出了较为细致的要求。也就是说，必须具体情况具体分析，从这些不同受助者的不同需求出发进行救助设计，以此为依据对受助者进行救助。但是在实际工作中，由于具体情况的不同，总会出现一些问题。比如，一方面，救助对象并不全面，困难救助仅仅只针对贫困户，对于低收入妇女的生产保护性救助和生产扶持性救助较为缺乏；另一方面，救助对象在已经丧失或尚不具备劳动力的社会成员和有劳动能力的社会成员之间并没有进行一个较为具体的划分。

第二节　农村妇女社会保险制度建设现状

在大部分已经建立社会保障制度的国家中，最重要的社会保障项目就是养老保险，特别是随着老龄化趋势愈加严重，很多国家的老年人保护问题不再仅是个人问题，而逐渐发展成为普遍的社会风险。另外，养老保险由于广泛的适用范围和高水平的保护，在全世界几乎所有的社会保障体系中，财政收入和支出规模都是最大的。

一　农村妇女养老保险建设现状

（一）农村妇女养老保险存在的问题

根据我国第三次妇女社会地位的调查可以发现，在我国非农业户口女性中，能够享有社会养老保障的达到73.3%，而在农业户口女性中，这部分人群所占的比例仅为31.1%。由此可以看出，在养老保险方面，城乡差距仍然很大。

另外，根据调查的相关数据，我们还可以发现，非正规就业女性的养老保险或者退休金覆盖率仅为10.7%。这也就是说，有高达89.3%的非正规就业女性无法享受养老保险或退休金。

第三章 中国农村妇女社会保障现状分析

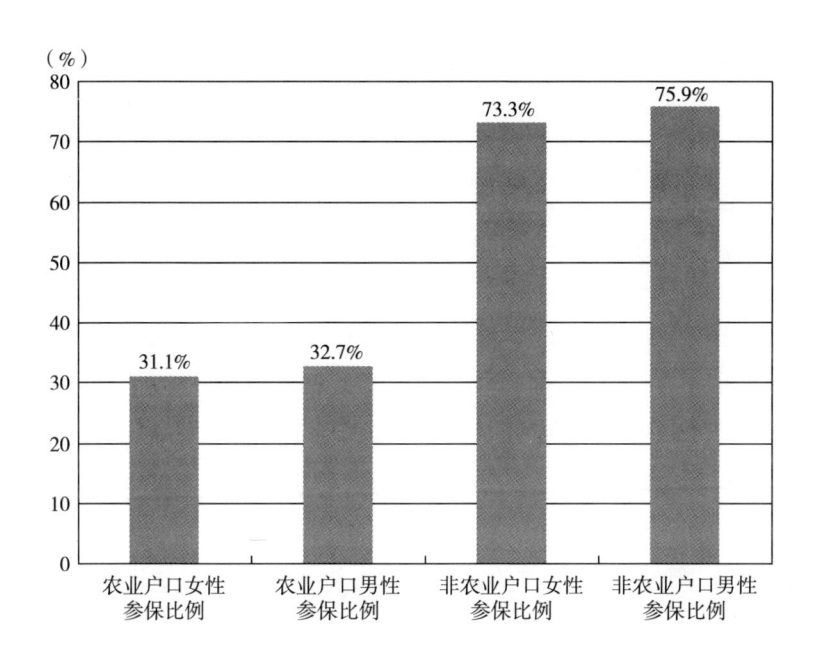

图 3-1 我国城乡男女参保比例对比

资料来源：第三次妇女社会地位调查。

如表 3-1 所示，目前在正规就业人群中，女性专业技术人员能够享受养老保险的比例最大（89.1%），女性办事人员所占的比例紧随其后（88.9%），而从事农林牧渔的女性劳动者享受的保障最少。而从"非正式就业"方面的数据可以看出，女性劳动者可以享受的社会保障待遇相当的低，这也就是说女性享受社会保障的权利和利益难以保护，由此带来一系列社会问题，严重影响中国经济的高质量发展，更不利于和谐社会和女性事业的发展。

表 3-1　各职业类别下享受养老保险的比例对比　　　　单位:%

职业类别	就业方式	养老保险
各类负责人	正规	72.8
	非正规	13.2
专业技术人员	正规	89.1
	非正规	15.9

81

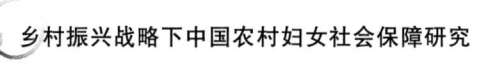

续表

职业类别	就业方式	养老保险
办事人员	正规	88.9
	非正规	18.6
商业服务人员	正规	77.6
	非正规	10.1
农林牧渔劳动者	正规	66.7
	非正规	0
生产运输设备操作人员	正规	78.5
	非正规	8.2
不便分类的从业人员	正规	76
	非正规	9.1
军人	正规	100

资料来源：《第三次妇女社会地位调查》。

1. 法律政策不完善

农村养老保障制度是农村社会保障最基本的制度之一。这一制度的有效实施依赖于国家强制性的法律规范。但是随着时代的变化，以及养老保障内容的不断丰富，目前养老保障的问题也随之出现。而因为目前法律法规尚不完善，且我国政府没有明确各部门的职能与分工，所以目前养老保障的资金管理显得格外的混乱，这也使目前养老保障的资产难以合理有效地进行增值。这种情况给我国广大农村地区的养老保险制度建立带来了许多困难，也使我国农村地区保险基金收支、运营和投资管理情况变得更为艰难。正是因为这种立法方面的滞后，使养老基金权力行使出现不完善和不到位的情况，这让农村居民的合法权益得不到有效保障，因此我国需要将农村养老保障制度监管政策方面的法律法规尽快地加以完善和健全。我国的农村养老保险制度和医疗保险制度虽然涵盖了对农村妇女权益的合法保障，但仍停留在行政法规和部门规章层面，执行效率和效果都不足。此外，我国政府没有明确颁布适用于农村养老保障的法律，所以政策的制定方面也相应缺乏适用性。在法律层面上的完善，还需进一步细化其制度建设，并通过借鉴国外相关法律的方式，完善国内养老保障制度的法律法规。

2. 制度设计不完善

我国农村养老保险制度的设计在紧跟党的政策方针的基础上，结合当下农村经济发展的实际情况，不断进行调整。尽管农村养老保险制度设计对农村区域性经济发展、资金管理、人员工作绩效、城乡养老保险制度衔接等具有较强的针对性，但制度衔接不够、创新性不足的问题依旧存在。

（1）农村养老保障制度创新不足。随着社会发展与时俱进，我国政府的执政理念不断地发生变化，而农村养老保障制度的设计也随之变化。截至目前，我国养老保险制度经历了家庭养老、集体养老到社会养老等多种养老制度。

我国幅员辽阔，国土面积广大，人口数量多，地区经济特征差异明显。由于我国各个地区经济发展水平不同，尤其是城乡经济水平发展不均衡，因此导致了我国养老保障体制适配性差，且效果不均衡的情况时有出现。除此之外，计划生育政策实施以来，我国人口老龄化现象日渐突出，城乡之间年龄结构差异也越来越明显，这使得城乡之间养老保障需求差异日渐突出。但是，在这种背景之下，作为农村养老保障制度设计、创新主体的政府，在制度的创新方面依然稍显不足。

（2）农村养老保障问责机制不健全。目前，我国农村养老保障制度尚且没有一个完善的外部环境，再加上当前养老保障制度的问责机制尚不完善，所以我国目前养老保障的实现手段较为单一，仅仅依赖于非强制性的政策文件。这种不规范的情况就会使公务员在行使权力时具有很大的随意性，从而出现监督检查力度不够、问责机制不完善等一系列问题，这对我国养老保障体系的构建规划产生较为突出的影响。而在我国广大的农村地区，经常会出现农村养老保险资金被挪用的问题，简单来说，如果政府其他项目资金出现短缺状况，政府很有可能就会选择挪用养老保险资金来对其进行补贴，而且往往这些挪用发生之后，不能很快地进行弥补。当农民确实地看到原本属于自己的养老金被滥用的情况，他们参与社会养老保障的积极性就会被严重挫伤。另外，由于缺乏相关的问责机制，个别公务员责任感弱，工作效率低下，工作态度较差，也在一定程度上阻碍着农村养老保障工作的有序进行。

（3）城乡养老保险制度未有效衔接。目前我国城乡居民养老金虽然是由国家财政统一分配，然后进行发放。但是我国现有的养老金制度却实行双轨制，将中国城乡居民的养老金分为数个层次来进行发放，最高养老金为几千元，最低养老金为几百元，甚至几十元。这个问题如果不能及时有效地解决，则很可能会为以后埋下巨大的隐患。这种养老金双轨制度的长期存在，毫无疑问是违反了社会公平性的基本原则。因此积极推进养老保险制度城乡统筹，逐步实现养老保险制度一体化是十分必要的。为了实现养老金的整合，政府应该制定具体的日程表，提高进展速度。如果政府不能对计划进行强有力的执行，尽快解决这些问题的话，城乡养老保险制度的均衡发展进程将会被大大延缓。

（4）地方政府财政能力有限。我国农村养老保险是由中央政府和地方政府财政共同承担的。从政府财政支持力度来看，区域分布的差异主要体现在中西部地区与东部地区、发达城市与贫困农村地区之间。西部地区的经济发展较为滞后，再加上交通不便的影响，所以导致其地方政府财政供给有限；而东部地区因其经济发展水平较高，所以其地方政府财政供给比较充足。在城乡地区差异方面，城市地区的财政补贴远高于农村地区。除此之外，在政府对财政和税收进行改革之后，地方的财政收入开始逐渐地降低，但是地方政府的事情和责任却在不断变多。这种财政分权的方式让地方政府的负担变得越来越多。而对于地处中西部地区的广大农村地区来说，由于经济发展水平较为滞后的缘故，当地农村养老保障的发展速度一直非常缓慢。

（5）城乡财政投入差异大。2018年，国家财政对基本养老保险基金补助支出增长9.4%，对地方转移支出61686亿元，在政府推进农村养老保障建设的发展过程中，影响农村养老保障的一个重要因素就是城乡资金投入的差别化。因此，我国政府必须对城乡养老保险基金投资不平衡这一紧迫问题施加更多的精力和关注。除此之外，由于我国广大农村地区经济发展水平还存在较大的不足，所以当地养老机构的基础设施完善程度还达不到标准。例如，根据《2018年民政事业改革发展情况》显示，截至2018年年底，我国目前的养老服务床位只有746.3万张，这个数字跟我国目前老年人的需求相比是远远不足的。而正是由于农村地区的资金投入不足，目前我国农村地区的养老机构基础设施完善速度缓慢。再加上农村地区的经济生活水平受限，所以农村地区容易发生各类事故，这使当地留守人员的生命安全保障问题显得尤为突出。最重要的是，中国农村的养老机构主要依靠政府运作，民众对于公办养老机构的认可度也远远高于民办养老机构，这使农村地区民办养老机构的发展十分困难。

（6）地区分布不够均衡。根据前文所叙述的情况，我国政府对各地区养老保障支持力度还存在相当大的差距，这种差距不仅表现在城乡之间，还体现在不同区域之间，而这种不均衡的支持力度，使我国农村养老保障的发展失去了均衡，对全体人民的社会权益都产生了极为不利的影响。具体而言，在东部地区和发达城市，我国对农村养老保险的财政支持力度较大，而在中西部地区和农村，我国对于养老保险的财政支持力度就显得略微不足。举例而言，经济发展水平高的大城市较经济落后的城市，养老保险的比例相对而言较高，同理，公共交通、日常生活水平等优惠待遇也比较多。

3. 政府监管缺位

"政府监管缺位"是指政府在实践中偏离了服务的根本理念，本该在责任范围内承担责任，却未能很好地履行政府责任。正是由于政府对于养老体系的监管缺位，所以才会阻碍我国农村养老体系有序、健康合理发展。长期以来，在我国农村养老保障监督管理中，政府机构的定位一直都比较尴尬，其原因就在于我国尚未将农村养老保障监管机构建成一个独立机构，这种情况导致许多监管机构同时存在，但这些同级监管机构不仅效率不高，还容易引起权责方面的争论。

（二）农村妇女养老保险存在问题的原因分析

1. 政策的制定倾斜于城市

随着我国城市化进程的不断加快，长期以来，我国政府着重于城市的改革开放和经济的不断提速，而对于农村养老保障政策有所忽视。这有很大一部分原因在于我国虽然是一个农业大国，但是农村的经济发展水平却一直都比较低。再加上农村地区的村委会等机构对于领导职能的履行效果欠佳，对于向群众提供服务的能力也不足，再加上改革开放初期政府对于城市经济发展水平的重视，这些原因共同影响了政府对于农村地区养老保险这一重大责任的执行力度。

随着农村税费改革的深入发展，我国政府在农村公共服务能力方面的限制越来越多，逐渐开始影响农村正常的社会保障体系。众所周知，我国农村经济发展水平相对城市而言较为落后，因此农村地区的养老保险制度经常会出现资金不足的问题。再加上我国政策所具有的倾向性，这就导致地方政府建立健全完善的公共设施和公共服务的能力相当有限，因此现有的农村公共服务体系无法完全满足农村的公共养老需求。

2. 城乡二元经济体制矛盾

制约我国农村经济发展的严重障碍之一就是城乡二元结构体系的矛盾。我国现有的城乡居民户籍制度实质上就是将城市和乡村的居民划分为两种不同的对象，两者拥有不同的社会地位，这种划分实际上造成了政府对两者不同的资源分配力度，以至于后面出现了基于城乡间户籍壁垒等问题。目前，国家每年为城市居民提供数亿元的社会保障（养老、医疗、失业、救济、补贴等），而为农村居民提供的社会保障比例非常小。

众所周知，城市和农村都是时代发展的产物，而二元经济结构和社会结构的存在是历史发展的必然结果。城市和乡村比较而言，无论是在社会资源的拥有程度，还是生产资料的发展水平差异性，农村都要比城市落后好几个层次，这就导致了农村地区和城市地区工农业化发展的不均衡，而且这种差距在短时间内无法进行有效的弥补。而就我国目前的发展情势来看，要协调稳定地促进经济发展和城镇化进程，就必须重视农村问题这一焦点，在农村的发展上面投入更多的精力和支持。除了上述这些问题外，我国的广大农村地区现阶段还存在着人才资源流失严重的不良现状。这种情况的出现很有可能是因为城市经济的不断发展，且农村经济条件长期落后所导致的后果。即现有的农村经济发展水平已经不能满足年轻人的经济需求。由此可见，影响政府对我国农村养老保障责任有效履行的重要原因之一，就在于城乡二元经济体制矛盾。

3. 政府财政的有限性

据国家统计局全国农村贫困监测调查所得出的结果显示，按照现行国家农村贫困标准测算，2019 年年末，全国农村贫困人口 551 万人，比上年末减少 1109 万人，下降 66.8%；贫困发生率 0.6%，比上年下降 1.1 个百分点。除此之外，因为我国人口老龄化的现象越来越严重，由此导致的养老保险的资金需求也在不断地增加，这从养老保险基金占 GDP 的比重逐年上升这一数据事实就可以看出。虽然近几年我国经济发展水平不断上升，政府的财政资金来源不断增加，但是受我国贫困人口和老龄化人口的影响，中央政府的财政支出也在不断地增加，由此带来的养老资金支持力度不足也就可见一斑了。由此我们可以分析得出，影响我国农村养老保障政府履行职责的一个重要原因就在于政府财政资金的限制。

4. 监管责任不明确

在我国现有的农村地区养老保障体系之中，政府是通过保障养老基金的有效运行来行使其监督责任。但是经过调查发现，目前还没有完全建立健全我国农村妇女的养老保障监督的法律法规，再加上政府的监督责任也没有进行具体的明确，这就使我国农村妇女的合法权益无法得到有力的保障。

在我国广大的农村地区，负责养老保障监管的部门很多，而且都有着比较大的问题。从监管机构的数量出发，表面上这么多的监管机构可以增加农村养老保障监管的全面性。但实际上却不然，这些监管机构之间没有得到很好的协调，经常会发生重复监管的不良事件，也会降低统一规划的能力，从而使监督效率下降，同时如此多的监管机构也会造成大量人力物力资源的浪费。举例来讲，每个监管部门都有着各自的权责，这些权责很大一部分都是重复的，这就会造成它们在出现问题时相互推诿。由此可知，导致我国农村养老保障监管过程中政府责任缺失的一个重要原因，就在于监管责任的模糊。

（三）结论与启示

通过对西方大多数国家养老基金的调查，我们可以发现，在养老基金的收取、管理等诸多方面，大部分国家都建立了相互独立的机构。因此我国应该学习西方的这种先进经验，增强我国养老保障体系监管机构的独立性，从而促进我国养老保障的进一步发展。

二 农村妇女医疗保险制度建设现状

（一）农村妇女医疗保险存在的问题

1. 农村医疗设施落后，农村妇女缺乏身体健康保障

2019年发布的《中国统计年鉴》数据显示，我国农村女性居民主要疾病死亡率远远高于城市妇女，农村女性主要疾病死亡率是城市女性的4—7倍。一些农村女性考虑到家庭的经济因素，看病时更看重医疗费用。当出现问题时，主要表现为生病后不及时到医院就诊，购买药品自行服用，临产时拖延就医，不遵医嘱，当症状缓解后放弃继续治疗，不进行后续诊断。这些现象导致农村女性病情加重和治疗期延长。特别是重大疾病，如果不及时检查和治疗，就很容易变成不治之症，危及生命。

2. 农村卫生医疗设施和队伍水平落后

《2015年度妇幼保健机构资源与运营情况调查分析报告》显示，我国基层的妇幼保健机构里面，日常妇幼保健服务所需的基础设施与相关的医疗设备和器械十分匮乏。虽然我国现在已经建立起比较全面的农村三级（县、乡、村）卫生服务网，专门用来负责对当地农村女性提供相应的医疗服务。但在实际情况中，这些基层医疗机构普遍面临着基础设施不完善、医疗设备和器械型号过旧且老化严重等相关问题，这也使我国现有的农村基层医疗体系无法完全满足农村地区日益增长的医疗需求。正是因为这种情况的出现，所以部分农村地区的女性并未得到完善的医疗服务，再加上农村妇女普遍缺乏定期接受医疗

卫生检查的保健意识，所以她们也不会去进行这种医疗检查。而这就是一些偏远地区女性的疾病死亡率居高不下的根本原因。更何况虽然农村已经形成了（县、乡、村）三级卫生服务网络，整体的医疗体系已经构建起来，但是却缺少相应的医疗人才，许多高水平的医务人员仍然集中在城市的那些大医院，不愿意留在乡级卫生院和村级卫生室。这也是目前基层卫生人员普遍医疗水平不高的主要原因，再加上乡村的医疗工资报酬比不上大城市，所以他们参与医疗卫生工作的积极性也不高。

（二）农村妇女医疗保险存在问题的原因分析

1. 政府财政投入不足

很长一段时间，我国的农村公共医疗卫生资源供需结构严重不平衡，无论是供给的数量还是服务质量，农村和城市都存在巨大的差距，这同样也体现在医疗保险制度之中。根据制度的规定要求，中央政府和各级政府应成为医疗基金的主要出资者。但这一要求是制度规定的要求，并没有具体规定中央和地方政府各自的财政投资额和比例是多少。因此，地方政府，特别是县乡政府，成为医疗基金筹集的主要责任主体和提供者。目前，由于我国"分税制"的实施和农村税费改革这两项政策，农村基层政府的财政收入受到了较大程度上的限制，而财政的受限一定会导致政府对于农村公共服务和公共产品的供给能力下降。

2. 医疗信息化程度不高

随着我国信息化的不断发展，我国的新型农村合作医疗制度也必须随之进行必要的信息化，例如政府部门应该积极构建起信息查询门户，比如查询网站或者是各种 App 等网络信息平台，使更多的人能够通过互联网获得医疗和医疗保险的相关信息。但通过观察发现，农村大部分医疗机构仍旧缺乏统一的信息共享平台，相应的网站和 App 等媒体平台也没有构建起来。这就导致农民，特别是农村妇女的医疗健康信息，无法进行有效的传递与获取。虽然现阶段一些地区在政府资金支持下，配备了部分医疗信息化硬件设施，但在软件建设方面仍旧存在许多不足。比如，在医疗信息系统的维护升级、信息网络的安全等方面，仍旧存在许多不足。除此之外，目前医疗信息标准也没有进行统一化，特别是在医疗补贴额度、妇女报销流程等方面，一直都没有一个详细且具体的流程标准，这也给我国医疗体系的建立带来了许多问题。医疗信息化的发展水平很大程度上决定了新型农村合作组织资源分配的现实状况。针对当下城乡公共医疗卫生供需不平衡的现状，我国迫切需要建立区域性或全国性的医疗信息共享平台。

3. 农民缺乏制度认同感

我国政府制定新型农村合作医疗保险制度的目的，最开始是为了缓解和逐步解决农民"看病难、看病贵"的现实问题。但是因为这是一项复杂的系统工程项目，所以在实际运行中受到各种因素的制约，使得制度的运行不能完全发挥它应有的强大功效和达到预期目标。特别是各个主体之间存在的信息不对称和制度运行的多种障碍，农村妇女对新型农村合作医疗保险并不十分认可。特别是农村地区受到经济社会发展水平的制约。与城镇居民相比，农村居民、农村妇女享受医疗保险的权利并不充分。即使传统的农村医疗保险制度在一定程度上缓解了当时农村妇女的医疗保障问题，但是这些现实存在的问题和历史记忆使妇女在新制度面前还持有观望、怀疑的态度。由于部分农村居民对该制度缺乏足够的认知，对其制度保障的连续性和不可预测性持怀疑态度，使农民无法完全信任新农村合作医疗保险制度。

三 农村妇女生育保险制度建设现状

我国的生育保险制度的历史相当的久远，长期以来生育保险制度在促进我国经济和社会的稳定发展上发挥着极其重要的保障作用，尤其是在维护妇女生育权益和保障妇幼健康方面，更是成果显著。而在过去的几十年里，生育保险制度也在不断地发展与完善，举例来说，经过不断地发展，目前生育保险的待遇不断提高、医疗服务质量不断增强、产假期限不断延长，参保人数也在不断地提高。依据《2019年中华人民共和国国民经济和社会发展统计公报》的相关数据显示：在参保人数方面，2019年全年生育保险参保人数21432万人，比上年底增加997万人，增长4.9%，其中参加职工基本医疗保险人数32926万人，比上年增加1245万人，增长3.9%；参加城乡居民基本医疗保险人数102510万人，比上年减少268万人，降低0.3%。在产假期限与生育费用上，2011年11月22日，国务院法制办颁布了《女职工特殊劳动保护条例（征求意见稿）》，计划将孕产妇的生育产假由目前的90天增至14周，且生育流产费用可以由女职工所在单位支付。除此之外，《中华人民共和国社会保险法》还对男职工未就业的配偶进行了详细的规定，将其也纳入了生育保险进行保障的范围。由此可见，我国长期以来生育保险制度的持续发展和完善，在保障城镇女职工和男职工未就业配偶的生育权利方面发挥了非常重要的作用。然而，我国的生育保险制度给城镇职业女性提供了真切的保障，但对于我国广大的农村地区女性，生育保险制度还不能完全发挥其根本性作用，这对于我国广大农村地区的女性是非常不公平的一种现象。

  几千年来，妇女一直肩负着生儿育女的重要历史使命。生育行为从表面上看仅仅是单独家庭的私人事件，是个体家庭后代的延续。但事实上，它不仅仅涉及个人和家庭。从社会层面来看，生育行为就是整个人类社会的生育行为。为了国家和社会的发展和繁荣，生育行为是必不可少的。近些年来，随着我国经济发展水平的不断增长，国家对于妇女生育问题也越来越重视，特别是给予了农村弱势社会妇女显著的福利。但就目前而言，我国农村生育保障制度仍旧存在些许不足。在这些不足之中，保障水平较低且不全面是其中最重要的一组问题，根据我国卫生统计年鉴数据反映，如表3-2所示，我国医疗卫生总费用事实上一直在持续地快速增长，由2003年的6584.10亿元一直增至2018年的59121.91亿元，增长了约52537.81亿元，接近2003年医疗卫生总费用的9倍，其增长速度远远超过这段时期GDP的增速。与此同时，人均卫生费用也由2003年的509.5元一直增长到2018年的4237.0元，增长了8倍多，且个人卫生支出从2009年的6571.16元增至2018年的16911.99元，增长了两倍多，就算考虑到这些年物价增长因素的影响，这个速度也是极为可观的。再加上近些年我国物价总体保持稳定，因此我们可以看出，我国公民当前所承担的医疗费用越来越高，这表明我国目前的"看病贵"问题远远未能得到解决，对于日益增长的医疗费用，现行制度的保障和补贴远远不够。在现行的制度之下，城乡之间生育保险的差异也相当的明显，例如城镇生育保险制度不仅可以报销医疗护理费用，还可以获得相当于同等工资水平的生育津贴，但是农村生育保险制度相对而言报销比例就会小很多，而且农村地区的生育保险制度体系目前仍旧存在碎片化、多主体各自为战等诸多问题。从其发展历史来看，农村妇女的生育保障措施实施的时间相当得早，发展历史也很长，但是这些生育保障措施都是单独进行实施的，一直都没有形成一种较为系统的运作模式。而且在制度实施过程中，对定点医院的宣传力度还不够，解说也不够充分。许多农村孕妇不了解国家的相关补贴政策，加之各地补贴政策不能有效对接，农村妇女生育保险制度实施成效尤为不足。例如，异地进行住院分娩的农村妇女需要返回户籍所在地才能享受到补贴，这给异地住院的农村妇女造成了极大的不便。另外，这种高昂的医疗费用和职工的生育医疗费用可以由单位缴纳的生育保险基金支付，但大多数农村妇女必须自己承担部分或全部生育医疗费用。我国各地区经济发展程度不同，各地区生育保险保障和支付水平存在较大差异。与其他妇女群体相比，农村妇女的生育福利水平是最低的。

表 3-2　　　　　　　2005—2018 年卫生总费用

年份	卫生总费用（亿元）				卫生总费用构成（%）			卫生总费用占GDP比例（%）	人均卫生费用（元）
	合计	政府卫生支出	社会卫生支出	个人卫生支出	政府卫生支出	社会卫生支出	个人卫生支出		
2003	6584.10	1116.94	1788.50	3678.66	16.96	27.16	55.87	4.79	509.5
2004	7590.29	1293.58	2225.35	4071.35	17.04	29.32	53.64	4.69	583.9
2005	8659.91	1552.53	2586.41	4520.98	17.93	29.87	52.21	4.62	662.3
2006	9843.34	1778.86	3210.92	4853.56	18.07	32.62	49.31	4.49	748.8
2007	11573.97	2581.58	3893.72	5098.66	22.31	33.64	44.05	4.28	876.0
2008	14535.40	3593.94	5065.60	5875.86	24.73	34.85	40.42	4.55	1094.5
2009	17541.92	4816.26	6154.49	6571.16	27.46	35.08	37.46	5.03	1314.3
2010	19980.39	5732.49	7196.61	7051.29	28.69	36.02	35.29	4.84	1490.1

续表

年份	卫生总费用（亿元）				卫生总费用构成（%）			卫生总费用占GDP比例（%）	人均卫生费用（元）
	合计	政府卫生支出	社会卫生支出	个人卫生支出	政府卫生支出	社会卫生支出	个人卫生支出		
2011	24345.91	7464.18	8416.45	8465.28	30.66	34.57	34.80	4.98	1807.0
2012	28119.00	8431.98	10030.70	9656.32	29.99	35.67	34.34	5.20	2076.7
2013	31668.95	9545.81	11393.79	10729.34	30.10	36.00	33.90	5.32	2327.4
2014	35312.40	10579.23	13437.75	11295.41	29.96	38.05	31.99	5.48	2581.7
2015	40974.64	12475.28	16506.71	11992.65	30.45	40.29	29.27	5.95	2980.8
2016	46344.88	13910.31	19096.68	13337.90	30.01	41.21	28.78	6.23	3351.7
2017	52598.28	15205.87	22258.81	15133.60	28.91	42.32	28.77	6.36	3783.8
2018	59121.91	16399.13	25810.78	16911.99	27.74	43.66	28.61	6.57	4237.0

资料来源：《中国卫生统计年鉴》（2005—2018）。

从上述的分析结果，我们可以看出，虽然政府出台了一部分保障政策，希望解决农村妇女生育问题，但这些保障措施也很不完善，由此产生的问题也不在少数。因此我们可以认为，农村生育保险制度的建立还是刻不容缓的。

（一）农村妇女生育保险存在的问题

1. 农村妇女家庭收入水平落后

近15年来，城镇居民人均可支配收入比农村居民人均收入高了2—3倍，如表3-3所示。我国农村居民经济收入落后，从2004年人均2936.4元至2018年人均14617.0元，总体趋势是经济收入有所上升但上升速度还是相对缓慢。截至2019年年底，我国贫困人口还有551万人，相比2010年的16567万人，减少了16016万人，如图3-2所示。可以看出，我国农村贫困人口数量的快速减少得益于近年来扶贫工作精准化、常态化，农村家庭的经济发展得到了政府的大力支持和帮助。但要标本兼治，需要运用多种方法和途径，通过提高人口质量来达到促进农村经济发展的目的。研究表明，提高农村家庭人均收入最有效的途径是控制人口数量和优化人口的质量，重视农村妇女的生育保障权利，进而促进农村经济的快速发展。

表3-3　　2004—2018年我国城乡居民人均可支配收入情况　　　单位：元

年份	城镇居民人均可支配收入	农村居民人均可支配收入	城乡人均收入比
2004	9421.6	2936.4	3.21
2005	10493.0	3254.9	3.22
2006	11759.5	3587.0	3.28
2007	13785.8	4140.4	3.33
2008	15780.8	4760.6	3.31
2009	17174.7	5153.2	3.33
2010	19109.4	5919.0	3.23
2011	21809.8	6977.3	3.13
2012	24564.7	7916.6	3.10
2013	26467.0	9429.6	2.81
2014	28843.9	10488.9	2.75
2015	31194.8	11421.7	2.73
2016	33616.2	12363.4	2.72
2017	36396.2	13432.4	2.71
2018	39250.8	14617.0	2.69

资料来源：《中国统计年鉴》（2004—2018）。

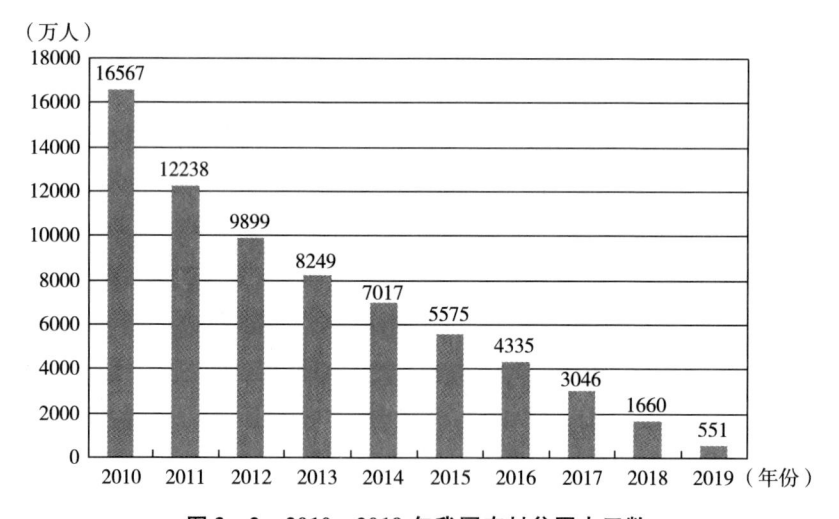

（万人）

年份	贫困人口数
2010	16567
2011	12238
2012	9899
2013	8249
2014	7017
2015	5575
2016	4335
2017	3046
2018	1660
2019	551

图3-2　2010—2019年我国农村贫困人口数

资料来源：《中国统计年鉴》（2010—2020）。

2. 农村医疗卫生资源匮乏

据调查显示，我国农村相较于同期的城市，其新生儿、婴儿、孕产妇的死亡率要远远高出城市数个百分点。再加上农村妇女分娩时的健康状况和新生儿的健康状况都跟当地卫生机构的医疗水平密切相关，因此目前我国迫切需要对农村地区公共医疗卫生资源进行更为合理的优化配置。如表3-4所示，根据近15年的中国卫生统计年鉴数据显示，目前农村新生儿的死亡率、农村婴儿死亡率都要比同期城市新生儿、婴儿高出2—3倍，而且农村孕产妇死亡率也要比同期城市孕产妇高1—2倍。根据这些数据，笔者分析这些现象出现的主要因素，就在于我国农村地区目前的公共医疗卫生资源极其匮乏。从图3-3可以看出，根据城市每千人医疗机构床位数比同期农村的床位数要高出2—3倍，这就可以明确地看出目前我国城市地区相对于农村地区拥有更为丰富的医疗资源。综上所述，如果要降低农村地区的孕妇患病和死亡的概率，就必须加大当地医疗卫生服务的建设力度，通过专业的医疗服务和舒适的环境，来保证农村妇女生育时的安全保障。因此，我国必须依据农村当地的实际情况，实施农村妇女生育保险制度，以此来保障农村妇女的健康生育与农村新生儿和婴儿的存活率，对农村劳动力的可持续性发展起到积极推动作用。根据调查发现，目前我国公共医疗卫生资源的城乡分布呈现出"二八原则"的情况，这也就是说，目前80%的公共医疗卫生资源集中在城市地区，仅仅只有20%分布在农村地区。这样的情况使我国在公共医疗卫生资源分配领域中，城乡分布结构失衡的问题尤为突出，进而使我国农村医疗环境越发恶劣。而政府对农村医疗卫生公共基础设施的投资不足，会导致专业医务人员匮乏，进而使农村医疗卫生环境更为恶劣，这样产生的恶性循环，让我国农村妇女的健康生育问题始终得不到彻底解决。经过笔者的长期调查和总结，我国目前的农村医疗卫生资源存在的突出问题主要有以下几种：一是农村公共医疗卫生机构设置不合理，机构设置的时候没有将交通等因素考虑进去。二是农村地区缺乏医疗专业人员，而且农村医务人员的医疗水平普遍存在技术性不足的缺点，无法满足农村居民日益增长的医疗卫生需要。因此，农民如果患有重大疾病后，就会选择去更高一级的医院或市县医院就医。三是地域公共服务差异较大。不同的区域经济发展水平的不同，会导致不同区域的医疗公共服务水平参差不齐。

表3-4 2004—2018年我国城乡新生儿、婴儿、孕产妇死亡率对比

年份	新生儿死亡率（‰）			婴儿死亡率（‰）			孕产妇死亡率（1/10万）		
	城市	农村	城乡新生儿死亡率对比	城市	农村	城乡婴儿死亡率对比	城市	农村	城乡孕产妇死亡率对比
2004	8.4	17.3	2.06	10.1	24.5	2.43	26.1	63.0	2.41
2005	7.5	14.7	1.96	9.1	21.6	2.37	25.0	53.8	2.15
2006	6.8	13.4	1.97	8.0	19.7	2.46	24.8	45.5	1.83
2007	5.5	12.8	2.33	7.7	18.6	2.42	25.2	41.3	1.64
2008	5.0	12.3	2.46	6.5	18.4	2.83	29.2	36.1	1.24
2009	4.5	10.8	2.40	6.2	17.0	2.74	26.6	34.0	1.28
2010	4.1	10.0	2.44	5.8	16.1	2.78	29.7	30.1	1.01
2011	4.0	9.4	2.35	5.8	14.7	2.53	25.2	26.5	1.05
2012	3.9	8.1	2.08	5.2	12.4	2.38	22.2	25.6	1.15
2013	3.7	7.3	1.97	5.2	11.3	2.17	22.4	23.6	1.05
2014	3.5	6.9	1.97	4.8	10.7	2.23	20.5	22.2	1.08
2015	3.3	6.4	1.94	4.7	9.6	2.04	19.8	20.2	1.02
2016	2.9	5.7	1.97	4.2	9.0	2.14	19.5	20.0	1.03
2017	2.6	5.3	2.04	4.1	7.9	1.93	16.6	21.1	1.27
2018	2.2	4.7	2.14	3.6	7.3	2.03	15.5	19.9	1.28

资料来源：《中国卫生统计年鉴》（2004—2019）。

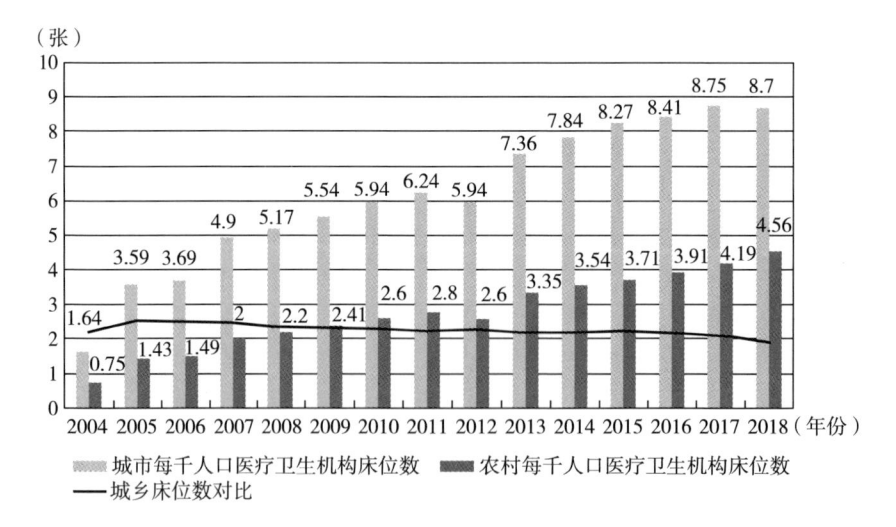

图3-3 2004—2018年我国城乡卫生机构床位数对比

资料来源：《中国卫生统计年鉴》（2004—2019）。

3. 农村妇女生育保险的意识薄弱

对于作为生育主体的妇女来说，生育保险是一项非常重要的社会保障制度，但是当下部分农村妇女的生育保险意识不强，其对生育保险的认知非常薄弱。笔者认为，原因有以下几点：一是我国社会保险制度的启动时间不长，还没有更好地普及保险知识，尤其是在农村地区。二是早期保险从业人员专业性不高，经常会出现欺骗投保人的行为，这种情况的经常出现，使保险在最初没有树立起正面形象，由此导致当时的人们对于保险这一新兴行业的信任不足。三是国家在政策层次对于保险行业的优惠政策和扶持力度不足。四是从教育的角度来看，在早期中小学教育中并没有关于保险的知识，这种情况使我国年青一代对于保险没有太多的了解和关注，在未来应对风险时的保险意识也较为不足。由于上述诸多因素的局限性，我国农村妇女对自己在怀孕期间所面临的风险没有全面的防范意识。

4. 农村妇女生育保障力度低

农村生育保障是我国社会保险制度中不可或缺的重要组成部分。这涉及一个国家的人口质量及其繁衍生息等问题。据调查发现，我国每年都会有大量死于分娩的妇女。根据2019年《中国卫生健康统计年鉴》数据发现，在社会生活条件飞速发展的现在，虽然妇女生产时的死亡人数在逐年地下降，但我国农村的产妇死亡人数仍然较高。在这之中，我国农村地区的新生儿年死亡率要远远高于同期城市地区的新生儿死亡率。从经济层面来看，农村妇女生育所需的费用在3000元以上，其中包括分娩前和产后一个月的全部医疗费用，但是农村妇女所享受的生育补贴却很多都在1000元以下，而她们获得的国家政府生育补贴大多不到200元。这说明农村妇女在生育上所获得的补贴远远不能弥补其花费。另外，我国农村妇女的生育补贴力度在区域间的差距也较大。这跟我国各地农村经济发展水平是密切相关的。因为我国各项生育保险相关政策的制定和实施必须以当地的经济实力为准则，经济水平很大程度上决定了当地生育保险的力度。同时，国家应加大对农村生育保险的立法力度，加强农村生育保险的实施力度。只有这样，贫困农村地区的育龄妇女才能得到更好的保护，才能提高农村妇女生育保障水平,才能更加有利于保护农村孕妇的健康,从而保障农村劳动力可持续性和人口素质发展,真正推动农村经济以高速、高质量的发展速度进步。

(二)农村妇女生育保险存在问题的原因分析

1. 农村经济的相对落后

改革开放以来,农村生产力在不断发展提高。但跟同期的城市相比,农村的经济发展仍旧显得十分缓慢,调查分析显示,农村经济的缓慢发展仍然是阻碍农村生育保障制度发展的最根本原因。随着科技不断进步,已经逐渐摆脱过去靠天吃饭的农业生产模式,水稻每亩的产量增长到如今1000—1100斤,同时国家出台了一系列取消农业税和提供农村补贴的政策来减轻农民负担。然而,农民即使增加了他们的作物的产量,他们的收入也不一定会大幅度增加。经济的缓慢发展使农村公共卫生医疗所需的硬件和软件设备处于不足的状态,在生育保障方面的资金投入也严重不足,这与当地经济发展密切相关。

2. 城乡二元结构的限制

城乡二元结构主要包括城乡之间的户籍壁垒,以及因为城乡的户籍壁垒产生的两种不同形式的资源配置制度下的两种不同的社会身份。正是由于这种城乡二元结构的限制,我国的社会保障也出现了城乡二元保障体系,这种情况对于农村妇女的生育保障制度发展有非常大的限制。而这种限制主要体现在医疗资源的分配等突出问题上。而正是这种城乡二元经济的产生,使农村医疗卫生资源陷入了短缺状况。长期以来,由于城乡工农业产品之间"剪刀差"的存在,使农村经济发展缓慢,而这种经济上的缓慢发展反映到公共产品上,就表现出农村公共产品供给发展的迟缓现象。近些年来,随着中国经济的持续高速发展,这种"剪刀差"越来越大,再加上近些年来农产品市场的持续低迷,种种因素加起来,造成目前农村经济发展水平始终迟缓,农民收入始终上不去,而这种经济条件使我国广大的农民群众无法负担现阶段的医疗服务。而且正是由于农村这种缓慢的经济发展形势,使得城乡差距越拉越大,逐渐形成了一种恶性循环,即穷的地方越穷。而城乡二元结构的户籍壁垒,从实际上的户籍属性来进行划分的话，就是农业户口和非农业户口。不同的户口有着不同的社会保障福利待遇。比如在生育保障方面，城镇女性职工有生育保险，享受产假和生育津贴，农村劳动妇女则没有同等条件的生育保障。

3. 公共政策的连续性不足：农村婚检制度的反复

公共政策的连续性，实际上就是说公共政策在时间和空间上是保持动态、可持续的调控过程。因此政府的这种公共政策的连续性，可以有效地避免政策的随意性，最大程度上地避免出现朝令夕改的现象发生，同时也可以增强政府的公信力和权威，避免发生政府与民众间的冲突，有利于社会和谐。由此可见，政府公共政策的连续性对于社会和谐和生活稳定是非常重要的。

目前，我国仍然存在一些公共政策缺乏连续性的现象，例如农村婚姻检查制度，就是其中缺乏连续性的一个重要典型。我国的农村婚姻检查制度最早起源于《中华人民共和国母婴保健法》，该法第12条规定："在婚姻登记时，男女双方均应持有婚前医学检查证明或医学鉴定证明。"在这之后2001年又修订了《中华人民共和国婚姻法》，其中规定患有医学上认为不应当结婚疾病的，应当禁止结婚，在2001年6月20日颁布实施的《〈中华人民共和国母婴保健法〉实施办法》中，我国政府对婚前检查服务的内容提出了要求。2004年1月1日，《中华人民共和国新婚姻登记条例》正式实施。该条例规定，婚前健康检查不能作为结婚登记的先决条件。婚前检查不再是强制性的制度要求，宣告了我国婚前检查制度已由强制性向自愿性转变。这本应是我国婚姻检查制度的一个完善措施，但是紧接着却出现了许许多多的突出问题。例如在取消强制性的婚姻检查制度后，各地的婚前检查率呈现出下降的趋势，这种情况的不断出现使我国新生儿缺陷发病率不断上升，从长远来看，这必定会危及我国未来年青一代的整体素质和发展。因此，在这种情况出现后，地方政府很快意识到必须要采取措施来应对这种情况。比如在2005年6月24日修改后的《黑龙江省母婴保健条例》就明确规定：艾滋病、淋病、梅毒、麻风病必须接受婚检。2007年广州实施免费婚检，但当年全市婚检率仅为12.86%，而新生儿出生缺陷发生率则上升为126.25万人。但目前而言，地方政府所采取的手段效果并不明显。

4. 农民参保信任不足

我国农民对于生育保险的参保缺乏一定的信任。经过笔者调查发现，这很有可能是因为政府对相关商业保险的扶持力度和监管不足，导致在生育保险出现的前期，各种商业类的生育保险纷纷涌进，为了获取更多的经济利益，部分保险推销员采取了欺骗、瞒报虚假信息的方式骗农民进行参保，结果部分农民在被骗之后，不再对我国政府所扶持的其他生育保险抱有信任，甚至产生抵触情绪。这些因素极大地影响了农民参保的积极性，从而影响农村社会生育保险的普及。

四　农村妇女劳动就业保险制度建设现状

（一）农村妇女劳动就业存在的问题

1. 劳动强度大，农业生产女性化

我国是一个传统的农业大国，而从事农业生产就是农民获取经济收入的最主要方式。在我国广大的农村地区，每户家庭都承包着一部分的土地，这是他们祖祖辈辈的收入来源，也是我国农业经济的重要组成部分。这种绵延数千年的土地意识使农民对于自己的土地有着极为深厚的感情。也正是由于这种感情，所以当农村地区的男性劳动力进城打工后，还依旧保留着自己的承包土地。尤其是在国家免去农业税，并提供粮食补贴后，就更没有农民愿意放弃自己的承包土地了。因此，在男性劳动力外出打工后，在土地上进行粮食种植等农业活动就必须依靠在农村留守的妇女。再加上我国大部分农村地区机械化水平还不足，所以这种高强度的农业活动使妇女苦不堪言。尤其是除了这些农业生产活动，妇女还要从事家庭琐事，这种高强度的劳动使得妇女的身心健康飞速地下降，同时这些密集的事情也使妇女没有充足的休息时间，不利于我国农村妇女的健康发展。

2. 就业层次不高

在就业方面，农村女性劳动力的普遍工作就在于务农和中小企业。务农主要是以农业生产种植活动为主，由于男女之间的体力差距，所以农村妇女在农业种植等生产活动中更多的是发挥一种辅助的作用。在这个阶段，大多数农村家庭务农工作主要是分散的、小规模、家庭化的。它可以直接形成家庭经济收入。但是随着时代的发展，我国农村地区的交通条件不断改善，商业环境也逐渐向城市看齐，因此目前农村的大部分农民在日常生活中都会选择通过市场去购买产品，这种变化使原本农村地区自给自足的家庭生产模式逐渐失去了生存环境。在中小企业就职的农村女性主要集中在批发、零售、商业和贸易服务、餐饮、住宿和旅游等。该领域对就业技能要求相对较低，简单的培训即可用于工作，工作流动性强。就业机会多，就业门槛不高，深受农村年轻女性劳动力的青睐。从事交通运输、加工制造、医疗教育、文化和卫生等高科技行业的农村妇女相对较少。此外，一些农村妇女没有具体的工作。

3. 就业信息渠道狭窄

农村女性劳动力的就业信息渠道本来就受到各种环境因素影响，相对狭窄。在已就业的农村女性劳动力中，相当一部分出生在农村，长在农村，她们没有经过正规的职业意向培训，只是从小秉承帮助父母，减轻父母压力的想法，自然而然地从父母那里接手了农活，属于"世袭"性质的自然就业，没有自主选择职业的权利。另外，大部分职业选择都是由亲戚朋友推荐的，中介组织在农村女性劳动力就业中的作用很小，政府等机构为农村女性劳动力提供信息渠道的覆盖率也明显偏低，对农村女性劳动力就业的促进作用不足。

4. 就业技能培训匮乏

经过笔者的调查分析，我们可以发现，目前我国农村地区超过2/3的农村女性，在工作的时候没有接受过正规且专业的职业技能教育。而在农村务农的女性劳动力掌握农业技术的方式主要依靠父母的言传身教。这就大大影响了妇女们掌握专业农业劳动技术的进度，特别是农业种植是一个有风险的行业，这就意味着当妇女不掌握这些关键技术和核心信息，一旦发生危机灾害或者市场变化，她们是没有快速的市场反应和风险防控能力的，只能任凭市场变化和风险发生。且政府虽然每年都会计划安排农村劳动力转移就业培训，但受限于资源的有限，所以培训的数量和类型极其有限。特别是女性劳动力，在农村地区天然处于弱势地位的妇女,所能接受的培训就更少了。而且受限于地域的经济发展条件,县级政府等部门组织的职业技能培训,其地点主要集中在县区或者市区等较为发达的地区。长期生活在消息传递较慢的农村地区,妇女获取培训信息的及时性也大打折扣。而且即使妇女们获得了相关信息,但是培训地点太远也限制了她们接受培训。

(二)农村妇女劳动就业存在问题的原因分析

1. 思想观念因素

(1)家庭分工影响。

一般来讲,经济越落后的地方,交通条件相应地就不会很好,而在这种较为封闭的环境中,"男尊女卑""男主外、女主内"的传统思想就会越发的影响深远。在这种农村地区,人们普遍认为男人养家是很自然的事,因此家庭的经济收入主要来自男性,而女性则主要从事家庭琐事或者在农业活动中担任辅助的职责。除此之外,传统家庭分工也会对农村地区产生相当大的影响,因此在农村地区,大部分的家庭事务都会由妇女来进行承担。这些繁重的家务劳动减少了农村妇女的就业时间,减少了创造收入的机会,直接影响到农村女性劳动力的就业。

(2)思想保守落后。

由于经济发展水平较低,所以当地的开放程度与信息传递速度等也会相应地发展受限,受这些因素或者环境的影响,农村地区人们的思想观念仍然较为保守。第一,面对困难时的消极恐惧的态度更为严重。一些农村妇女在准备进行工作时,首先在心里就打起了退堂鼓,人为地给自己想出了各种各样的问题和阻碍。她们"等、靠、要"的观念还是根深蒂固,还有一部分女性认为女性最终是要回归家庭,一切当以家庭为主,秉持着小富即安、小富即满的意识,所以对于就业并没有投入太多的关注。第二,就业选择的观念落后。在我国大部分的农村地区,传统择业观念影响仍旧根深蒂固,有相当一部分的妇女的就业观念仍然顽固地停留在机关、事业单位、学校编制的工作模式和"高、低、贵、贱"的职业等级制度上。第三,"大企业"不容易创业,"小企业"不想创业,创业意识和就业积极性不强。

(3) 就业观念转变。

与五六十年代出生的农村女性相比，八九十年代出生的新一代农村女性劳动力的成长环境更为优渥。在受教育程度上，完成了九年制义务教育的妇女在接受新兴思想的速度上更为迅速。当各种网络信息纷至沓来，农村女性接受信息刺激力度加大，就业观念也发生了重大变化。而且她们不愿意像她们的母亲那样从事需要大量体力劳动的传统农业生产，她们和她们的母辈存在巨大差别，也没有从事传统农业的相关技能。比起传统农业生产活动，她们更愿意从事劳动少、工作环境好、社会地位相对较高的服务业等工作。她们中的大部分甚至都不愿生活在农村地区，而是更愿意前往经济更发达、就业工作岗位多样化、生活环境更加便捷的县城和市区工作生活。

2. 自身素质因素

(1) 受教育程度偏低。

一般来讲，受教育程度被视为其在劳动力市场上工作能力强弱的关键指标。而对于女性来说，受教育程度通常意味着她们参与工作的能力和工作之后的发展晋升潜力，这也是影响妇女经济、社会和政治地位的主要因素。一般来讲，农村妇女在接受完九年制义务教育后，就会脱离学习。除此之外，农村地区图书馆和教育机构的匮乏也让她们继续从事学习的愿景落空。因此在广大的农村地区，接受完义务教育后，基本上就没有农村妇女参加继续教育。但是随着人民受教育程度的不断提高，目前学历逐渐成为限制工作招聘的重要条件，这在很大程度上限制了教育的文化程度在高中以下的农村女性劳动者。她们只能在传统种植、餐饮以及简单加工和制造等行业中工作。没有能力胜任具有高技术含量的工作岗位，甚至连这种工作机会都没有。而且由于受教育程度的限制，她们在思想水平、生活习惯、就业技能以及适应现代社会高速发展状况等方面也受到更大的限制。受教育程度偏低导致工作选择受限，在就业和创业等方面严重缺乏竞争力，从而形成不断被边缘化的恶性循环。

(2) 就业技能不足。

绝大多数农村女性劳动力，尤其是老龄女性劳动力，对现代科学技术等技能缺乏基本的了解。因此她们只能从事工作劳动强度高、劳动收入低的重复性的体力劳动。40岁以上的农村妇女只能选择从事农业生产劳动，或者利用闲暇时间到县域及周边地区从事简单的体力劳动，领取劳动工资来维持和补充家庭生活所需要的花费。各年龄段的农村女性劳动力更倾向于从事批发或者零售服务等行业就业，技术含量相对要求不高，即在农村地区被广泛称为"小商店""小卖部"等经营。在创业的问题上，一些农村女性劳动者产生创业的想法以期来增加收入，但是她们不能把握市场经济的规则。"没有致富的途径，没有增加收入的技术，没有生产经营的经验"的现实常常困扰着她们。即使她们克服困难，成功地开启了自己的创业之路，但投资规模小、技术含量低、经营管理能力不足等问题使她们的创业之路更加艰难。

3. 社会环境因素

（1）创业资本不足。

由于政府扶持政策深度和力度不足，资金不足成为农村女性劳动力创业过程中遇到的最大障碍。尽管各级政府积极出台政策，大力支持妇女创业就业，但是在各种因素的影响下，政策的有效性仍然严重不足。妇女创业的过程中，仍然普遍面临缺乏初始资金、投资规模小等问题，许多女性创业过程中面临有好的想法，却没有足够的融资渠道。再加上当前社会信用调查制度的不完善，大多数金融机构需要抵押品或两个公职人员担保才能发放小额贷款，农村女性劳动力对于金融知识普遍缺乏一定的了解，所以她们获得创业信贷资金的可能性也会很小，获得融资渠道的途径也会非常狭窄。除此之外，受限于资金问题，妇联等群众组织也无法对其提供全面的帮助。

（2）城镇化水平不高。

根据《中国统计年鉴》（2018）数据，截至2018年年底，我国城镇常住人口为83137万人，城镇化率为59.58%，湖南省城镇人口为3864.69万人，城镇化率为56.02%，湘西州全州城镇人口为123万人，乡村人口为142万人，城镇化率为46.54%，远低于国家、省、市城镇化水平。而城镇化水平低，相应的乡镇企业数量也不多，由此带来的农村所能提供的就业机会和就业岗位也会不足。因此，大量的农村男性人口选择外出务工，女性人口则滞留在农村，负责照顾家里的老人和小孩或者从事农业生产，这就导致相当数量的女性失业，造成了大量人力资源的浪费。与此同时，越来越多的农村妇女，特别是年轻妇女，更愿意到城市工作和生活，城市化的供求矛盾日益突出。

（3）就业配套不完善。

在农村发展的过程中，基础设施建设滞后和公共服务严重不足等问题是阻碍其进一步发展的重要因素。长期以来，农村地区的人们大多居住在山谷和平缓的斜坡地区，这种地形相对平缓的地方适宜人居住，但是这种地形也使得农村教育、医疗、养老等配套设施的完善难度极大。而这种基础设施难以完善，就会在很大程度上影响当地居民的生活，其信息传递的速度也会受限。一般来讲，与城市家庭相比，农村家庭在接受教育、医疗等服务时要付出更多的时间和交通成本，这种情况为农村女性劳动力的就业增加了更多难度。举例来说，随着学生数量的不断减少，农村的学校逐渐走向了合并或者废弃。因此大部分农村妇女只能留在家中照顾孩子，不能外出工作。这样的情况会一直持续到在孩子上小学之后才会有所改变。而在家里照顾孩子的期间，农村妇女是处于长期失业的状态，这使她们最开始的工作技能与社会脱节。等到她们回到劳动力市场后，就会发现以她们现在的条件就是处于就业的不利地位，有些女性甚至因为无法适应新的工作节奏而放弃继续工作的想法。另外，农村地区的计算机网络普及率相当低，许多农村居民，尤其是年龄较大的农民，对于计算机网络缺乏一定的了解，这对于农村妇女运用互联网平台获取就业信息和在家就业的阻碍非常大。

4. 政策经济因素

（1）公共政策缺位。

截至目前，我国农村地区还无法对女性劳动力的平等就业问题进行完全的解决，女性的平等就业权还无法得到完全保障。男女平等的基本国策尚未得到充分执行。为转移就业的农村妇女提供的服务仍然相对落后。在农村女性劳动力转移的指导和组织培训就业等方面仍然存在不少差距，妇女自营职业的资金、税收和激励措施是有限的，政策支持力度也远远不够。而且很多农村妇女在就业后，对其所进行的劳动保障监督还很不完善。尤其是民营企业中的大多数女雇员，都缺少五险一金的补助和良好的休假制度。

（2）产业结构制约。

在我国广大的农村地区，目前仍保持着传统的农业生产方式，这种生产方式的规模和效率均较为低下，像那种大型的家庭农场以及农民合作社的规模数量较少，尤其是高附加值的现代农业企业也不多。此外，农业项目投资周期都比较长，以农村为主导的农业产业项目，如林果、畜牧业和中药材等农业产业项目尚未大规模开发，规模效应还尚未形成。第三产业的发展潜力尚且没有得到完全的发掘，对于农村妇女的劳动力吸收能力也还没有得到充分释放。

五 结论与启示

本章节是对农村妇女就业的相关问题进行的总结分析。分析结果表明，目前我国农村地区的女性劳动力就业普遍存在就业层次不高、收入普偏低、就业信息渠道狭窄、就业技能培训匮乏等突出问题。同时本章节还对农村女性劳动力就业的影响因素进行了较为深入的分析，分析结果表明，影响农村女性劳动力就业的因素主要有以下四个方面：一是"男主外、女主内"的传统家庭分工和保守的思想观念；二是农村女性劳动力受教育程度偏低、就业技能不足等自身因素；三是创业资金不足、城镇化水平不高、就业配套不完善等社会环境因素；四是公共政策缺位、产业结构制约等政策经济因素。

第三节 农村妇女社会福利制度建设现状

一 农村妇女社会福利存在的问题

依据第三期中国妇女社会地位调查所得的数据，我们可以发现，"18—64岁妇女的平均受教育年限为8.8年，获得高中及以上文化教育的妇女比例占33.7%，其中城市和农村地区分别是54.2%和

18.2%；中西部农村女性中，这一比例为10.0%，比该地区农村男性低4.6个百分点"。通过这些数据，我们可以看出农村妇女在受教育年限和受教育水平方面比农村男性或者城市妇女都要少，这跟"重男轻女"的落后观念是分不开的。这证明这种保守落后的观念仍然会对农村妇女的受教育权产生较为严重的影响。而且这种观念的盛行还会使得农村妇女的文盲率变高，导致女孩辍学等突出的问题时有发生。同时，较低的教育水平造成了农村妇女就业比例和就业水平低等一系列问题。随着城市化的不断发展，再加上农村土地征收的规章政策，农村妇女劳动力涌入城镇的数量越来越多。但是因为这些妇女教育程度有限，且专业技能极为欠缺，所以她们的就业问题尤为突出。很多的农村妇女进城后反而找不到工作，即使找到工作，她们的收入待遇也相对较差。

二　农村妇女社会福利制度存在问题的原因分析

1. 受传统社会观念影响

社会性别理论让人们认识到男女之间的差异。但是经过笔者调查分析发现，性别之间的生物学差异并不是造成男女性别差异的根本原因，社会文化和制度的不完善才是男女之间存在性别差异的最根本原因。随着我国社会的不断发展，人们的思想观念也在逐渐进步，许多落后的思想逐渐被先进的思想所替代，我国居民正在慢慢建立并适应符合时代发展变化需要的新思想、新文化。但是在现实社会中，仍然存在受落后、糟粕的文化影响。例如，重男轻女思想仍然存在，许多家庭仍然遵循所谓的男主外、女主内的思想，甚至还有许多农村地区仍然保留男尊女卑的落后观念。这些思想观念对农村妇女价值进行了严重的否定，更是对女性人格的不尊重，而如果任由这种落后的思想继续发展，那么将会严重阻碍妇女解放和农村的进一步发展。

传统社会思想对男性和女性的角色期望是不同的：男性应该独立、坚决和负责任，他们应成为一家之主，努力工作为家庭等提供收入来源，承担整个家庭的责任，并拥有家庭发言权。而妇女则应该保持温柔、友善和恭顺的姿态，自觉承担生育和照顾家庭的责任，在家庭中处于从属地位，并根据丈夫的意愿来行动。正如波伏瓦所说，

"女人不是天生的，而是被造就的"。在这种社会期望的指导下，男性和女性在整个社会中逐渐形成了群体所共有的特征和行为。一旦某人成为"特立独行者"，他们就被视为持不同政见者，并遭到批评或拒绝。这种排斥反映在实际的生活中，就表现为男性天生拥有受教育与参与就业的权利，而妇女则没有这种权利。"职业女强人"被认为是忽略家庭，只重视工作的代名词，他们不自觉地认为妇女会因为家庭负担而忽略工作，然后在职业发展中故意忽视妇女的作用和贡献。

在这种较为传统且落后的观念下，很多女性选择放弃或者牺牲自己的就业机会和受教育权，将更多的时间放在照顾家庭平衡和促进丈夫的职业进步上。特别是在部分农村地区，如果一个男人选择照顾家庭，那么就会被认为是无能的表现。但是家庭的和谐与幸福不应该通过这种牺牲妇女权益的形式来实现。家庭分工不应该被严格限制在某一性别上，合理的家庭分工更有利于家庭的和谐发展和幸福指数的提高，而盲目的限制只会导致两性的社会价值不能平等实现。

2. 父权制社会的统治局限

父权制社会的统治曾经在人类社会发展中长期占据主导地位，这就导致了父姓氏族统领社会逐渐变成一种习以为常的惯例和观念。随着社会观念的固化，社会文化也逐渐形成以父权制为核心的男性单一文化。女性由原本的独立个体慢慢地成为男性的附属物。我国古代对女性三从四德和三纲五常的文化传统，正是这种社会文化在社会实践中的具体表现。而且在过去的中国，在技能传承上普遍存在"传男不传女""子承父业"的习俗，而且在没有儿子的特殊情况下，上一辈老人也更愿意传授于旁系男性，而不是自己的女儿。新中国成立后，随着女性地位的逐渐提高，越来越多的女性参与到社会生活中，但是受父权制社会统治的限制，女性的参政率并不高。据调查统计，"2013年十二届全国人民代表大会第一次会议女代表比例为23.4%，全国政协十二届一次会议女委员比例为17.8%，村委会成员中的女性比例为22.7%。虽然比例较前期都有所提高，但是依然可以看出女性在政治事务方面参与不足"。这使女性的利益诉求渠道不畅通，女性的意志不能充分表达，从而导致社会的发展和运行大多是基于男性的考虑。此外，在家庭中，妇女做家务、照顾孩子和老人被认为是理所当然的事情，是她们自己的事情，不应该期望得到回报。如果你做得不好，就会成为一个难以为继的妻子、不称职的母亲、不孝的儿媳。

此外，父权的统治地位坚定不移，男性被理所应当地视为劳动生产主力，这充分肯定了男性的劳动价值，但是也忽视了女性从事生育、家务等劳动的价值，由此使男性与女性的地位长期不平等现象出现。

3. 公共政策制定中缺少社会性别意识

在制定公共政策时，我们经常考虑该政策对经济、政治、文化、社会等方面的影响，很少考虑该政策性别差异的影响，这种不完善的考虑方式使男女不平等问题变得更为突出。

虽然生育保险、养老保险等社会福利制度考虑到了男女两性的性别差异，但在某些方面，妇女的权利受到了损害，在保障方面没有起到很好的作用。随着受教育年限的延长，女性的提前退休年龄不仅使女性工作者的个人价值没有得到充分体现，而且也对女性退休后的退休金产生了影响。因此，公共政策的制定不仅要考虑性别的划分，还要考虑这种划分是否有利于实现两性的需求。举例来讲，在社会保险中，原有的生育保险是最具有性别针对性的保险类型，但生育保险将并入基本医疗保险，成为一种独立的医疗保险类型。虽然这种做法有助于扩大生育保险的覆盖面，提高两种保险基金的互助能力，更好地保护女职工的生育权利，但值得注意的是，该制度的设计具有一定性别意识的忽视。此外，医疗保险基金的支付压力增加和支付生育津贴的合并所带来的两种类型的保险必须得到有效解决，通过改善法律法规，才能真正实现女性的福利保障。

从性别理论的角度看男性和女性的情况，可以明显看出男性和女性在掌握和使用社会资源方面存在巨大差距。这使得原本中立的和非歧视性的公共政策在一定程度上会对妇女的发展产生不利影响。例如，在教育方面，国家法律规定人人都有受教育的权利，但却忽视了男权观念对人们行为和决策的影响。这就要求我们提高性别意识，善于运用性别分析方法，在制定公共政策和法律时将性别作为一个变量，正确考虑男女之间可能存在的不平等，从而减少因为公共政策而加剧了性别不平等。

4. 妇女自身因素

性别理论认为，妇女不应仅仅被视为发展的受益者，而且应成为发展的主体。这就是说女性应该独立地依靠自己来应对社会上遇到的挫折，而不是一遇到事情就想要去依靠男性的保护，并且为此付出一定的代价。在处理与男性的关系时，女性应该保持一种相互尊重的心态，与男性形成一种平等的伙伴关系，而不是将"干得好不如嫁得好"这句话奉为至宝，将婚姻作为改变命运的第二次机会。也正是这种思想的存在，才会让女性不稳定、不愿意工作的形象出现在社会当中，并且直接导致了女性在招聘和晋升中的不利地位，从而影响女性就业和职业的进一步发展。

第四节 本章小结

本章以中国农村妇女社会保障现状为主题，首先分析了农村妇女社会救助制度发展现状，其次分析了农村妇女养老保险、医疗保险、生育保险以及劳动就业保险等制度的发展现状，最后分析了农村妇女社会福利制度的发展现状。

第四章

中国农村妇女社会保障绩效评估研究

第一节 社会保障绩效评估相关理论基础

一 社会保障绩效评估基本概念

社会管理的主要环节就是社会保障。随着时代的发展,我国社会保障的覆盖面越来越广,我国人民对其的重视程度也逐渐加深,社会保障的相关制度也逐渐发展与完善。为了后续更好地开展与社保有关的相关工作,为后续的社保工作提供借鉴,我们需要引入一些具体的绩效概念和相关指标,以此来对社会保障进行精确且具体的衡量,从而使得社会保障绩效评估的内涵进一步规范化。

(一) 绩效

Bates 和 Holton (1995) 指出:"绩效是一多维建构,测量的因素不同,其结果也会不同。"但总体来看,"绩效"是成绩和效果的综合,运用绩效概念评价政府的社会保障措施可以更加具有具体性、合理性。绩效建构的因素不同,衡量的结果也会有所不同。但无论是从何种因素去构建,其目标都是大体一致,即为了政策政令的更好实施与促进政策的实施效果。1994 年经济合作与发展组织(OECD)将绩效定义为:绩效是实施某项活动所取得的相对于目标的有效性,它不仅包括从事该活动的效率、经济性和效力，还包括活动实施主体对于预订活动过程的遵从度以及该项活动的公众满意度。普雷姆詹德（1995）在《公共支出管理》中将绩效定义为：绩效包含效率、产品与服务质量和数量、机构所做的贡献与质量，包含节约、效益与效率；汪军民（2007）指出，绩效包括公共部门的管理经营效益，也包括管理目标的实施与公众的满意度测试；木永跃（2010）指出，从管理学的视角分析，绩效可以理解为个体或组织、部门在完成任务或追求目标所体现的效能；朱志刚（2017）定义绩效为："绩效不仅包括外部结果，也包含内在的努力程度，它往往可以通过投入、过程、产出和结果来描述。"对于绩效的理解，学者间的差异主要表现在其包含的范围上，但是学者对于绩效的核心思想理解得较为统一，他们大部分都认为绩效就是实施某项活动的有效性。

政府绩效评估是以绩效为本，谋求现代信息技术在政府公共部门之间、政府公共部门与公众之间进行沟通与交流的广泛运用，谋求顾客通过公共责任机制对政府公共部门的直接控制，谋求政府管理对立法机构负责和对顾客负责的统一。绩效评估中排在第一位的评价标准就是服务质量和公众需求的满足，这种评价标准是以加强与完善公共责任机制使政府在管理公共事务、传递公共服务和改善生活质量等方面具有竞争力为最终目的。学者胡淑晶（2005）指出，政府绩效评估实质上是一种有组织的社会活动，用来对政府从事的各项活动进行评价。如今的政府绩效评价中质量优先的理念逐渐代替了效率优先的理念，这一阶段指标选取关注的重点也变成了公共服务的质量和效益。尤其是近些年以来，在新公共管理的旗号下，公共部门管理活动的产出、效率与服务的质量重视程度逐渐被提高，顾客至上的管理理念甚嚣尘上。而且政府绩效评价的这三个部分既相互联系又有着不同的区别，共同构成政府绩效评价的基本体系。可见，通过社会的不断发展，学者对绩效界定的关注点越来越集中于效率、顾客的满意程度等方面。其中，King等提出了一个新的政府绩效模型，这个模型以效益、效率和影响为因素。菲利普斯（Phillips）也持相类似的观点，并且在其研究中对效益、效率、影响做了具体的解释。例如以他的观

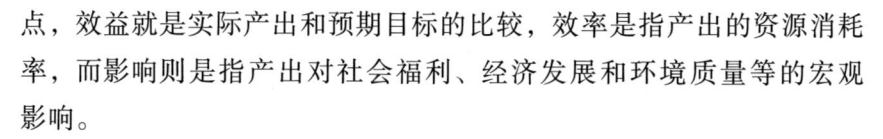

点，效益就是实际产出和预期目标的比较，效率是指产出的资源消耗率，而影响则是指产出对社会福利、经济发展和环境质量等的宏观影响。

（二）绩效评估

社会保障绩效评估作为一项有效的社会保障治理工具，起源于20世纪70年代新公共管理理论（New Public Management，NPM）。该理论所强调的3个特征——"3E标准"——经济（Economy）、效率（Efficiency）和效益（Effectiveness）。同时，绩效评估还被认为是新公共管理的核心特征。当前国内外虽然对于绩效已经做出相似的概念阐释，但受限于认知主体的差异，对于绩效评估仍然没有一个统一且精准的定义。针对绩效评估的相关概念，政府、企业和个人都有不同的见解，而且基于不同的角度，绩效评估的概念也会有所不同。针对当前的这个情况，笔者试着从绩效评估的性质、内容和价值等角度对绩效评估进行一个简单的描述。举例来讲，笔者认为绩效评估在性质上就是一种市场责任机制。著名学者库普尔曾经评价过绩效评估，在他看来，这种机制的含义主要包括四种：一是"经济学的效率假设"；二是"采取成本—收益的分析方式"；三是"按投入和产出的模式来确定绩效标准注重的是对产出的评估"；四是"以顾客满意为基础来定义市场责任机制这种定义方法是把公民视为消费者"。在绩效评估的内容上，学者李乐等（2018）曾经在研究中表明，绩效评估不应该仅仅局限于"唯GDP论英雄"，而是应该遵循全面性的原则，将公民满意度等其他指标体系一同纳入政府绩效评估的内容当中，并且将关注点转变为结果导向和外部责任，避开传统的内部控制和繁文缛节。付景涛等（2013）则是从顾客政治的视角对绩效评估的内容进行研究，在他所发表的研究论文当中，对企业参与地方政府绩效评估的机会和空间都进行了较为深入的研究和总结。在绩效评估的价值方面，哈里（Harry P. Hatry）在其研究中指出，提高公共服务的质量就是绩效评估最终的目的。周志忍（2008）在其研究中，对政府绩效评估活动中的公民参与进行系统回顾、评价与展望，其研究立足于我国各地政府20多年来的实践，具有相当的可信度。他的研究按照时间的发展顺序,将我国政府绩效评估中公民参与的历程划分为两个阶段:一是政府主导与公民无参与阶段;二是公民有限参与的阶段。他认为虽然近年来我国政府绩效评估中的公民参与取得了明显的进展,但总体上尚处于"有限参与阶段"。胡宁生(1998)从公共管理的视角界定了绩效评价的概念,认为绩效评价指的是政府政策体系的产品满足社会公众需要的程度。绩效评价的内容是对组织的效益和业绩进行评价,将系统内部和外部的投入、产出、资源配置状况、需方满意度等指标通过定性与定量相结合的方法做出公正客观的评价,以达到改善管理、提高绩效的目的。

社会保障绩效评估指的是综合数学、管理学、经济学、统计学等学科,建立科学、合理、有针对性的评价指标体系,根据这个评价指标体系从社会保障的社会责任、管理效率、服务质量和公众的满意度这四个方面对一个地区的社会保障工作进行评价。

二 社会保障绩效的特点

(一)公共性

代表广大人民的根本利益是我国党和政府的一切工作的出发点和落脚点,因此社会保障绩效最突出的特点就是公共性。彭澎(2013)曾经在研究中表明,通过政府的绩效评估工作,可以使公众对政府工作进行有效监控、理性认识和科学评价。而且他对于政府的绩效评估有相当正面的看法,他认为政府的绩效评估是对政府以公共服务职责为己任、坚持为人民服务理念的精神信仰的一个重要体现。张平(2009)在其研究中表示,社会保障与绝大多数人的切身利益密切相关,因此在他的研究中,强调社会保障中必须要有着广泛的公众参与。林毓铭(2007)同样持与张平类似的观点,他也认可社会保障中必须要有公众参与,除此之外,他还强调了民意测验是绩效评估最重要的方式之一。他认为公众对政府工作评估的态度属于满意度范畴,应该用满意度来评价,并且还强调了满意度的基本测量工具,即满意度指数和李克累加量表。除了公众参与理念之外,他还提出要将结果导向理念、公共服务市场化理念等理念统统都贯穿到政府绩效评估中。学者刘晓丽(2020)在其研究中也表明,社会保障制度建立的最重要的目的就是维护社会稳定,所以社会保障的进程与人民群众生活和社会稳定息息相关。同理,属于社会保障范围内的社保基金的征集、运营管理、支出及成效,同样与社会稳定有着极强的关联性。黎民、傅征(2008)等学者在其研究中指出,在社会保障关于公共服务内容中,其价值取向关注的焦点是公共服务产品之于公众需求而言是否具有诸如公共性、服务性等性质品格。在社会保障绩效过程中,何文盛、李明合、张欢(2013)等学者的研究表明,根据政府这一公共部门的独特属性,再加上作为最重要的公共利益维护者的政府,公共服务绩效评估的"最佳主体"不应该仅仅只是政府本身,而应该是接受政府服务的社会组织、公民团体和公众个人,这些共同组成了公共服务绩效评估的最佳主体。在绩效评估过程中,无论是公众参与、公众需求或提供公共服务的主体等都应该体现其公共性。社会保障发展从根本上说就是为了更好地维护人民群众的根本利益,因此我国政府始终把提供更多更好的公共服务作为社保投入工作的中心任务。综上所述,社会保障绩效的特点最重要的便是公共性。

(二)适应性

适应性即与我国经济的发展状况相适应、相契合。董尚雯(2013)的研究表明,美国社保局曾经对国家社保管理的绩效水平有过较为深入的研究,他们认为国家社保管理的绩效水平与社会发展之间有着极其巨大的相关性,如果社会进行剧烈变化,就会使绩效目标发生很剧烈的变化。张平(2009)也对其进行了深入的研究,在他的研究中,针对社会保障的政治、经济、社会功能进行了具体阐述,他认为绩效评估必须侧重于社会保障的效果评估,即社会保障的绩效要与社会保障实施后的社会反响等相适应,如此才能保证社会保障的稳定有序发展。周长城等(2012)同样持相似的观点,他认为社会保障体系的建立要和经济社会发展相适应,即在社会保障体系上坚持可持续发展的原则。同时他表示社会保障目标既不能过高也不能过低,必须要与当时的经济社会发展相适应。社会保障的力度、全面性、充分性应与国家或各地区经济发展状况一致。对社会保障进行评估时,绩效若出现赤字易导致经济混乱和萧条;相反,盈余会使社会大众产生不满情绪，导致社会天秤的失衡。因此，在设立绩效时，应参照当时GDP比重以及经济发展的实际情况。社会保障绩效评估参考数据可以促进经济发展，在这一过程中，必须将速度与质量、结构与效益、短期与长期、理论与实践进行有效统一。王晟哲、王学义（2015）指出，开展社会服务绩效评估，需要构建相应的指标体系。根据社会服务评估理论，并结合我国社会服务实践以及民政部社会服务统计内容等。综上所述，社会保障的绩效设计应在设计和实施时就采用合理的标准，坚持有序适应的原则，根据当地经济社会发展的实际有序地推进。

社会保障绩效的适应性也体现在城乡绩效方面，不同地区绩效要适应，同时也可以根据经济社会发展的水平进行调整。聂亚平、欧阳曙芬（2013）的研究指出，如果要实现小康，最关键是要重视农村这一环节，且社会和谐的关键在于社保，因此我们必须重视农村地区的社保问题。受历史传统、地理位置和经济发展水平等多方面的影响，我国的乡村与城镇间公共服务的差距非常之大，因此在实行社会保障的统筹兼顾时，我们应该逐步将农村作为社保工作的重心和财政投入的重点，因地制宜对农村社会保障绩效评价进行深度创新化以及特色化的处理。在经济发展的过程中，我国仍然存在省内各区域不均衡的状况，不同地区的社保发展水平有着极为明显的差距。为了解决这一问题，我们首先应该允许并鼓励各地因地制宜地推进当地社保制度，同时建设出具有当地特色的社保制度，接着尽量地对差距过大的地区进行调节，缩小地区间社保水平的差距，有意识地促进社保水平均等化发展。

（三）公平与效率相结合

陈晓珍（2010）的研究表明，政府外部评估者——公民和被评估者——政府部门之间信息的不对称，便会导致"逆向选择"，即工作效率低的部门在评价中排名在前，而真正努力的部门却待在了后面。毫无疑问，这种评估结果会使那些工作努力、效率高的部门积极性变低，从而使其工作效率变低；而工作效率低的部门就会满足于现状，使整体工作效率逐渐变低。陈小华（2012）指出，在新公共行政理论的影响下,公平开始成为政府绩效评估的价值基础。彭锻炼(2015)指出,效率性是投入与产出间的比率关系,它是对组织过程的评价。效益性则关注组织目标的实现,又可以分为产出标准和效果标准。鉴于此,在评价政府进行社会保障评估时,选择政府社保绩效的标准应该是效率和公平。张平(2009)的研究表明,公平与效率应该因时而异,比如在实施社会救济时,我们需要追求效率最大化原则,但是在实施社会保险时,我们应该首先坚持公平原则,其次在此基础上强调公平与效率相结合。在绩效评估内容中,我们应该将所有具有保障需要的人口都纳入保障范畴,而不应根据地域、职业来进行保障,这样就会很容易使社会不公平的现象产生。同时,效率的原则主要在于以更有效的投入取得最大产出即社会效益与公众满意度。

(四)主观性与客观性相结合

主观性是指每个人对待同一个人,甚至是同一件事都会用自己的主观思维来评定,"一千个人眼中就有一千个哈姆雷特"。正如 Hindy(2010)在其研究中所表现的那样,不能仅仅将客观评估定为科学,把主观评估看作不科学,同时他还认为主观评估和客观评估的两分法是社会建构的产物。由于主观评估与客观评估观点之间产生的许多分歧,部分学者针对这种情况,认为当前需要开发能够融合客观和主观绩效测量的可操作的复杂模型,并且认为这种模型需要对影响公众满意度的变量进行更为彻底的关注。因此,要将主观性与客观性相结合。林毓铭(2007)的研究表明,因为评估的信息资源与数据分类不充分,以及评估采用的测度与标准不一致,所以评估结果的反馈和扩散能力间的差别比较大,这种差别可以通过其他方式来进行解决。例如,在官方认证中,只有国有企业职工下岗才纳入下岗职工人数统计,其他职工下岗并不会纳入下岗职工人数统计。客观性在于政府在社会保障绩效评估过程中难以做到完全精准化,容易受到外界因素如环境变量的影响。例如,绩效评估在不同群体层次要求不一样,在不同发展状况地区标准又会有所差别,受人均GDP或是地理环境等因素影响。社会保障具体绩效评估效果,要由社会公信来决定,而绩效认知水平影响公众对政府的信任度。Hetherington(2005)的研究就已指出政府信任水平由民众感知政府的绩效成果是否符合自身对政府工作的期待而决定,也就是说绩效认知水平能够影响民众的政府信任度。由实际需要与社会效果判定,通过民情民意判定,政府的自我评价要遵循社会需求进行合理规制。

三 社会保障绩效影响机制

"十四五"时期,我国社会保障力图由制度建设和数量扩张迈向高质量发展新阶段,对解决人口快速老龄化、流动频繁、绝对贫困问题具有积极意义。党的十九届五中全会明确指出,要坚持以人民为中心发展思想。做强做大健康养老业务,积极参与健全多层次社会保障体系,建立健全上下联动、敏捷高效的产品创新机制和市场反应机制,服务人民所需、实现高质量供给。如图4-1所示,社会保障作为社会进步的新标志和社会建设的新形态,能够通过评估主体、评估对象、评估目标、评估指标和评估实施之间的协调关联,降低信息不对称问题,提高绩效工作水平,进而有效地解决社会公共问题。

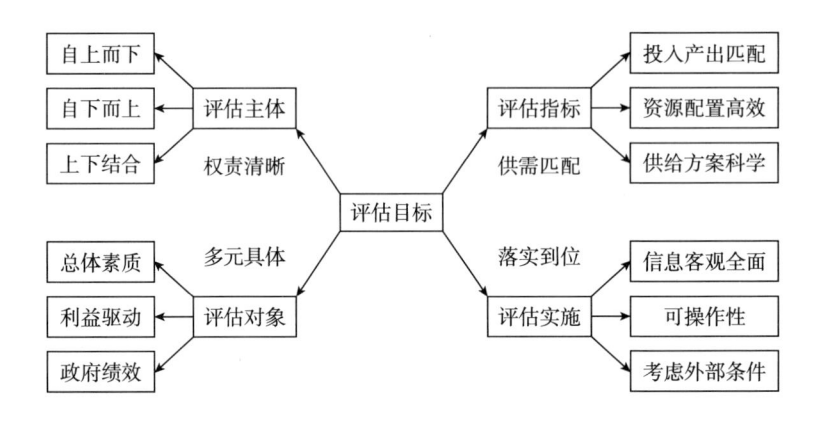

图4-1 社会保障绩效影响机制

（一）评估主体

农村妇女社会保障绩效评估主体主要是我国政府以及相关组织机构,我国目前政府绩效评估工作正处于起步阶段,因此对于主体多样性评估的前提条件比较欠缺,针对整体评估的准确性、客观性以及公正性也有很大的影响。截至目前，我国尚没有建立正式的、独立的、专业化的政府绩效评估组织。因此目前我国的政府绩效评估主要是政府内部自上而下、自下而上、上下结合等垂直性质类型的评估。陈晓珍（2010）指出，截至目前，我国政府绩效评估方式的一个突出特征仍旧是自上而下的单向评估路径。包国宪、赵晓军（2018）指出，与西方国家政府、社会和市场的关系不同，我国的政治制度和行政体制决定了政府在绩效生产中的重要地位，但这并不意味着政府是政府绩效生产的唯一中心。建立在强合作而非强竞争基础上的多元共治，必然要求公共服务绩效评估聚焦于系统而非个体，需要关注"体系"或者"系统"的绩效。王学军（2020）指出，以多元主体、共识目标和自组织反馈激励机制为特征的治理结构因其契合了我国追求高质量发展和推进国家治理体系和治理能力现代化的要求，而被认为是政府绩效应推崇的主要模式。对于政府绩效评估而言，需要扩展其相对单一的评估路径，以此来实现政府权力相互制衡，保障评估的全面性与客观性。有学者指出，我们现在应该要进行复合式的政府绩效评估，通过能力建设等方式，促进组织与个人、专家与公民间的双向学习，不断提高政府工作人员的行动技能，从而使政府能够积极地对政府绩效中公众感知的方面做出相应的动作，确保自身绩效的客观性。经过这些学者的研究，我国目前一些地方政府也做了相应的绩效评估的探索，比如在绩效评估中引入权力机关、审计机关、社会公众、大众传播媒介等评估机构来分散政府绩效评估的权利，确保这些机构间通过互相监督的方式促进政府绩效评估的客观性得以实现。何文盛等（2011）指出，我国政府绩效管理已经开始向多向度、多维度的考评方式转变：在考评主体上，引入了公民和第三方评估机构，确保绩效评估的客观性得以实施。这种探索精神需要我们去学习和借鉴，但由此衍生出来的问题，也需要我们警惕，比如部分外部评估的象征性意义较大，甚至象征性意义要大于实际意义，而且实践中仍然不同程度地存在忽视本地客观实际等不良的现象。

（二）评估对象

作为评估得以实现的要素之一，评估对象在很大程度上影响着整个评估的效度。此次本书主要调查对象是农村妇女,在社会保障绩效方面,农村妇女在一定程度上存在不平等评估。陈爱武(2019)指出,为了推动男女平等基本国策贯彻落实,有必要在地方经验的基础上,建立国家层面的法律政策性别平等评估机制。并且,政府一些关于社会保障的措施,仍然存在许多问题,比如如何在妇女身上发挥它的用处,这个作用是否有效等,这些都是评估效度提高的障碍。一是评估对象素质不够高,由于大部分农村妇女受教育程度比较低,对事务认识程度不够全面和深刻,所以对于政府措施理解会有偏差,容易产生误解,影响绩效评估。二是部分农村妇女在评估过程中,有部分评估对象觉得只是评估政府社会保障措施有效性,跟自身没有太大联系,因此并不关注整个评估过程,在接受调查时也抱着无所谓的态度,对于调查并不是特别积极。三是评估对象过于关注自身利益,接受评估的对象往往会从自身或者家庭利益出发,隐瞒或者掩饰对于自身不利的调查指标,这样的情况时常发生,而且不利于评估主体客观性和真实性的实现,容易使评估的效果付诸东流。芦刚等(2006)在研究中表明,针对这些评估对象不配合的情况,应该有效地去运用绩效信息,将实际绩效与评估标准存在的偏差具体地表现出来。

(三)评估目标

秦法跃(2018)指出,绩效评估的一项重要任务是测量政府管理是否达到了预期目标。评估的目标会对评估内容的选择和确定、评估的程序、评估的技术产生直接的影响,进而在一定程度上使得评估的结果产生偏差。因此,我们在评估不同的目标时,根据不同的评估主体和不同的评估对象,其评估结果也会有所不同。董尚雯(2013)的研究表明,美国社保局的调查显示,他们认为国家社保管理的绩效水平与社会发展息息相关。从绩效审计评估方面来看,刘贵平(2019)指出,绩效审计目标是审计活动既定方向和所要达到的预期目标,也是审计理论与审计实践的联系与纽带。芦刚等(2006)指出,想要科学地设计评估指标体系,只能对目标进行清晰且准确的界定,如此才能使得资料收集更符合实际和真实可靠,进而确保评估体系的有效性。例如,进行农村妇女社会保障绩效评估理应将保障农村妇女公平正当的权益作为目标，而不是政府为了自身的政绩要求进行目标的设定与实施。当前我国部分地方政府就存在这方面的问题，在它们开展的政府绩效评估活动中，其目的往往是为了造声势、搞面子工程，而不是把评估活动当成是改善自身绩效的一种长效机制，这必然会造成绩效评估偏差错误。正如奥斯本和普拉斯特里克所说："虽然有些公共组织测量绩效已经多年，实质上却没有任何效果。"

（四）评估指标

由于每个地方各具特色的制度环境和背景，其妇女社会保障绩效评估指标固然也会有所差别。评估指标要具有一定的代表性、可操作性、指标体系的内容和结构完整性等。陈元刚、罗维、陈卓敏（2019）指出，由于社会保障项目众多，绩效评估指标错综复杂且没有统一的统计口径，所以指标的选取难以做到面面俱到，因此要求选取的指标可以充分反映政府部门社会保障绩效的主要内容，且具有一定的代表性，以满足评估需要。张平（2009）指出，必须确保评估指标的可操作性，进而使这些指标在评估中便于理解和计算，如此才能使得出的结果更为直观和具体。对评估结果影响较大的主要是指标体系的内容和结构。在内容方面：第一种是评估指标体系有缺失，即一些能够有效反映地方政府绩效的重要指标侧重点不一。例如，在农村妇女社会保障绩效指标体系中个别政府过于注重政府资金投入，而忽视了保障人群的覆盖率；或者是政府喜欢拿过去调查做研究，忽视现有数据的波动和特殊性。第二种是评估指标体系虚假化，即存在地方政府为了敷衍了事，刻意调高妇女社会保障满意度、医疗保险完善度，以致评估指标体系中包含了与衡量绩效无关的非真实绩效的内容。并且，廖晓明等（2010）指出，在具体的经济指标的指引下，某些政府往往忽视了教育、文化、卫生、环保等社会、人文方面的指标内容，以致多数地方的公共服务严重不足和不到位，制约了地方政府公共服务能力与水平的提高。同时指标体系中的各项指标结构也影响着评估结果的效度。张超兰（2015）指出，绩效评估指标内容的确定有很强的导向型，因此，要从其本质出发，明确其功能，再层层分解，确定各要素权重，最终形成一套科学合理的指标体系。如果某些指标之间存在关联、结构不分明，会导致被评估对象信息的重复使用，从而降低评估结果的效度。

(五) 评估实施

政府绩效评估的实施实质上就是一个评估信息的收集和反馈的过程。范柏乃等（2005）的研究表明，我国目前的政府绩效评估实践还未成熟，部分地方政府对其并没有出台相应的行为规范，也没有具体的规定措施，这些不规范的情况使评估活动中的随意性极强，进一步导致评估结果的可靠性降低。因此，我们目前需要对评估实施的一些重要环节进行较为彻底且深入的分析。董尚雯（2013）的研究表明，在评估实施的方法上，美国社保局并没有实施统一的要求，只是要求各地绩效评估数据的真实性和全面性，并且对各州的绩效评估的主体进行了具体的明确，其中必须包括退休人员、伤残人员、失去劳动能力人员等，美国社保局要求对这些人的社保现状进行详细的评估分析。李春根等（2009）研究表明，在评估实施的资料方面，与绩效评估指标有关的各种资料，包括数据资料、社会调查的资料等都需要收集。并且要求这些资料必须详细、真实、具有说服力，这样才能评估产出成果的有效性。例如，如果要使评估获得高的效度，就必须获得极为准确、全面、客观的评估信息，由此才能得到正确的评估结论。评估在实施的过程中会牵扯到评估主体、对象以及他们的切身利益等许多因素，因此在评估过程中，各种矛盾纷至沓来。同时，由于一些不可知的因素，往往会使评估违背评估的初衷，使评估的效度降低，并且得不到想要的结果。

三 社会保障绩效的典型评价方法

随着社会的快速发展，社会保障绩效的评价方法呈多样化趋势发展。而对于社会保障绩效的评价方法，科学性和合理性也越来越强。通过笔者的研究总结，并对于国外绩效评估历史的研究借鉴，从评价方法和理性化的角度，将政府绩效评估划分为两大基本方法：客观绩效评估方法和主观绩效评估方法。两者之间的主要区别在于它们的基本特征的价值取向不同。客观绩效评估方法基本特征的价值取向是以效率、效益为先，强调技术和理性对政府绩效评估的指导作用；而主观绩效评估模式则是强调要将公平、正义、责任、回应等伦理视为公共管理的核心价值,而且无论是评估形式还是评估内容,都必须坚持这个特征。如果以划分手段为标准的话,那么政府绩效评估方法大致可以分为定性分析和定量分析两种分析方法,其中定性分析是指研究者运用历史回顾、文献分析、访问、观察、参与经验等方法获得教育研究的资料,而定量分析的结果通常是由大量的数据来表示的,研究设计是为了使研究者通过对这些数据的比较和分析做出有效的解释。目前,国内外学术界对政府绩效评估的相关研究以定性分析为主,定量分析的研究比较匮乏。从实践操作角度看,定量分析方法更具有优先性,定量研究的优势在于可以提供描述性的数据,更为科学,具有实证性、明确性、客观性,能够快速进行大规模的社会调查,因此能够适应当代社会需要快速把握社会变化发展趋势的要求。以下几种方法是实践过程中常用的社会保障绩效评估的定量分析方法。

(一)因子分析法

因子分析法,是指研究从变量群中提取共性因子的统计技术。最早由英国心理学家斯皮尔曼提出。它具体是指从研究指标相关矩阵内部的依赖关系出发,把一些信息重叠、具有错综复杂关系的变量归结为少数几个不相关的综合因子的一种多元统计分析方法。基本思想是:根据相关性大小把变量分组,使同组内的变量之间相关性较高,但不同组的变量不相关或相关性较低,每组变量代表一个基本结构,即公共因子。因子分析的基本目的就是用少数几个因子去描述许多指标或因素之间的联系,即将比较密切的几个变量归在同一类中,每类变量就成为一个因子(之所以称其为因子,是因为它是不可观测的,即不是具体的变量),以较少的几个因子反映原先资料的大部分信息。将因子分析方法运用于综合评价方法,克服了第一传统评价方法在处理指标高度相关和权重设定上的缺陷。因子分析一般可以分成四步:第一,考察变量之间的相关性,判断是否要进行因子分析;第二,进行分析,按一定的标准确定提取的因子数目,一般要求特征值大于1;第三,考察因子的可解释性,并在必要时进行因子旋转,以寻求最佳解释方式；第四，计算出因子得分等中间指标，供进一步分析使用。利用因子分析方法，可以把搜集到的比较杂乱的原始数据进行压缩，找出最重要的因子，并对其按照成因归类、整理，从中找出几条主线，帮助分析影响程度较大的主要控制因素。

例如，周颖颖、薛兴利（2015）通过因子分析法，从社会安全、经济发展、社会保险、社会福利、社会救济等方面选取了12个衡量指标对2013年山东省17地市的社会保障水平进行因子分析。得出山东省的社会保障水平存在明显的不均衡，体现在东部地区明显高于西部地区，沿海地区高于内陆地区，同一个城市的各类社会保障因子水平也存在明显的不均衡，亟须通过各种对策来改善这种现象。

（二）回归分析法

回归分析方法通常分为一元回归分析和多元回归分析两种。相比于一元回归模型，多元回归模型使用更加广泛。多元回归分析（Multiple Regression Analysis）是指在相关变量中，将其中一个变量作为因变量，其他一个或多个变量作为自变量，建立这些变量之间线性数学模型的数量关系式，利用可收集到的样本数据进行参数估计与检验，最后得出相应结论的统计分析方法。

例如，曲绍旭（2013）通过多元回归模型对中国农村社会保险制度进行了分析探讨，发现在新型农村养老保险方面，未来养老问题、养老金领取年龄的规定与新农保的制度评价有着显著正相关关系；在新型农村合作医疗方面，建立医疗保险专有账户与新农合的发展有较大关联性。

（三）数据包络分析法

数据包络分析法（DEA）由美国著名运筹学家Charnes和Cooper等人首次提出CCR模型，用于评价公共部门的绩效。DEA利用数学规划手段，从大量样本数据中提炼出输出和输入指标，不需要事先确定指数权重和指标之间的函数关系，有效地避免了主观因素的影响，而且算法简单，特别适合多输入输出负责系统的相对有效性评价。自20世纪80年代以后，数据包络法经过多位学者的改进与修正，不断完善并被广泛运用到多个生产和非生产领域。常见DEA模型主要有：

BCC 模型、FG 模型、ST 模型。现在，人们已经可以利用软件辅助得到相关数据的 DEA 值，从而判断指标是否 DEA 有效。

例如，唐娟莉、倪永良（2010）从定量分析的角度出发，通过运用数据包络方法，得到东、中、西部三大经济地区农村社会保障供给平均效率水平，通过分析结果可得知：各地区平均效率水平高低顺序依次是西部地区、东部地区、中部地区，说明各地区农村社会保障供给效率水平之间存在地区差异，应加大中央对农村社会保障财政投入，缩小地区差异。中央财政应加大对中西部地区特别是经济欠发达地区的农村社会保障资金投入力度，保障制度的公平性，逐步提高农村社会保障水平，分类分地区投入，实现各地区社会保障水平的平衡，不断地缩小地区差异。包玲（2011）通过运用数据包络方法，得到 2011 年大连市与其他副省级城市社会保障制度的平均总体绩效小于 1。这表明 15 个副省级城市的社会保障相关资源投入没有得到充分的利用，产出没有实现最大化，其主要是因为社会保障的产出与投入和其规模不相匹配等因素极大地影响了它们的综合绩效水平。相关领导必须重视起本市的社会保障事业的管理，提高其社会保障绩效。

（四）平衡计分卡法

平衡计分卡（BSC）是由哈佛商学院 Robet S. Kaplan 和 David P. Norton 于 1992 年发明的一种绩效评估和管理的工具。平衡计分卡问世以来，在西方企业界已经得到了广泛的应用。平衡计分卡注重平衡理念，以长远目标和发展战略为核心，从四个方面对组织进行评估，分别是财务状况指标、顾客服务指标、内部经营过程指标、学习和成长指标，克服了传统的单纯基于财务指标评估体系的缺陷，并且定性分析和定量分析两种途径相结合，是一种较为有效的分析方法。

例如，郭姝麟（2018）通过平衡计分卡法构建基本养老保险基金支出绩效考核指标体系，以财务、公共绩效、内部流程、学习发展为维度，构建基本养老保险制度的绩效评价体系。付优等（2015）重点关注社会保障基金运作过程的合法性和合规性，基于平衡计分卡的社保基金投资绩效审计评价体系的四个层面，即公众、财务、内部流程、学习与成长，对我国社会保障基金投资进行绩效评估。

（五）主成分分析法

主成分分析法（Principal Component Analysis，PCA）是将多个变量经过线性的组合从而得出比较少的几个重要的变量的方法，主成分分析法通常采用降低数据集的维数，并且保留数据集的方差贡献最大的特征。这是经过保持低阶主成分并且忽略高阶主成分而达到的效果。这样低维的成分就可以保留数据原有的最为重要的部分。社会保障指标体系庞杂，各个指标之中多数存在相关性，容易发生指标信息的重叠，从而影响评估结果。主成分分析恰好将相关指标变为独立指标，是一种社会保障绩效的典型评价方法。

例如，贾强（2016）通过运用主成分分析法，得到南疆三地州在生育保险、工伤保险、失业保险基金、卫生医疗机构等方面的具体情况，并且通过这些情况，提出了相应的解决方案。

（六）层次分析法

层次分析法（Analytic Hierarchy Process）是由美国运筹学家萨蒂（Satty，T. L.）教授于20世纪70年代提出的，是一类将定性分析与定量分析相结合的多目标、多属性决策方法。层次分析法的出现为我们提供了解决此类问题的一个称手的科学的工具。相较于其他的决策方法，层次分析法关心的重点不是决策方法本身的复杂性，不是为了能够完整地描述决策问题而盲目地追求复杂的数学描述，而是方法本身的简明性和易用性。它的数学理论简洁却又不失完善，应用简单，能够将复杂问题简单化，最重要的是它的评估决策结果能够与实际相匹配（通过与实际数据相对比）。

例如，黎民、王翠琴（2008）等在其研究中使用了层次分析法，构建了我国当前基本养老保险制度有效性评价的层次化结构模型，并依据其模型设计了调查表，接着通过矩阵赋值的计算等计量处理过程，得到评价模型各层次评价指标的权重，从而对当前我国基本养老保险制度的运行过程及运行效果进行常识性的评价。

第二节 中国农村妇女社会保障案例考察与比较

一 案例介绍

学者曹信邦（2006）在其研究中认为，政府社会保障绩效评估指标实质上是用来反映和衡量政府社会保障绩效水平的概念和具体指标的。因此进行严密绩效评估对于提高政府为人民服务办事水平和能力具有重要意义。罗良清等（2010）指出社会保障的绩效如何，直接关系到广大公众的利益，公众也有权利和责任共同维护社会保障的正常运行，促进政府改进社会保障绩效，维护社会的安全和稳定。刘振杰（2011）研究发现进行社会管理的创新，建设现代社会保障体系，最终还在于提高居民的生活，提升农村妇女的生活幸福感和生活满意度。因而必须建立起客观的指标体系，对农村妇女社会保障绩效进行理性全面的评估。通过案例的分析提高绩效评估准确性和真实性，本章选择了几个案例，这些案例都具有代表性。第一是政府对农村妇女社会保障作出的措施起到了一定社会效果；第二是具有地区的选择多样化，代表着不同发展地区特性；第三是内容广泛化，从各地区农村妇女社会保障的医疗保障、社会就业、贫困及就业援助、工伤保障、妇女生育、妇女维权多个方面入手，精确化探讨出全国各地政府对农村妇女社会保障的特性和共性，并进一步研究出影响社会保障绩效的因素，更好地推动我国社会保障制度的完善和农村妇女幸福感的提升。

（一）贵州省荔波县"三强化"案例

荔波县多民族杂居，充满了异族他乡的情调，现已形成生态旅游、民族旅游、红色旅游相结合发展格局，拥有诸多国家级荣誉。继2014年起，连续五年位列全省县域第三方阵10个乙类县第一。2016年4月10日，荔波县妇联紧紧围绕党政工作中心，结合妇女民生需求，开展"三强化"抓好农村妇女工作，全力推进妇女工作再上新台阶。一是强化宣传，营造良好氛围。加强与县新闻中心、县电视台等媒体的沟通合作，多角度、深层次宣传报道荔波妇联工作情况，展现荔波妇联良好形象。二是强化职能，畅通维权渠道。建立健全妇女维权联席会议、妇女干部担任人民陪审员、法律援助等制度，编织妇女儿童合法权益保障网；开通了"12338""12348"妇女维权咨询公益服务热线，构建咨询投诉、司法保护、普法宣传和妇女帮教四大网络。三是强化服务，落实结对帮扶。将农村贫困妇女儿童列为重点结对帮扶对象，为妇女群众发展生产提供创业就业培训、项目、资金等支持，关注妇女健康，关注儿童成长。

荔波县的"三强化"工作坚持需求导向，强化关爱帮扶服务。2016年，反映荔波妇联工作特色的20余篇信息在新浪网、搜狐网、人民网、新华网、《贵州日报》和《黔南日报》等10余家知名网络媒体刊登报道。2016年以来，荔波县共受理农村妇女投诉97人次，实施法律援助、司法救助、社会救助等33人，处理答复率达97%。此外，荔波县共开展农村妇女创业就业技能培训5期3000余人次，为6000名农村妇女提供免费体检，救助7名"两癌"贫困母亲共花费7万元，招募2000余名"爱心妈妈"与留守儿童结成帮扶对子。

(二) 临夏州进行农村妇女"两癌"免费检查案例

临夏州坚持以人民为中心的发展思想，以更大力度、更实举措做好民生工作。2018年，临夏州民生支出达205.4亿元，占一般公共预算支出的81.4%，同比增长30%，被第六届中国民生发展论坛评选为"2018民生示范工程"奖，在全国58个获奖单位中，临夏州名列第21位。临夏州妇联系统以习近平新时代中国特色社会主义思想为指引，紧跟时代发展脉搏，坚持服务大局、服务基层的工作理念，找准工作结合点，引领广大妇女干部积极参与民生建设、关爱保护未成年人健康成长，带领全州110多万妇女姐妹与新时代同行，以昂扬的斗志和最美的风貌，为临夏快速发展贡献着巾帼力量。2018年1月1日至2020年12月31日，临夏州为全州的农村妇女提供了宫颈癌和乳腺癌的免费检查，面向的对象相当的广泛，只要是持有农村户籍，且自愿参加的35—64岁妇女，在签署知情同意书后，就能接受宫颈癌和乳腺癌的免费检查。其中临夏州的具体实施措施如下：①加强组织管理。在整个"两癌"检查的过程中，总牵头负责的部门便是州政府妇女儿童工作委员会，其中的组织管理工作值得借鉴。在州政府妇女儿童工作委员会的牵头负责下，委员会办公室迅速地制定了全州农村妇女"两癌"检查项目的实施方案，并且主动承担了"两癌"检查工作的组织协调以及后续的督导检查等工作。不仅如此，其他的政府部门也积极地参与了进来，承担了相应的工作，其中州妇联通过指导基层妇联组织的相关工作，成功组织动员了大量符合条件的妇女，让她们积极主动地接受检查。不止如此，州妇联还通过各种宣传方式，对于整个"两癌"检查项目进行了积极的宣传。州卫健委提供了技术指导，积极利用自身的资源条件，对于检查人员的业务培训相当的专业，对这些在妇女"两癌"检查中的专业技术人员的能力进行综合培训，从而确保质量控制和信息管理。州财政局则是负责资金落实的相关工作，积极主动且较为及时地拨付相应资金，为整体工作提供了相应的资金支持。②强化推进落实。在确定好项目方案之后，临夏州各县（市）在项目执行过程中的工作非常到位。积极落实以村为单位、3年为一个周期的具体规划措施，并积极发挥各项工作人员的主观能动性，通过各类有效措施，掌握了应检人群的各项活动轨迹，确保其流动性在控制之中，在农村妇女进行检查时确保了检查的有序进行，计划性、组织性都相当的到位。并且针对外出务工妇女也提供了相应的贴心服务，为了照顾她们的工作时间，特别允许她们在返乡期间进行检查。保密工作也相当的到位，将数据信息通过国家妇幼重大公共卫生服务项目直报系统报送的方式，确保了医疗卫生机构对于个人检查资料进行妥善的保存。③加强质量控制。州、县（市）各级政府卫生健康部门的质量控制工作也做得相当的好，它们定期对辖区内负责"两癌"检查的医疗机构进行监测，确保其质量过关，同时通过规范操作流程、加强实验室管理的方式，最大限度地确保复核检查结果的准确性。④加强资金监管。财政、审计等部门的资金监管工作非常到位，相关部门对项目资金的拨付和使用等情况进行详细且透明监督检查，最大程度上防止资金的截留和挪用问题发生。

以移山之志聚沙成塔，凭巾帼智慧高歌猛进。临夏州进行农村妇女"两癌"检查的工作，取得了相当辉煌的成果。并且在后续的妇女防治知识宣讲工作中，也取得了阶段性的胜利。具体情况如下文所示：在2018年目标人群30%的基础上，2019年完成了目标人群的25%；2020年完成目标人群的25%。通过这种积极防治的政策，临夏州全州妇女对于"两癌"防治知识知晓率达到了80%以上，同时也大幅提升了医疗人员的技术水平。

（三）宁夏农村妇女土地权益纷争案例

宁夏处于我国半干旱黄土高原向干旱风沙区过渡的农牧交错地带，生态脆弱，干旱少雨，土地瘠薄，资源贫乏，自然灾害频繁，水土流失严重，水资源极度匮乏，经济欠发达，以"苦瘠甲于天下"而闻名全国，是国家重点扶持的贫困连片地区。2017年，宁夏大力实施妇女创业担保贷款，出台《宁夏回族自治区创业担保贷款管理办法》，推动妇女脱贫致富创业创新。创建扶持20个"巾帼扶贫车间"，组织贫困妇女参加电商培训，带动妇女灵活居家就业，实施"2+1"结对帮扶及"扶上马、送一程"优惠商业贷款惠民政策，发放4598.8万元商业贷款，扶持669名农村妇女创业。2017年，宁夏发放农村妇女创业担保贷款11.99亿元，扶持2万名妇女创业，累计发放贷款80.56亿元，扶持16.17万名（次）农村妇女增收致富。

作为全国维护妇女儿童权益先进集体，宁夏农业农村厅农村经济经营管理站在承包地确权登记颁证和农村集体产权制度改革等工作中注重维护好农村妇女土地权益，在政策制定、具体实施、宣传教育、个案维权等方面为妇女维权提供了有效保障。宁夏某村农民李某在2014年农村承包地确权时，分田3亩给儿子确权，当时其子刚结婚不长时间，儿媳金某作为共有人登记在了李某儿子名下。2017年年底李某儿子因病去世。2019年李某向镇政府提出申请，要求收回当初分给儿子确权的3亩土地，当地农经站工作人员在审核土地确权变更申请时，对婆家收回离异或丧偶妇女的承包地事项尤为关注。经调查了解，李某的儿子和金某育有一儿一女，均不满5周岁，现随金某生活，且金某在娘家未确权承包地，2018年年底金某再婚成家。为妥善解决金某土地确权问题，农经站和乡政府工作人员多次上门，晓之以理、动之以情向李某详细讲解相关法律政策，说明金某作为家庭成员，不管改嫁与否，都应该分得土地，最终李某放弃了要回承包地的打算，把土地承包人变更到金某名下，补登2个孙子为共有人，金某和孩子们的权益终于得到了保障。

（四）西充县华光乡"关爱农村留守妇女"案例

西充县华光乡以农业生产为主，种植水稻、玉米、小麦、油菜等农作物。由于经济贫困，无就业机会，村内大量男子外出务工，导致大量农村妇女留守在家。为了带动妇女就业，保障农村妇女社会权益，促进农村经济发展，2016年华光乡贯彻县妇联文件精神决定在全乡深入开展"农村留守妇女关爱行动"。具体措施包括：①开展四大行动，提高关爱服务实效。一是邻里互助行动。以村民小组为单位，以村妇女干部、致富女能人为骨干，按照就近就便、自觉自愿的原则，进一步扩大"友爱好邻居"农村留守妇女互助组覆盖范围，采取"妇代会+互助小组"等形式，在生产发展、生活安居、子女教育、关系协调等方面开展互助。二是济困帮扶行动。在大病医疗救助、低保救助、残疾人救助等相应制度的框架下，华光乡针对因病因残致贫的农村留守人员，组织开展了相应的帮扶救助活动；组织引导各部门及机关干部、志愿服务者主动结对联系农村留守人员，帮助解决实际困难；通过发动友人捐资、社会捐助等渠道，募集资金用于救助生活困难的留守人员。三是创业扶持行动。开展"新农村、新生活、新技术"培训活动，让农村留守妇女学习掌握至少一项技能，实现在家门口创业就业；加大科技帮扶力度，对有致富能力的农村留守人员提供信贷扶持和项目支持，为她们创业发展搭建平台。四是健康关爱行动。华光乡针对农村留守人员提供健康检查和咨询，组织开展"关爱农村留守妇女"义诊咨询、普查普治和卫生健康进村等活动。另外，还对农村妇女实施"两癌"检查服务项目，对患病的留守妇女按照有关政策在新农合治疗费用报销、民政大病救助等方面给予适当倾斜。②完善两项机制，强化关爱服务保障。一是动态管理机制。进一步明确关爱农村留守妇女相关部门工作任务，充分发挥单位职能优势，层层细化分解工作责任和任务。各村要全面开展留守妇女调查摸底,建立健全基本信息档案和工作台账,对长期在外务工超过半年以上形成的留守妇女,建档率要达到100%,并实行专人负责、动态管理,确保将留守人员全部纳入关爱视线。二是督导考核机制。组织人员就留守妇女就业创业、卫生健康、权益维护等及时了解情况,对责任不落实、履职不到位的给予通报批评;强化过程管控。加强对驻村干部的监督管理,使其更好地服务和管理农村留守人员。③加强组织领导。各村充分认识开展农村留守妇女关爱服务工作的重要意义,切实加强组织领导,纳入重要议事日程,定期召开会议,解决问题。全面承担并做好辖区内留守人员的关爱工作,抓好各项具体工作措施的落实。积极主动参与到关爱服务工作中来,形成齐抓共管的工作合力,切实把农村留守关爱服务工作落到实处。

通过开展农村留守妇女关爱行动,达到"四有"目标,即工作有网络、活动有载体、宣传有氛围、行动有效果。丰富了华光乡留守妇女的日常生活,降低了农村留守妇女的贫困程度。搭建的创业扶助平台使农村留守妇女开始富起来,有了自力更生、自主创业能力与良机。农村留守妇女患病率大大降低,其医疗保险更加全面,补贴多,力度大。政府关爱措施进行更加彻底,华光乡留守妇女幸福水平进一步提高。

(五)桃源县妇联关于农村妇女外出务工调查案例

桃源县位于湖南省西北部,全县女性总人口为45万人,其中外出务工女性10万人,占全县外出务工人员的45%,创收约12亿元。桃源县外出务工妇女年龄集中在16—40岁,40岁以上的外出务工妇女仅占总数的7.7%;外出务工妇女的学历多为初中或高中(中专),初中占总人数的33%,高中(中专)占47%,小学仅占14.5%,大专以上仅占5%;打工年限2—5年的占58.7%,5年以上的占31.5%,其余的2年以下。外出务工的原因以挣钱、改善生活、夫唱妻随和夫妻团聚为主,占83.7%;外出务工的途径以靠亲戚朋友介绍和参加政府部门的劳务输出为主,这两种途径约占66.7%;夫妻同在一个城市一个单位务工的约占10%,在同一城市不在同一个单位的约占17%。

2012年以来，桃源县妇联以建设"坚强阵地"和"温暖之家"为根本，坚持"围绕中心、服务发展，立足基层、服务妇女"的工作宗旨和"使广大妇女得实惠、普受惠、长受惠"的工作理念，充分发挥妇联的基本职能和组织优势，积极创新工作思路、工作举措，在广大农村妇女中进一步深化"双学双比"活动，紧紧围绕"发展新农业，培育新农民，建设新农村"的目标，组织妇女参与现代农业建设，组织动员广大农村妇女打破传统，转变观念，积极投身现代农业建设。

桃源县妇联组织在参与全市农村富余女劳动力转移工作中，虽然取得了一定成绩，但对照新形势下农村富余女劳动力转移就业的要求，还有一些困难和问题。一是农村女性劳动力的文化素质状况不能适应转移的需要。农村妇女文化层次、科技文化水平偏低，技能单一，只能从事一些纯体力的、技术含量低的工作，转移层次不高，难以适应市场对技术更新的要求。二是广大农村妇女就业观念有待更新。传统就业观念与长期相对封闭的农村生活环境对农村富余女劳动力转移构成思维和心理上的阻碍，缺乏主动摆脱贫困的意识，不愿接受新生事物，"等、靠、要"思想严重，限制了农村妇女自主创业或外出就业的积极性。三是各地劳动力转移输出的服务机构发展不平衡，尚不完善。尤其是乡、村就业服务组织和信息网络建设滞后，再加上有关方面提供的用工信息（特别是省外用工信息）不够准确，影响了农村劳动力的有序转移。四是外出务工妇女的合法权益得不到有效保障。进城后，务工人员的人身、劳动、子女就学等合法权益未能得到持续、公平、有效的维护，导致了农村劳动力在非农产业就业的临时性和不稳定性，以及工伤处理的不及时性，严重侵害了劳动者的合法权益。一些地方连妇女人身安全都难以保证，影响劳动力市场秩序，导致农村女性劳动力的积极性不高。

针对这些问题，桃源县妇联大力加强对外出务工妇女的教育，从不同渠道、不同的层次，对外出务工妇女开展有针对性的系统培训。具体措施还包括：建立考核、发证、上岗的学习管理机制；教育广大农村妇女"自尊、自信、自立、自强",破除"以农为本、以土为业""守土即安、小富即安"的传统旧观念,克服畏难情绪和自卑情绪,解放思想,转变观念,走出家门,敢为人先;改革外出务工妇女的生育保险、社会养老保险和医疗保险相关制度,主要可通过突破户籍管理制度限制,在城市管理体制和社会统筹中,纳入进城务工妇女的养老、医疗等民生事项,从而保障妇女的生存发展权利。这些举措切实提高了桃源县妇女的文化知识和技能水平。外出务工妇女受侵权案件减少,其平均工资有所上升,妇女外出创业、致富成长的典型实例增多。

(六)柞水县关于农村妇女生育保障措施案例

柞水县位于秦岭南麓、商洛西部,是一个"九山半水半分田"的土石山区县,也是国家扶贫重点县和秦巴山区贫困人口重要集聚地之一。由于自然和历史的原因,柞水县开发历史较短,经济社会发展相对滞后。丰富的自然资源,因资金短缺、人才匮乏等制约因素,尚未转化为经济优势。2012年7月,柞水县出台了《柞水县妇女发展规划(2011—2020年)》。在此规划的指引下,柞水县结合妇女发展实际,开展了一系列措施:①加大对妇幼医疗卫生保健的支持力度。增加妇幼保健经费在卫生事业经费中的比重;增强农村妇幼医疗卫生的财政投入与基础设施建设力度;加强农村妇幼保健机构建设,完善基层妇幼保健服务体系,提高服务水平;充分利用社区卫生服务网络开展妇幼保健服务。②加强孕产妇系统管理和服务。健全产科质量控制体系;完善孕产妇急救网络;做好孕产妇死亡评审工作;加大妇幼保健人员医疗技术培训力度;倡导孕产妇自然分娩,减少剖宫产;将流动妇女中的孕产妇纳入居住地医疗卫生保健服务体系。2015年前,县妇幼保健院要成为全县妇幼保健、临床、培训、科研、宣传和技术指导中心。③完善三级出生缺陷防治体系。宣传普及围产保健、孕期营养、婚检、自然分娩等知识;推进免费婚检;继续实施增补叶酸预防神经管缺陷项目;健全产前筛查和诊断工作机制。④强化农村妇女生育优质服务。加大避孕知识宣传力度;研发、推广安全有效的避孕节育新技术;推行避孕节育知情选择,提供避孕节育优质服务;强化男女共同承担避孕节育的责任意识,提高男性避孕方法使用比例。⑤提高孕产期妇女营养水平。大力开展营养知识的普及和宣传,加强科学膳食指导,提倡合理的膳食结构;面向孕妇、哺乳期妇女等贫血高危人群开展针对性干预。

《柞水县妇女发展规划(2011—2020年)》实施以来,其妇女社会保障水平得到了显著的提高。从结果来看,一是保障了妇女的生育权。妇女在生育、节育和避孕上比之前享有更多的知情权和选择权,从而减少了人工流产率和非意愿妊娠。二是降低了农村孕产妇死亡率。自2015年开始柞水县孕产妇死亡率下降到25人/10万人以下水平。三是降低了孕产期妇女中、重度贫血患病率。相比2010年,2015年柞水县农村孕产期妇女贫血患病率下降了近30%。四是加强了孕产妇健康管理。柞水县孕产妇建档立卡进行健康管理,其覆盖率达到97%以上。

二 案例比较与讨论

随着国家不断加大对农村妇女社会保障力度,农村妇女社会保障绩效评估势在必行。社会保障绩效评估是科学治理的一项系统性工程,王增文(2019)指出绩效的形成是由国民对社会保障及配套服务的利益诉求、顶层设计、运行机制、治理结构及实施效果这一系列环节组成,这些环节均在形成、转化和塑造着社会保障制度的有效性。如表4-1所示,通过对这六个案例分析比较,农村妇女社会保障绩效评估受投入、产出、环境等多个变量影响。

表4-1　　　　　农村妇女社会保障绩效考核影响因素

地点	投入	产出	环境变量
贵州省荔波县	开展妇女社会保障宣传工作;开通妇女维权咨询服务热线;加大资金支持力度,进行就业培训;提供免费体检	使农村妇女在社会就业、医疗保障、维权纠纷方面得到有效保障;处理投诉答复率高,就业培训覆盖3000多人次,为6000多名农村妇女提供免费体检	地理环境多山水,较为闭塞;旅游开发地区,以旅游业为支柱易产生环境、资源破坏;有少数民族居住;人口老龄化较严重

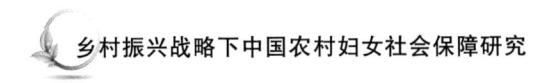

续表

地点	投入	产出	环境变量
临夏州	做好"两癌"检查项目宣传工作,对技术人员进行培训;加宽项目的覆盖人群和年龄层次;加大农村妇女体检的资金投入力度	推动农村妇女"两癌"工作排查,降低农村妇女患病率,使医疗保障的农村妇女覆盖人群逐年增多,防癌知识普及率达80%以上	地理位置较为偏僻,环境艰苦,医疗物资输送存在困难以及体检技术不够先进;农村居民生活水平不高,少数民族地区多;有悠久历史文化
宁夏	政府在政策制定、具体实施、宣传教育、个案维权方面对农村妇女以土地维权为中心展开更为细致全面的保障	农村妇女的土地权益得到保障,使农村妇女有自力更生、自给自足的资本,进一步维护了农村妇女在权益纠纷中的合法地位	土地多,人口较少;经济发展水平以及人均GDP不高;少数民族地区多,易产生文化冲突
西充县华光	政府对农村留守妇女开展创业扶持、低保救助、日常生活、健康关爱的援助活动;强化动态管理机制;加强领导监督考核机制	农村贫困妇女减少,日常生活问题得到有效解决,扶助农村妇女进行创业,脱贫致富;解决农村妇女"看病难、看病贵"问题;使留守妇女建档率达到100%;从社会就业援助、经济援助、医疗保障、社会福利各方面使农村妇女权利得到了有效维护	农村留守妇女多;农村人均消费水平低;地区发展较为落后,灾害频发,制度发展不够健全
柞水县	政府加大对妇幼医疗卫生保健的资金投资力度;进行孕产知识的有效宣传;研发避孕节育新技术;开展孕产期农村妇女营养知识的普及工作	对农村妇女的生育做出高效率的保障;降低农村妇女死亡率,到2020年控制在20/10万以下;农村妇女健康管理达到90%以上;降低妇女流产率;孕产妇女患病率下降30%基数点	该县农村妇女教育文化水平不高,存在多生甚至偷生现象;地区经济发展水平不高,受封建传统影响仍然存在重男轻女现象,农村妇女社会地位不高
桃源县	对农村外出务工妇女进行系统技术培训;在精神层面加强男女平等思想宣传;健全外出务工妇女权益保障的法制体系;全面推进务工妇女养老、医疗、生育、工伤保险,加大其投入	提高了外出务工妇女技术水平和工资待遇;激发了农村妇女创业自立意识;社会保险的健全保障了农村外出务工妇女社会权益,保全了其人身安全	该地区农村妇女在外务工时间长,政府难以进行资料的收集以及彻底性、全面性变革;在教育和年龄层方面多为文化水平不高的中年妇女,思想观念难以改变

在投入因素方面，农村妇女最低生活保障支出和农村妇幼保健所投入对农村妇女社会保障绩效评估影响较大，所占比重最大；农村妇女基本养老保险基金支出、农村妇女生育保险基金支出和农村妇女失业保险基金支出对农村妇女社会保障的绩效评估存在影响，但所占比重相对较小，属于中等影响效果；农村成人文化技术学校的投入力度和农村劳动者公共就业服务人数覆盖度对农村妇女社会保障的绩效评估的影响微乎其微，所占比重很小。

在产出因素方面，农村妇女最低生活保障人数和农村妇女特困人员人数对农村妇女社会保障绩效评估影响很大，其所占比重最大，可见政府在扶贫的成果方面与绩效评估高低相关度很高；农村妇女基本养老保险参保人数和失业保险参保人数以及受教育人口数量对农村妇女社会保障绩效评估影响较大，提高农村妇女社会保险的完善度和覆盖度对绩效的评估极其重要，增加对农村妇女的教育也是一个必不可少的环节；农村妇女成人文化技术教育结业人数、就业困难人员实现就业的人数对农村妇女社会保障的绩效评估存在影响，但影响相对较小。

在环境变量因素方面，农村居民人均消费支出对农村妇女社会保障绩效评估的影响相对较大，农村妇女支出增加代表着其生活水平和质量提高，因此政府对此增加投入，有利于提高农村妇女社会保障绩效；地区经济发展水平对农村妇女社会保障的绩效评估存在影响，且影响呈负值，地区发展水平越高，投入也越多，过多的投入易导致铺张浪费，不利于农村妇女社会保障的运行绩效；农村居民生活水平对农村妇女社会保障绩效评估呈负影响，农村妇女可支配收入的增多代表着社会保险投入的冗余，可能对绩效评估产生不利影响；城镇化水平对农村妇女社会保障绩效评估处于中等影响效果，发展程度较高地区，对农村妇女社会保险的投入也会愈加精准，城镇化水平的提高是评估社会保险有效投入分配以及使用的有利因素。

本书从这三个影响因素进行剖析，其中投入因素对政府妇女社会保障绩效评价影响较大，林毓铭（2007）指出社会保障覆盖面最宽，涉及人群最庞大，政府主导性的社会保障决定了政府在促进社会稳定和弥补市场缺陷方面负有直接责任。由于各种环境因素的间接性干扰，需要政府这个强有力的手撑住社会这块大石，不断深入基层，完善创新农村妇女社会保障工作，它的绩效测评效果和政府的能力、关注度以及投入的力度息息相关。其次产出因素对农村妇女社会保障绩效评估影响最大，王增文（2019）认为"产出"仅仅是各治理主体对社会保障资源提供的一种直接性的"输出结果"。然而，这种结果是否合理、有效才是健康社会保障绩效生成路径的关键。张平（2009）指出社会保障支出的有效性问题，是指社会保障支出是否切实实现了其维护社会公平正义和保障国民共享发展成果的功能，涉及社会公众对政府工作的评判和满意程度。同时卢梭认为，政府和社会组织的活动全部应为公共的福利和幸福，政府行动对象是农村妇女，而评测绩效关键在于农村妇女对于社会保障的满意度，还有其带来的社会公平及效益。最后是环境变量对农村妇女社会保障绩效影响相对较小，余红伟（2015）指出环境变量是对各地区社会保障支出效率产生影响但不在样本控制范围内的因素，与一个地区经济发展水平、社会结构、地理环境存在关系。陈天祥等（2007）发现影响政府绩效评估指标体系设计的因素是多维复杂的，大致可分为内部因素和环境因素两类，而外部因素包括地方经济社会发展水平、政治体制、公民参与、文化传统和不同利益主体之间的博弈与整合等。这些因素既能单独发挥作用，又会交叉影响和制约政府绩效评估指标体系的设计。由于我国地域广阔、自然资源禀赋，农村妇女社会保障绩效评估涉及因素较多，这些环境变量虽不是主要因素，但总是在潜移默化中影响着绩效评估，因此试图建立一个符合各地情况的标准统一的绩效标准势在必行。各政府在对农村妇女从社会就业援助、医疗保险、贫困救济、社会福利、社会工伤和妇女生育保障以及对组织领导的监督各措施中都存在共性和特性，各地都应根据当地农村环境情况因地制宜地制定农村妇女社会保障绩效指标体系，具体如何操作还需对此进行更深一步探究。

第三节 基于 DEA 的中国农村妇女社会保障绩效评估实证研究

一 三阶段 DEA 模型构建

数据包络分析法，简称为 DEA（Date Envelopment Analysis）分析法。DEA 模型作为评价一组具有多投入、多产出的决策单元相对效率的评价工具，最早由 Charnes 等于 1978 年提出，并将第一个 DEA 模型命名为 C2R 模型。DEA 分析法为一种非参数分析法，不需要设定效率方程，与定性分析和其他定量分析方法相比，可以有效避免主观因素和外部客观环境等因素的影响。由于传统的 DEA 模型（BCC）和 DEA 两阶段模型在实际运用中存在不足，Fried 等（2002）在两阶段 DEA 模型的基础上，进行了改造，提出了三阶段 DEA 模型，将非参数的 DEA 模型和参数的 SFA（随机前沿分析）模型结合使用。相较 DEA - Tobit 两阶段模型而言，DEA 三阶段模型加入了似 SFA 模型，该模型认为影响决策单位投入（或产出）松弛变量的因素有外部环境、随机误差和管理无效率三部分。传统的 DEA 两阶段模型算出的效率值中包含有环境因素和随机误差，从而影响其准确性。而 DEA 三阶段模型，通过第二阶段 SFA 回归分析，剔除了外部环境和随机误差的影响，使效率值只受管理无效率因素的影响。再使用调整后的投入产出指标进行 DEA 分析，使其分析结果更具有真实性、客观性和可靠性。三阶段 DEA 模型的具体步骤如下：

（一）第一阶段 DEA 模型

第一阶段运用 DEA 传统模型（BCC 模型）计算投入（或产出）的松弛变量。DEA 传统模型存在两种导向：一为投入导向，二为产出导向。本书旨在研究农村妇女社会保障绩效，对于农村妇女社会保障，与产出变量相比，控制投入变量的能力更强，故本书采用投入导向的规模报酬可变的 BCC 模型。通过 BCC 模型的计算，得出初始效率值，这一效率值为综合技术效率值（TE），该效率值可以继续分解为纯技术效率（PTE）和规模效率（SE）。其中，$TE = PTE \times SE$。

（二）第二阶段构建似 SFA 模型

通过第一阶段的传统 DEA 模型的计算，得出了投入变量的松弛值，该松弛值受外部环境、随机误差和管理无效率因素的共同影响，所以将在第二阶段，借助似 SFA 模型对第一阶段得出的初始效率进行回归分析，将影响因素分解，从中剔除环境因素和随机误差的影响。构建的 SFA 回归方程如下：

$$S_{mi} = f^m(Z_i; \beta_m) + v_{mi} + \mu_{mi} \qquad (4-1)$$

式（4-1）中，S_{mi} 表示第 i 个决策单元第 m 项投入的松弛变量，其中 $m = 1, 2, 3, \cdots, m$；$i = 1, 2, 3, \cdots, i$。Z_i 为环境变量，β_m 为环境变量系数，$v_{mi} + \mu_{mi}$ 表示混合误差项，其中，v_{mi} 表示随机误差，且服从正态分布，即 $v_{mi} \sim N(0, \sigma_v^2)$，表示随机干扰因素对投入松弛变量的影响，$\mu_{mi}$ 表示管理无效率，表示管理因素对投入松弛变量的影响，$\mu_{mi} \geq 0$ 表示管理非效率，本书假设其服从在零点截断的正态分布，即 $\mu_{mi} \sim N^+(\mu_m, \sigma_{\mu m}^2)$。

采用 SFA 回归的目的在于剔除不同的外部环境和随机误差的干扰，仅考虑管理无效率项，所以需要对投入松弛量进行调整，分解混合误差项 $v_{mi} + \mu_{mi}$。对于混合误差项的分解，以得到每个决策单位的随机误差值 v_{mi}，参考借鉴 Jondrow 等（1982）的方法，得到如下估计公式：

$$E(v_{mi} | v_{mi} + \mu_{mi}) = S_{mi} - f_m(Z_i, \beta_m) - E(\mu_{mi} | v_{mi} + \mu_{mi}) \qquad (4-2)$$

本书借鉴 Jondrow、陈巍巍（2014）、罗登跃（2012）等学者的研究，得出管理无效率项的估计公式如下：

$$E(\mu_{mi} | v_{mi} + \mu_{mi}) = \frac{\sigma \lambda}{1 + \lambda^2} \left[\frac{\varphi\left(\frac{\varepsilon_i \lambda}{\sigma}\right)}{\phi\left(\frac{\varepsilon_i \lambda}{\sigma}\right)} + \frac{\varepsilon_i \lambda}{\sigma} \right] \qquad (4-3)$$

式（4-3）中，$\lambda = \frac{\sigma_\mu}{\sigma_v}$，$\varepsilon_i = v_{mi} + \mu_{mi}$，$\sigma^2 = \sigma_v^2 + \sigma_\mu^2$，其中 φ 表示标准正态分布的概率密度，Φ 表示分布函数。

剔除干扰项后，调整后的公式如下：

$$X_{mi}^{\alpha} = X_{mi} + \{\max(Z_i; \hat{\beta}_m) - f(Z_i; \hat{\beta}_m)\} + [\max(v_{mi}) - v_{mi}]$$
$$i = 1, 2, 3, \cdots; \ m = 1, 2, 3, \cdots \quad (4-4)$$

其中，X_{mi}^{α} 是调整后的投入；X_{mi} 是调整前的投入；$\max[f(z_i;\hat{\beta}_m)] - f(Z_i;\hat{\beta}_m)$ 是对外部环境因素做出的调整，使各决策单位所处的外部环境相同；$\max(v_{mi}) - v_{mi}$ 是将所有决策单位置于相同运算水平之下，即随机误差项相同。

（三）第三阶段调整后的 DEA 模型

在第三阶段再次使用传统 DEA 模型（BCC 模型），将调整后的投入数据 X_{mi}^{α} 通过 DEAP 2.1 进行计算，得到调整后的效率值。调整后的效率值为剔除了环境因素和随机误差项影响的真实效率值，相比起第一阶段得到的效率值而言真实性和可靠度较高。

二　投入产出指标选取及数据来源

（一）投入产出指标选择

根据我国农村妇女社会保障数据的可得性，参考相关文献，本书选取了 7 个投入指标、8 个产出指标，涉及社会救助、社会保险、基础设施几个方面，具体指标选取如表 4-2 所示。

表 4-2　农村妇女社会保障绩效评价投入、产出指标选取

	具体指标项目	单位
投入指标	X_1：农村妇女最低生活保障支出	亿元
	X_2：农村妇幼保健所	个
	X_3：农村妇女生育保险基金支出	亿元
	X_4：农村妇女基本养老保险基金支出	亿元
	X_5：农村妇女失业保险基金支出	亿元
	X_6：农村成人文化技术学校	所
	X_7：农村劳动者公共就业服务人数	万人
产出指标	Y_1：农村妇女最低生活保障人数	万人
	Y_2：农村妇女特困人员人数	万人
	Y_3：农村妇女生育保险参保人数	万人
	Y_4：农村妇女基本养老保险参保人数	万人

续表

	具体指标项目	单位
产出指标	Y_5：农村妇女受教育人口数	万人
	Y_6：农村妇女失业保险参保人数	万人
	Y_7：农村妇女成人文化技术教育结业人数	万人
	Y_8：农村妇女就业困难人员实现就业人数	万人

（二）环境变量指标选取

环境变量是指决策单元自身无法控制，但对决策单元效率产生影响的变量。目前，对于环境变量的选择没有确定的标准，环境变量的选取过多或过少都会对第二阶段分析结果造成影响。本书结合实际情况，参考有关文献，对环境变量的选取主要从经济和社会方面入手，包括农村居民人均消费支出、地区经济发展水平、农村居民生活水平、城镇化水平，具体指标选取以及计算如表4－3所示。

表4－3　　　　　　环境变量指标选取及具体计算

环境变量指标	具体计算
农村居民人均消费支出	农村居民人均消费支出
地区经济发展水平	地区人均 GDP
农村居民生活水平	农村人均可支配收入
城镇化水平	城镇人口/地区总人口

1. 农村居民人均消费支出

农村居民人均消费支出是指农村居民为了满足其日常生活需求的所有支出，包括实物性支出和购买服务的消费支出，覆盖衣、食、住、行等全方面支出。农村居民人均消费支出是衡量农村居民生活水平的重要指标，若人均消费支出高，则说明农村居民生活水平与生活质量较高；反之说明生活水平和质量较低。农村居民人均消费支出也是拉动农村经济发展的重要因素，与农村妇女的生活境况密切相关，且短期内难以改变，因此选取该指标作为农村妇女社会保障制度绩评价的环境变量。

2. 地区经济发展水平

地区经济发展水平是衡量一个地区的经济情况、人民生活水平的重要指标。地区经济发展水平的高低也将影响地区的财政支出情况，影响社会保障基金的支出与收入。任何地区社会保障制度的实施都离不开地区财政的补贴，因此地区经济发展水平对社会保障绩效评价具有重要影响。地区经济发展水平越高，社会保障水平也将越高。因此，本书选取 2018 年我国 31 个省份人均 GDP 来衡量地区经济发展水平。

3. 农村居民生活水平

农村居民生活水平能够反映出农村妇女社会保障制度的实施与需求，其中，居民生活水平越高，对社会保障的需求就越为强烈，若居民生活水平较低，其社会保障需求较低，运行效率不高，不利于社会保障制度实施的绩效评价。对于衡量农村居民生活水平的指标，本书选取 2018 年我国 31 个省份农村人均可支配收入。本书认为农村居民生活水平对社会保障绩效评价具有重要影响且短时期内难以改变，故将其视为环境变量指标之一。

4. 城镇化水平

城镇化水平是衡量一个地区经济发展水平的又一重要指标，城镇化不仅能推动经济发展、缩小城乡差距、促进社会公平，而且还能提高人民福利，提升政府治理能力。城镇化水平的提高，人民的经济实力随之增强，人民生活水平也将得到提高，对社会保障的需求相应提高。另外，城镇化水平的提高，有利于改变农村妇女的观念，有利于农村妇女积极参保，积极响应国家社会保障制度。因此，城镇化水平对农村妇女社会保障绩效评价具有重要影响，且短期内难以改变，因此选取为环境变量。

（三）数据来源

基于数据的可获得性，本书数据来源于《中国统计年鉴（2019）》《中国卫生与健康年鉴（2019）》《中国妇女儿童情况年鉴（2019）》《中国社会统计年鉴（2019）》《中国人口与就业统计年鉴

(2019)》以及各省份卫生健康统计年鉴等资料。选取了我国31个省份2018年统计数据作为本书的投入产出指标原始数据。

（四）指标数据处理

本书采用因子分析法对选取的指标数据进行处理。因子分析法是指基于主成分分析法，从多个研究指标中提取共同因子的统计技术。其目的是从指标内部关系出发，利用降维的思想，对原始数据的多个指标进行公因子提取，找到最具代表性的几个因子，从而减少指标数量，消除指标间相关关系对研究的影响。

本书选取投入产出指标共15个，其中7个投入指标，8个产出指标。本书将31个省份作为决策单元，即DUM。当指标数量过多（如超过决策单元数量的1/3），应分别对投入、产出指标做相关性分析，去除显著相关指标。本书对投入产出指标采取因子分析法进行降维，以满足DEA模型对于指标数量的要求。

1. 对原始投入指标的因子分析

（1）相关性检验。本书选取投入指标7个：X_1：农村妇女最低生活保障支出、X_2：农村妇幼保健所、X_3：农村妇女生育保险基金支出、X_4：农村妇女基本养老保险基金支出、X_5：农村妇女失业保险基金支出、X_6：农村成人文化技术学校、X_7：农村劳动者公共就业服务人数。运用软件IBM SPSS Statistics 25对原始投入数据进行因子分析。

如表4-4所示，利用KMO和巴特利特球形检验，得到KMO值为0.698，大于0.5；巴特利特球形检验Sig值为0.000，远小于显著性水平，说明原始投入指标之间具有相关性，可对其进行因子分析。

表4-4　　　　　　KMO和巴特利特球形检验

KMO取样适切性量数		0.698
巴特利特球形检验	近似卡方	84.002
	自由度	21
	显著性	0.000

（2）因子的提取及命名。通过SPSS对原始投入指标的因子分析

运行，根据特征根大于1的提取方法，从原始的7个投入指标中提取出两个主因子 F_1、F_2。

如表4-5所示，前两个所提取的因子特征根大于1，且两个因子的方差累计贡献率为67%，提取为主因子 F_1、F_2。根据 F_1、F_2 两个主成分的成分因子，将其进行旋转，得到旋转后的成分矩阵。

表4-5　　　　　　　　　总方差解释

成分	初始特征值			提取载荷平方和			旋转载荷平方和		
	总计	方差百分比	累计百分比	总计	方差百分比	累计百分比	总计	方差百分比	累计百分比
1	2.977	42.533	42.533	2.977	42.533	42.533	2.384	34.053	34.053
2	1.710	24.433	66.966	1.710	24.433	66.966	2.304	32.914	66.966
3	0.847	12.094	79.060						
4	0.671	9.590	88.650						
5	0.376	5.372	94.022						
6	0.269	3.849	97.871						
7	0.149	2.129	100.000						

注：提取方法为主成分分析法。

根据表4-6，主成分 F_1、F_2 可以分别代表7个原始投入指标，根据成分矩阵数值，其中 F_1 代表原始投入指标 X_2：农村妇幼保健所（个）、X_1：农村妇女最低生活保障支出（亿元）、X_6：农村成人文化技术学校（所）；F_2 代表 X_3：农村妇女生育保险基金支出（亿元）、X_5：农村妇女失业保险基金支出、X_4：农村妇女基本养老保险基金支出、X_7：农村劳动者公共就业服务人数。根据 F_1 所代表的原始投入指标 X_2、X_1、X_6 的共性，本书将 F_1 命名为社会救助及基础设施投入因子；根据 F_2 所代表的原始投入指标 X_3、X_5、X_4、X_7 的共性，将 F_2 命名为社会保险投入因子。

表4-6　　　　　　　　　旋转后的成分矩阵ᵃ

	成分 F_1	成分 F_2
投入：X_2 农村妇幼保健所（个）	0.885	-0.150
投入：X_1 农村妇女最低生活保障支出（亿元）	0.863	0.023
投入：X_6 农村成人文化技术学校（所）	0.592	0.260
投入：X_3 农村妇女生育保险基金支出（亿元）	-0.083	0.901
投入：X_5 农村妇女失业保险基金支出（亿元）	0.327	0.795
投入：X_4 农村妇女基本养老保险基金支出（亿元）	0.625	0.681
投入：X_7 农村劳动者公共就业服务人数（万人）	-0.035	0.553

注：提取方法为主成分分析法；旋转方法：最大方差法；a. 旋转在3次迭代后已收敛。

如表4-7所示，根据主成分 F_1、F_2 的成分得分系数矩阵，可以分别计算出两者的得分值，以替代7个原始投入指标数据进行DEA运算，计算公式如表4-7所示：

表4-7　　　　　　　　　成分得分系数矩阵

	成分 F_1	成分 F_2
投入：X_1 农村妇女最低生活保障支出（亿元）	0.388	-0.096
投入：X_2 农村妇幼保健所（个）	0.419	-0.180
投入：X_3 农村妇女生育保险基金支出（亿元）	-0.149	0.432
投入：X_4 农村妇女基本养老保险基金支出（亿元）	0.198	0.241
投入：X_5 农村妇女失业保险基金支出（亿元）	0.049	0.332
投入：X_6 农村成人文化技术学校（所）	0.236	0.048
投入：X_7 农村劳动者公共就业服务人数（万人）	-0.084	0.263

注：提取方法为主成分分析法。旋转方法：凯撒正态化最大方差法。组件得分。

$$F_1 = (0.388 \times X_1 + 0.419 \times X_2 - 0.149 \times X_3 + 0.198 \times X_4 + 0.049 \times X_5 + 0.236 \times X_6 - 0.084 \times X_7)\sqrt{2.977}$$

$$F_2 = (-0.096 \times X_1 - 0.180 \times X_2 + 0.432 \times X_3 + 0.241 \times X_4 + 0.332 \times X_5 + 0.048 \times X_6 + 0.263 \times X_7)\sqrt{1.710}$$

(注：2.977、1.710 分别为 F_1、F_2 的特征根值。)

通过上述计算公式，可以得到因子分析后的投入指标数据，用于后续 DEA 模型的运算。

2. 原始产出指标的因子分析

（1）相关性检验。本书选取产出指标 8 个：Y_1：农村妇女最低生活保障人数、Y_2：农村妇女特困人员人数、Y_3：农村妇女生育保险参保人数、Y_4：农村妇女基本养老保险参保人数、Y_5：农村妇女受教育人口数、Y_6：农村妇女失业保险参保人数、Y_7：农村妇女成人文化技术教育结业人数、Y_8：农村妇女就业困难人员实现就业人数。首先运用 SPSS 软件对原始产出指标进行相关性检验，具体步骤同上，KMO 和巴特利特检验结果如表 4-8 所示。

表 4-8　　　　　　　　KMO 和巴特利特球形检验

KMO 取样适切性量数		0.669
巴特利特球形检验	近似卡方	186.280
	自由度	28
	显著性	0.000

由表 4-8 可知，原始产出指标 KMO 检验结果约为 0.669，大于 0.5，且巴特利特球形检验 Sig 值为 0.000，小于显著性水平，说明原始产出指标之间具有相关性，可进行因子分析。

（2）因子的提取。同上文方法，运用 SPSS 软件，对原始产出指标做因子分析，提取特征根大于 1 的因子，具体如表 4-9 所示。

表 4-9　　　　　　　　总方差解释

成分	初始特征值			提取载荷平方和			旋转载荷平方和		
	总计	方差百分比	累计百分比	总计	方差百分比	累计百分比	总计	方差百分比	累计百分比
1	4.247	53.085	53.085	4.247	53.085	53.085	3.275	40.935	40.935

续表

成分	初始特征值			提取载荷平方和			旋转载荷平方和		
	总计	方差百分比	累计百分比	总计	方差百分比	累计百分比	总计	方差百分比	累计百分比
2	1.422	17.769	70.854	1.422	17.769	70.854	2.394	29.919	70.854
3	0.978	12.223	83.077						
4	0.620	7.755	90.832						
5	0.296	3.706	94.538						
6	0.224	2.806	97.344						
7	0.194	2.422	99.766						
8	0.019	0.234	100.000						

注：提取方法为主成分分析法。

由表4-9可知，对于8个原始投入指标进行因子分析后，可以提取到2个公因子，且两个公因子累计方差贡献率为71%，记公因子为 H_1、H_2。后续具体步骤同上文，具体运算结果如表4-10和表4-11所示。

表4-10　　　　　　　　旋转后的成分矩阵[a]

	成分 H_1	成分 H_2
产出：Y_2 农村妇女特困人员人数（万人）	0.912	0.105
产出：Y_4 农村妇女基本养老保险参保人数（万人）	0.828	0.407
产出：Y_5 农村妇女受教育人口数（万人）	0.805	0.532
产出：Y_3 农村妇女生育保险参保人数（万人）	0.617	-0.206
产出：Y_1 农村妇女最低生活保障人数（万人）	0.615	0.246
产出：Y_7 农村妇女成人文化技术教育结业人数（万人）	-0.131	0.853
产出：Y_6 农村妇女失业保险参保人数（万人）	0.270	0.787
产出：Y_8 农村妇女就业困难人员实现就业人数（万人）	0.512	0.696

注：提取方法为主成分分析法。旋转方法：凯撒正态化最大方差法。a. 旋转在3次迭代后已收敛。

表4-11　　　　　　　　　成分得分系数矩阵

	成分 H_1	成分 H_2
产出：Y_1 农村妇女最低生活保障人数（万人）	0.189	-0.003
产出：Y_2 农村妇女特困人员人数（万人）	0.338	-0.146
产出：Y_3 农村妇女生育保险参保人数（万人）	0.290	-0.249
产出：Y_4 农村妇女基本养老保险参保人数（万人）	0.238	0.037
产出：Y_5 农村妇女受教育人口数（万人）	0.201	0.110
产出：Y_6 农村妇女失业保险参保人数（万人）	-0.068	0.367
产出：Y_7 农村妇女成人文化技术教育结业人数（万人）	-0.241	0.492
产出：Y_8 农村妇女就业困难人员实现就业人数（万人）	0.048	0.264

注：提取方法为主成分分析法。旋转方法：凯撒正态化最大方差法。组件得分。

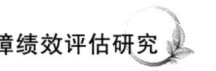

根据主成分 H_1、H_2 的成分得分系数矩阵，可以分别算出两者的得分值，以替代8个原始产出指标进行后续的 DEA 运算，计算公式如下：

$$H_1 = (0.189 \times Y_1 + 0.338 \times Y_2 + 0.290 \times Y_3 + 0.238 \times Y_4 + 0.201 \times Y_5 - 0.068 \times Y_6 - 0.241 \times Y_7 + 0.048 \times Y_8)\sqrt{4.247}$$

$$H_2 = (-0.003 \times Y_1 - 0.146 \times Y_2 - 0.249 \times Y_3 + 0.037 \times Y_4 + 0.110 \times Y_5 + 0.367 \times Y_6 + 0.492 \times Y_7 + 0.264 \times Y_8)\sqrt{1.422}$$

（注：4.247、1.422分别为 H_1、H_2 的特征根值。）

通过上述公式的运算，可以得到因子分析后的产出数据，代替原始产出指标数据进行后续的 DEA 运算。

三　实证研究及分析

（一）第一阶段初始效率结果分析

通过上文的因子分析，将分别提取的投入产出公因子作为本阶段 DEA 运算的数据。由于因子分析后的数据中存在负值，首先采用极值法对因子分析后的得分数据进行标准化处理。运用软件 DEAP2.1，将公因子 F_1：社会救助及基础设施投入因子，F_2：社会保险投入因子作为原始数据，通过投入导向的 BCC 模型运算，得到2018年我国31个省份农村妇女社会保障运行绩效以及东中西部、全国效率均值，具体

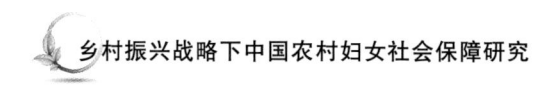

运行结果如表4-12所示。

表4-12　　　　　　　　　第一阶段分析结果

地区		crste（TE）	vrste（PTE）	scale（SE）	规模报酬
东部地区	北京	0.897	1.000	0.898	irs
	天津	0.746	0.863	0.864	irs
	河北	0.738	0.796	0.927	drs
	辽宁	0.955	0.956	0.999	drs
	上海	0.734	0.901	0.814	irs
	江苏	0.795	1.000	0.795	drs
	浙江	1.000	1.000	1.000	—
	福建	0.696	0.699	0.995	drs
	山东	0.658	0.734	0.895	drs
	海南	1.000	1.000	1.000	—
	广东	1.000	1.000	1.000	—
	均值	0.838	0.904	0.926	—
西部地区	内蒙古	0.875	0.995	0.879	irs
	广西	0.724	0.727	0.995	irs
	重庆	0.935	0.935	1.000	—
	四川	0.595	0.729	0.816	drs
	贵州	0.681	0.699	0.975	irs
	云南	1.000	1.000	1.000	—
	西藏	0.666	0.839	0.794	irs
	陕西	0.664	0.728	0.912	irs
	甘肃	1.000	1.000	1.000	—
	青海	0.661	1.000	0.661	irs
	宁夏	0.817	0.915	0.892	irs
	新疆	0.851	0.980	0.868	irs
	均值	0.789	0.879	0.899	—
中部地区	山西	0.698	0.797	0.876	irs
	黑龙江	1.000	1.000	1.000	—
	吉林	1.000	1.000	1.000	—

续表

地区		crste（TE）	vrste（PTE）	scale（SE）	规模报酬
中部地区	安徽	0.756	0.781	0.965	drs
	江西	1.000	1.000	1.000	—
	河南	0.794	1.000	0.794	drs
	湖北	0.866	0.953	0.907	drs
	湖南	1.000	1.000	1.000	—
	均值	0.889	0.941	0.943	—
全国均值		0.832	0.904	0.920	—

注：crste 为综合技术效率，vrste 为纯技术效率，scale 为规模效率。

由表 4 – 12 可得，在不考虑外部环境因素和随机误差的影响下，我国 2018 年农村妇女社会保障制度运行的综合技术效率为 0.832，纯技术效率为 0.904，规模效率为 0.920。总体而言，2018 年我国农村妇女社会保障制度运行效率较高，但仍有待提高。在 31 个省区市中，浙江、广东、海南、云南、甘肃、吉林、黑龙江、江西、湖南 9 个省份在本年度的样本中处于效率前沿面。在该部分，本书将 31 个省区市分为东中西部三区域，并分别计算效率均值。

1. 综合技术效率方面

从三大区域的综合技术效率均值来看，中部地区 > 东部地区 > 西部地区，其中中部地区效率值相对较高，且高于全国均值，东西部地区效率值相对中部地区与全国均值较低。综合技术效率是反映决策单元在最优规模时投入效率的生产效率，是对决策单元的资源配置以及利用效率的评价。若综合技术效率为 1，表示技术有效。就全国范围而言，福建、山东、四川、贵州、西藏、陕西、青海、山西 8 个省区综合技术效率低于 0.7，其中四川省综合技术效率值最低，为 0.595，8 个省区市中，有 5 个省区位于西部地区。

2. 纯技术效率方面

对于纯技术效率，东、中、西部三大区域均值分别为 0.904、0.941、0.879，其中，西部地区纯技术效率值最低，低于全国平均水平，且有较大进步空间。纯技术效率是评价决策单元的制度和管理水平的指标，若技术效率值为1，则说明该决策单元技术水平高。东部和中部纯技术效率均值高于或等于全国均值，说明东中部决策单元技术水平较好。

3. 规模效率方面

对于规模效率而言，规模效率受决策单元规模的影响，本书中，东中部地区规模效率高，且都高于全国均值，西部地区低于全国平均水平。说明西部地区省份距离最优规模仍有较大差距。

4. 规模报酬方面

对于规模报酬，河北、辽宁、江苏、福建、山东、四川、安徽、河南、湖北9省份规模报酬处于递减，即该9省份产量增加的比例小于生产要素增加的比例；北京、天津、上海、内蒙古、广西、贵州、西藏、陕西、青海、宁夏、新疆、山西12个省区市处于规模报酬递增状态，即该12个省区市产量增加的比例大于生产要素增加的比例；其余10个省份处于规模报酬不变状态，表示该10个省份投入要素和产出要素都按相同比例变化。

（二）第二阶段SFA结果分析

由于不同地区受到不同的外部环境因素和随机干扰项的影响，不同地区的农村妇女社会保障绩效评价也会存在较大的差别。通过第一阶段传统DEA模型（BCC）的计算，得到了初始的效率值，但是第一阶段的效率值中仍然受到外部环境因素和随机干扰因素的影响，得到的效率值真实度和可靠性不高。因此需要第二阶段运用似SFA模型的计算，以分离出管理无效率项，对投入指标数据进行调整，将各决策单位置于相同的外部环境下。

在第二阶段，将第一阶段BCC模型所得到的投入变量的松弛值与标准化后的环境变量数据整合进行运算。运用Frontier 4.1软件，将环境变量：农村居民人均消费支出、地区经济发展水平、农村居民生活水平、城镇化水平作为自变量，将投入变量的松弛值：社会救助及基础设施投入因子松弛、社会保险投入因子松弛作为因变量。通过Frontier 4.1的计算，得到第二阶段的随机前沿回归结果如表4-13所示。

表 4-13 第二阶段 SFA 回归结果

指标	社会救助及基础设施投入因子松弛	社会保险投入因子松弛
常数项	-0.85452862E-02 (-0.64434936E+00)	0.19205581E-01 * (0.19138061E+01)
农村居民人均消费支出	-0.54431405E-01 ** (-0.21378204E+01)	-0.42161270E-01 (-0.69976713E+00)
地区经济发展水平	0.31670725E-01 * (0.18924621E+01)	0.66837045E-01 ** (0.28541132E+01)
农村居民生活水平	-0.19689914E-01 * (-0.20696329E+01)	0.23098105E-01 (0.42862045E+00)
城镇化水平	0.44315345E-01 (0.10487040E+01)	-0.70405014E-01 * (-0.19909048E+01)
σ^2	0.25775547E-01 ** (0.25422817E+01)	0.22382732E-01 ** (0.24574739E+01)
γ	0.99999962E+00 *** (0.21992587E+07)	0.99944094E+00 *** (0.16831109E+04)
LR test of the one-sided error	0.38593284E+02 ***	0.31698806E+02 ***

如表 4-13 所示，第二阶段随机前沿回归结果显示，方差值（γ）大于 0.9 且接近 1，说明投入松弛变量几乎受到管理无效率的影响，且 LR 检验在 1% 的水平下显著，说明本次实证分析中使用 SFA 模型分析是合适的。由于第二阶段的回归是以环境变量作为自变量，以投入松弛变量作为因变量，是环境变量对投入松弛变量的回归，所以对于第二阶段结果：若环境变量对松弛变量的回归系数为正，则表明增加环境变量有利于投入松弛变量的增加，即不利于各投入变量的有效性；若回归系数为负，则表明增加环境变量有利于投入松弛变量的减少，即有利于各项投入的实施。综观表格整体，各环境变量对松弛变量的回归系数有正有负，表明环境变量对我国农村妇女社会保障的实施情况的影响有好有坏，并不明晰。总体来看，在显著性方面，其中城镇化水平对社会救助及基础设施投入因子松弛量的影响和农村居民人均消费支出、农村居民生活水平对社会保险投入因子松弛量的影响

不显著，其余环境因素对投入松弛变量的影响都在10%及以上水平通过了t检验，说明环境变量总体上对农村妇女社会保障的实施和投入有影响。结合第二阶段分析结果，针对各环境变量影响的分析如下：

1. 农村居民人均消费支出

从运算结果和SFA结果分析规则可知，农村居民人均消费支出是社会救助及基础设施投入因子及社会保险投入因子的有利环境因素，即农村居民人均消费支出越多，两项投入浪费得越少，社会保障运行绩效越高。在两个投入因子中，农村居民人均消费支出对于社会救助及基础设施投入因子通过了0.05的显著性检验，对社会保险投入因子不显著。居民人均消费支出的增加，使农村妇女的生活水平和质量得到了提高，农村妇女更加有能力追求健康优质的生活，因此，农村妇幼保健所将接待更多的农村妇女，投入冗余降低；同样，农村妇女也将更加追求自身文化素养的提高，所以农村成人文化技术学校的投入浪费也将减少。另外，由于人均消费支出的提高，农村妇女自身的经济能力得到提升，对国家的最低生活保障依赖降低，从而减少了国家对农村妇女的最低生活保障支出的浪费，有利于农村妇女社会保障绩效的提高。

2. 地区经济发展水平

地区经济发展水平对于两个主投入因子松弛变量的回归系数均大于0，且都通过了0.1及以上水平的显著性检验，说明地区经济发展水平对于减少投入的浪费是不利的。地区经济发展水平越高，地区对于社会救助的支出会越大，对于农村基础设施建设的投入也会加大，对于农村妇女的社会保险的基金支出也会相应增加，过多的投入容易造成投入的浪费，从而造成投入松弛变量增大，不利于我国农村妇女社会保障的运行绩效。

3. 农村居民生活水平

农村居民生活水平对社会救助及基础设施投入因子松弛变量的回归系数为负，且通过了0.1的显著性检验。表明农村居民生活水平的提高，有利于减少社会救助和基础设施投入的浪费。农村妇女生活水平的提高，表明农村妇女社会保障制度的需求提高，对社会保障的需求就越强烈，因此对于农村妇幼保健所、农村妇女最低生活保障支出、农村成人文化技术学校的投入浪费将会减少。对社会保险投入松弛变量的回归系数为正，且不显著。说明农村居民生活水平的提高，农村妇女可支配收入的增多，可能造成社会保险投入的冗余，对农村妇女社会保障的绩效评价带来不利影响。

4. 城镇化水平

城镇化水平对于社会救助和基础设施投入松弛变量的回归系数大于0，且未通过显著性检验，说明城镇化水平有可能使该项投入松弛增加，使投入浪费增多。对于社会保险投入松弛变量的回归系数为负，且通过了0.1的显著性检验，说明城镇化水平的提高是社会保险投入的有利因素，有利于减少该项投入的冗余。城镇化水平反映出一个地区的发展程度。发展程度越高的地区，对于农村妇女的社会保险的投入越精准，但也由于发展程度高，对于农村妇女社会救助及基础设施投入的经济实力强，因而有可能盲目投入，造成浪费，这需要各个地区加以防范，减少投入冗余。

（三）第三阶段结果分析

通过第二阶段的 SFA 随机前沿分析，由各个环境因素对投入松弛变量进行回归，发现外部环境因素和随机误差项对于投入变量的松弛存在不同程度的影响，不利于得到真实可靠的社会保障效率值。因此，本书运用上文所介绍的公式方法，调整原始投入变量，剔除不同的外部环境和随机误差项的干扰，使各个决策单元处于完全相同的外部环境下，所得到的效率值将更加真实可靠。本书运用 Excel 对原始投入数据进行调整，具体调整过程不在此详细阐述。

第三阶段将继续使用传统 DEA 模型（BCC）进行运算，用调整后的投入变量代替第一阶段的原始投入数据，运用 DEAP 2.1 软件进行再次运算，得到调整后的农村妇女社会保障实施效率值，并与第一阶段初始效率值进行对比，计算其变动情况，具体数值结果如表 4 - 14 所示。

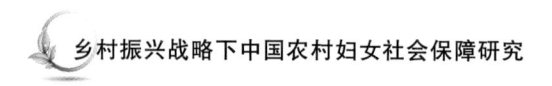

表4-14 第三阶段效率值及变动情况

地区		第一阶段效率值				第三阶段效率值				变动情况		
		crste	vrste	scale	规模报酬	crste	vrste	scale	规模报酬	crste	vrste	scale
东部地区	北京	0.898	1.000	0.898	irs	0.879	1.000	0.879	irs	-0.019	0.000	-0.019
	天津	0.746	0.863	0.864	irs	0.742	0.890	0.834	irs	-0.004	0.027	-0.030
	河北	0.738	0.796	0.927	drs	0.764	0.806	0.948	drs	0.026	0.010	0.021
	辽宁	0.955	0.956	0.999	irs	0.955	0.960	0.995	irs	0.000	0.004	-0.004
	上海	0.734	0.901	0.814	irs	0.702	0.880	0.798	irs	-0.032	-0.021	-0.016
	江苏	0.795	1.000	0.795	drs	0.823	1.000	0.823	drs	0.028	0.000	0.028
	浙江	1.000	1.000	1.000	—	1.000	1.000	1.000	—	0.000	0.000	0.000
	福建	0.697	0.6998	0.995	drs	0.700	0.702	0.997	drs	0.004	0.003	0.002
	山东	0.658	0.734	0.896	drs	0.707	0.756	0.935	drs	0.049	0.022	0.039
	广东	1.000	1.000	1.000	—	1.000	1.000	1.000	—	0.000	0.000	0.000
	海南	1.000	1.000	1.000	—	1.000	1.000	1.000	—	0.000	0.000	0.000
	均值	0.838	0.904	0.926	—	0.843	0.909	0.928	—	0.005	0.004	0.002
西部地区	内蒙古	0.875	0.995	0.879	irs	0.798	0.982	0.812	irs	-0.077	-0.013	-0.067
	广西	0.724	0.727	0.995	irs	0.761	0.765	0.994	irs	0.037	0.038	-0.001
	重庆	0.935	0.935	1.000	irs	0.947	0.950	0.996	irs	0.012	0.015	-0.004
	四川	0.595	0.729	0.816	drs	0.629	0.731	0.860	drs	0.034	0.002	0.044
	贵州	0.681	0.699	0.975	irs	0.715	0.740	0.967	irs	0.034	0.041	-0.008
	云南	1.000	1.000	1.000	—	1.000	1.000	1.000	—	0.000	0.000	0.000
	西藏	0.666	0.839	0.794	irs	0.687	0.961	0.715	irs	0.021	0.122	-0.079
	陕西	0.664	0.728	0.912	irs	0.689	0.767	0.898	irs	0.025	0.039	-0.014
	甘肃	1.000	1.000	1.000	irs	0.932	1.000	0.932	irs	-0.068	0.000	-0.068
	青海	0.661	1.000	0.661	irs	0.650	1.000	0.650	irs	-0.011	0.000	-0.011
	宁夏	0.817	0.915	0.892	irs	0.816	0.928	0.879	irs	-0.001	0.013	-0.013
	新疆	0.851	0.980	0.868	irs	0.851	1.000	0.851	irs	0.000	0.020	-0.017
	均值	0.789	0.879	0.899	—	0.790	0.902	0.880	—	0.000	0.023	-0.020
中部地区	山西	0.698	0.797	0.876	irs	0.712	0.820	0.868	irs	0.014	0.023	-0.008
	吉林	1.000	1.000	1.000	—	1.000	1.000	1.000	—	0.000	0.000	0.000
	黑龙江	1.000	1.000	1.000	—	1.000	1.000	1.000	—	0.000	0.000	0.000

续表

地区		第一阶段效率值				第三阶段效率值				变动情况		
		crste	vrste	scale	规模报酬	crste	vrste	scale	规模报酬	crste	vrste	scale
中部地区	安徽	0.755	0.781	0.966	drs	0.766	0.789	0.971	drs	0.011	0.008	0.005
	江西	1.000	1.000	1.000	—	1.000	1.000	1.000	—	0.000	0.000	0.000
	河南	0.793	1.000	0.793	drs	0.832	1.000	0.832	drs	0.039	0.000	0.039
	湖北	0.865	0.953	0.908	drs	0.883	0.954	0.926	drs	0.018	0.001	0.018
	湖南	1.000	1.000	1.000	—	1.000	1.000	1.000	—	0.000	0.000	0.000
	均值	0.889	0.941	0.943	—	0.899	0.945	0.950	—	0.010	0.004	0.007
全国均值		0.832	0.904	0.920	—	0.837	0.916	0.915	—	0.005	0.012	-0.005

由表4-14可以看出，通过第二阶段对环境因素和随机干扰项的剔除，得到的第三阶段的效率值较第一阶段有一定变化，说明第一阶段的效率值受外部因素的影响，无法真实反映出实际情况。整体观察以上对比表格，在剔除环境因素和随机干扰项的影响之后，全国平均综合技术效率、纯技术效率、规模效率分别为0.837、0.916、0.915，较第一阶段有所变化，其中综合技术效率和纯技术效率有所提升，规模效率有所降低。具体各省份效率值分析如下：

1. 综合技术效率方面

从第三阶段的变化数据来看，在综合技术效率方面，整体上有所提升。在第一阶段中，浙江、广东、海南、云南、甘肃、吉林、黑龙江、江西、湖南9个省份位于效率前沿面；而在剔除混合误差项后的第三阶段结果中，甘肃省不再位于效率前沿面，说明甘肃省在第一阶段时，处于有利的外部环境，使其效率值被高估。东、西、中部的综合技术效率均值较第一阶段均有所提升或保持不变，其变动量分别为0.005、0.000、0.010。在全国31个省份中，北京、天津、上海、内蒙古、甘肃、青海、宁夏7个省份的综合技术效率有所下降，说明该7个省份第一阶段时受到有利外部环境影响，其综合效率值被高估，实际水平达不到初始效率值。其中，甘肃省综合技术效率值下降幅度最大,说明甘肃省调整前受到有利环境的影响较大。其余 24 个省份的综合效率值均处于提升或不变状态,说明该 24 个省份调整前受到不利环境因素的影响,造成其综合效率值被低估,实际水平其实较高。从东、西、中部三大区域的综合技术效率来看,中部地区所有省份均处于不变或提升的状态,这说明中部地区整体受不利环境因素影响较大,真实管理水平要大于调整前的效率值。为了更为直观地感受各省份的综合技术效率变动情况,调整前后的效率折线如图 4-2 所示。

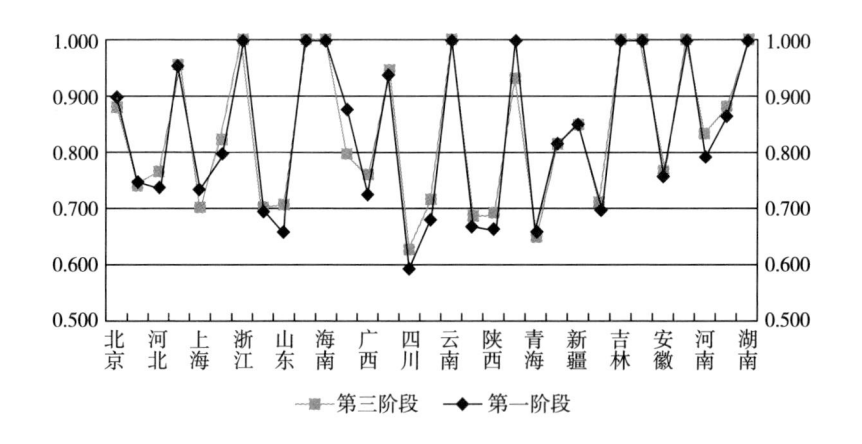

图 4-2 第一阶段、第三阶段综合技术效率折线

2. 纯技术效率方面

纯技术效率是评价我国 31 个省份农村妇女社会保障制度运行效率和管理水平的指标,若纯技术效率为 1,则说明该决策单元技术水平高,位于技术效率前沿面。纯技术水平越高,说明决策单元的投入有效性越高,即投入冗余量越少,相同的投入情况下可以获得更多的产出。从全国整体均值来看,全国纯技术效率值有所提高。从调整后的纯技术效率值来看,我国北京、江苏、浙江、广东、海南、云南、甘肃、青海、新疆、吉林、黑龙江、江西、河南、湖南 14 个省份纯技术效率值为 1,位于效率前沿面。其中新疆较调整前纯技术效率有所提高,达到了效率前沿,说明第一阶段调整前,新疆受到不利环境

影响，使其效率值低于实际水平。在全国范围内，上海、内蒙古两个市（区）的纯技术效率有所降低，说明调整前其纯技术效率被高估，因此这两个决策单元应致力于提升自身纯技术效率。从东、西、中部三大区域均值变动情况来看，三大区域的纯技术效率均有提升，分别为0.004、0.023、0.004。西部地区的提升幅度最大，说明西部地区处于最不利的环境中，这与经济较为落后，技术水平较低有关。

3. 规模效率方面

规模效率受各省份投入规模的影响，反映各决策单元的实际规模同最优规模的拟合程度，若规模效率值为1，则说明该省份位于规模效率前沿。我国东部、西部、中部第三阶段规模效率值分别为0.928、0.880、0.950，其中东部地区和中部地区调整后的规模效率值均有所增加，且大于全国水平，说明东中部地区调整前处于不利环境之中。西部地区的规模效率值有所降低且低于全国平均水平，一方面说明西部地区第一阶段处于有利环境之中，规模效率值被高估；另一方面也表明西部地区仍有较多的提升空间，需要不断提升规模效率。从各省份的变动情况来看，31个决策单元的农村妇女社会保障规模效率既有提升也有降低，说明全国环境较为复杂。其中西部地区中西藏、内蒙古、甘肃的规模效率值下降最多，降幅分别为9.95%、7.72%、6.8%，说明该3个决策单元调整前处于极有利环境，其中甘肃省调整前位于效率前沿面。四川、山东、河南三省的规模效率值提升最多，增幅分别为5.39%、4.35%、4.92%，说明该三省第一阶段处于不利环境之中。

4. 规模报酬方面

规模报酬根据结果测算不同，其包含三种情况：规模报酬不变、规模报酬递增、规模报酬递减。其中规模报酬不变表示投入要素和产出要素都按相同比例变化；规模报酬递增表示随着生产要素投入的增加，产量增加的比例要大于生产要素的投入；规模报酬递减表示随着生产要素投入的增加，产量增加的比例要小于生产要素的投入。

不论规模效率处于递增或递减的状态，都表明该省份还没有达到投入的最优规模。其中辽宁省规模报酬由递增转变为递减状态，重庆市和甘肃省规模报酬由不变转为递增状态；除去规模报酬不变的省份，河北、江苏、福建、山东、四川、安徽、河南、湖北8省规模报酬处于递减状态，其他省份规模报酬均处于递增状态，这说明这些省份自身的技术和管理水平、投入规模均没有达到最优规模，还有很大的提升空间。

为了能够更加有利于后期的结果和启示分析，本书将31个省份的农村妇女社会保障运行绩效情况做出了分类。以纯技术效率和规模效率作为分类依据，结合第三阶段调整后得到的结果，以0.850作为临界值，规定在对纯技术效率和规模效率进行评价时，高于0.850则称为高效率，低于0.850则称为低效率。根据调整后的结果，31个决策单元的纯技术效率与规模效率情况如图4-3所示。

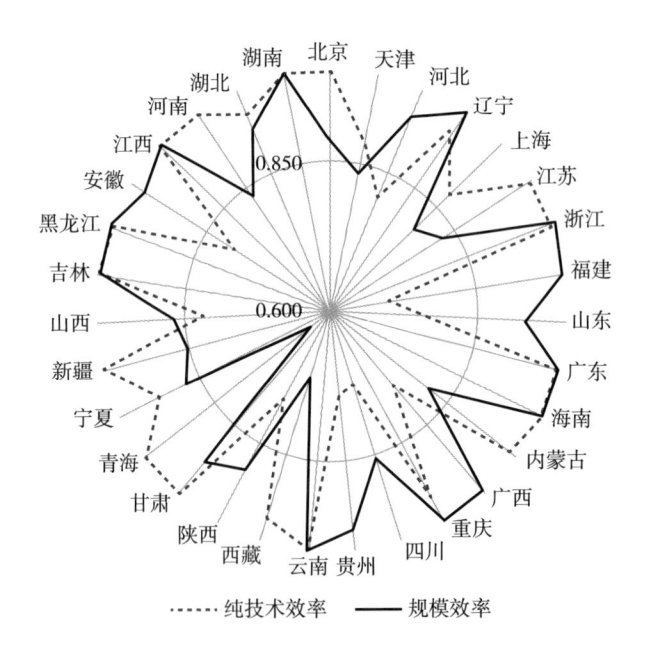

图4-3 各省份纯技术效率、规模效率情况

图4-3分别反映了31个省份的纯技术效率和规模效率值及其水平，即大于或小于上文规定临界值0.850。根据两个效率指标的大小，

第四章　中国农村妇女社会保障绩效评估研究

将31个决策单元分为四大类："高高型"（纯技术效率与规模效率均大于0.850）、"高低型"（纯技术效率大于0.850，规模效率小于0.850）、"低低型"（纯技术效率与规模效率均低于0.850）、"低高型"（纯技术效率低于0.850，规模效率高于0.850）。由上图的效率分布情况，可以得到在31个省份中，属于"高高型"的有北京、辽宁、浙江、广东、海南、重庆、云南、甘肃、宁夏、新疆、吉林、黑龙江、江西、湖北、湖南15个省份，说明该15个省份农村妇女社会保障制度的技术水平和管理能力较高，距离最优规模的差距较小；属于"高低型"的有天津、上海、江苏、内蒙古、西藏、青海、河南7个省份，说明该7个决策单元技术水平较好，但规模效率较低，则需要不断扩大农村妇女社会保障制度投入规模与政策支持；属于"低高型"的有河北、福建、山东、广西、四川、贵州、陕西、山西、安徽9个省份，说明该9个省份的农村妇女社会保障的技术水平及组织内部管理水平相对较低，应提升经济实力，提高技术水平。31个省份中没有处于"低低型"的决策单元，说明总体来看，我国农村妇女社会保障制度的运行绩效较好，仍然有很大提升空间。对于上述四大分类，为了呈现得更加明显，效率水平分布如图4-4所示。

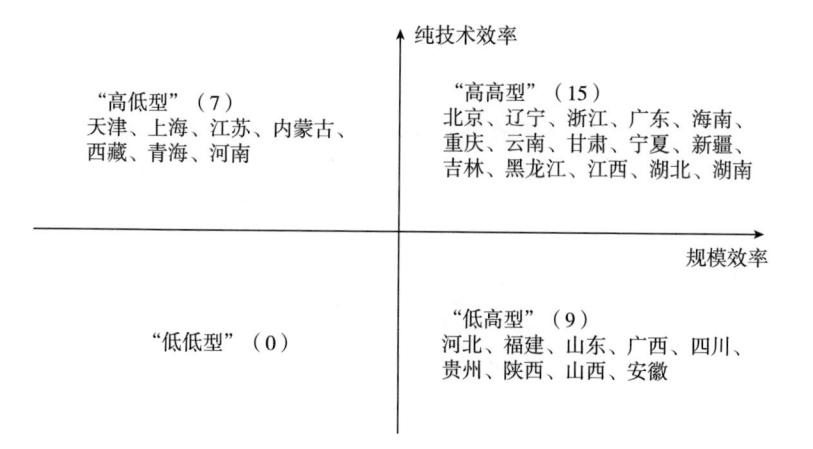

图4-4　各省份纯技术效率和规模效率

四 主要结论与启示

（一）主要结论

本书运用DEA三阶段模型对我国2018年各省份农村妇女社会保障制度绩效进行了评价和运算。DEA三阶段模型与传统DEA模型相比，通过第二阶段的SFA回归，剔除了混合误差项的影响，使全国31个省份处于相同的外部环境下，使运算得到的效率值更为真实可靠。本书选取X_1：农村妇女最低生活保障支出、X_2：农村妇幼保健所、X_3：农村妇女生育保险基金支出、X_4：农村妇女基本养老保险基金支出、X_5：农村妇女失业保险基金支出、X_6：农村成人文化技术学校、X_7：农村劳动者公共就业服务人数7个投入指标；Y_1：农村妇女最低生活保障人数、Y_2：农村妇女特困人员人数、Y_3：农村妇女生育保险参保人数、Y_4：农村妇女基本养老保险参保人数、Y_5：农村妇女受教育人口数、Y_6：农村妇女失业保险参保人数、Y_7：农村妇女成人文化技术教育结业人数、Y_8：农村妇女就业困难人员实现就业人数8个产出指标。由于DEA对于指标数量的限制，本书首先分别对投入产出指标进行因子分析，采用投入导向，提取主因子代替原始投入数据进行DEA三阶段分析。根据上文运算及分析，得到以下结论：

从总体上看，我国农村妇女社会保障制度的运行绩效仍有较大提升空间，且东、西、中部三大区域具有一定差异。对比第一阶段和第三阶段的效率值可以发现，在剔除混合误差项的影响后，效率值发生了变化，说明环境因素和随机干扰项对各省份的效率值有影响且不利于准确分析效率值。从全国范围看，调整后的综合效率值和纯技术效率值有一定程度的提升，而规模效率有所降低，但整体上变化幅度不大，说明环境因素和随机干扰项对农村妇女社会保障运行制度有所影响。由全国效率均值的变动情况可以得出，全国综合效率均值提升主要来源于全国纯技术效率均值的提升。

分地区来看，经过第二阶段的调整，我国东、西、中部三大区域农村妇女社会保障制度运行绩效也发生了不同程度的变动。对于地区均值，我国东部、中部地区效率均值均有小幅提升，说明东中部地区调整前受不利环境影响。东中部地区调整前后的纯技术效率均值都低于规模效率均值,说明东中部地区农村妇女社会保障制度运行的主要短板是纯技术效率。西部地区纯技术效率均值有所提升,规模效率均值有所下降,而综合效率均值保持不变,说明调整前的西部地区在纯技术效率方面受到不利环境影响,在规模效率方面受到有利环境影响。将东、西、中部三大区域调整后的综合效率值进行对比,可以得到中部地区 > 东部地区 > 西部地区。其中东部地区与西部地区的效率高低情况不符合我国经济发展水平情况,经过观察得到,东部地区综合效率值低于中部地区源于上海、福建、山东省市的效率值;其中上海市的规模效率值低于全国规模效率均值12.8%;福建、山东地区的纯技术效率值分别低于全国均值的23.4%、17.5%。正是因为该三个省市的效率值过低,而导致东部地区的综合效率值低于中部地区。

(二)政策启示

1. 提高农村妇女人均消费支出

由以上分析可以得到,农村居民人均消费支出对农村妇女社会保障制度运行绩效具有有利影响,提高农村妇女消费支出有利于降低社会救助及基础设施投入和社会保险投入的冗余。因此为了不断提升社保制度运行绩效,应相应提高农村妇女的人均消费支出。从全国范围看,农村妇女社会保障、农村妇女储蓄率、人均可支配收入、人均GDP、农村基尼系数均对农村妇女人均消费支出有显著影响。因此,为了提高农村妇女社会保障运行绩效,政府应不断强化主体责任,加大对农村妇女社保的投入,加强对农村妇女的文化技术教育和就业指导,提升其储蓄率和可支配收入,从而提升农村妇女人均消费支出。消费支出与社保投入相辅相成、相互影响,若想提高农村妇女社保运行绩效,需要提升人均消费支出;而消费支出的提升也离不开妇女社保的投入。

2. 提高城镇化水平

由第二阶段的分析结果可以得到,城镇化水平的提高有利于降低社会保险投入的松弛量,有利于减少社会保险投入的浪费。随着城镇化水平的提高,农村经济水平得到提高,农村妇女收入水平相应提高,对社会保险的需求也会有所提高。因此提高城镇化水平有利于减少农村妇女生育保险、失业保险、养老保险基金支出的投入冗余，减少对农村妇女劳动者公共就业服务的浪费。综上所述，不断提升城镇化水平，有利于提高农村妇女社会保障制度的运行绩效。

3. 针对不同类型地区采取不同措施

本书在第三阶段分析时将我国 31 个省份以纯技术效率和规模效率为指标，划分为四大类。针对不同类型地区，提升农村妇女社会保障制度绩效应采取不同措施。针对"高高型"地区，应在不改变其现有的纯技术效率和规模效率水平的基础上，不断开发新的技术，进一步扩大规模和提升管理水平；对于"高低型"地区，应在现有纯技术效率水平上进一步提高技术水平，更应该着力加大规模投入，扩大社会救助和基础设施建设投入规模，扩大社会保险基金投入规模，以提升规模效率；针对"低高型"地区，其纯技术效率较低，应着手提高技术水平和管理水平，可加大技术方面的投入，以减少因技术不佳而导致的资源浪费，还应该不断提高内部管理水平，提升整合利用资源能力。

4. 加大重点地区的规模投入

由东西中部三大区域的效率均值可以得出，东中部调整后的效率均有小幅度提升，而西部地区的规模效率却有较大幅度下降，综合效率保持不变。说明在调整前，西部地区的农村妇女社保投入规模被高估，其实际规模远达不到初始效率。因此，需要加大对西部地区的规模投入，不断扩大其农村妇女社会保障的投入规模，使其与自身的技术水平和管理水平相适应，争取达到最佳投入规模。

第四节　基于 AHP 的中国农村妇女社会保障绩效评估实证研究

一　层次分析模型建立的基本步骤

层次分析法（简称 AHP），是一种定量分析与定性分析相结合的系统分析方法，由美国数学家、运筹学家托马斯·塞蒂（T. L. Saaty）

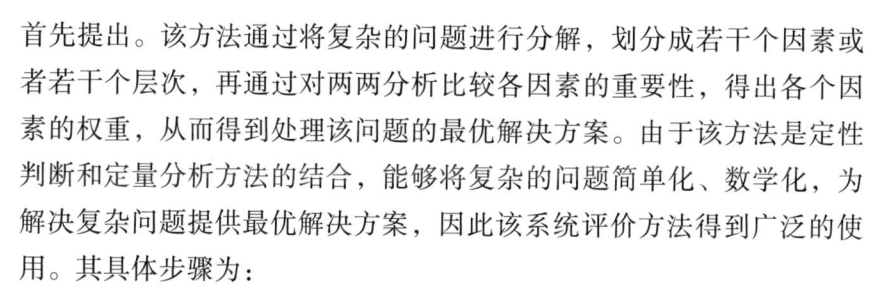

首先提出。该方法通过将复杂的问题进行分解，划分成若干个因素或者若干个层次，再通过对两两分析比较各因素的重要性，得出各个因素的权重，从而得到处理该问题的最优解决方案。由于该方法是定性判断和定量分析方法的结合，能够将复杂的问题简单化、数学化，为解决复杂问题提供最优解决方案，因此该系统评价方法得到广泛的使用。其具体步骤为：

（一）建立层次结构模型

通过对复杂问题的深入分析，可以将问题中所包含的因素按其相互关系划分为最高层（目标层）、中间层（准则层）、最低层（方案层）三个不同层次，用框图形式说明层次的梯阶结构与因素的从属关系。

（二）构造判断矩阵

在确定各层次各因素中间的权重时，如果只是定性的结果，则常常不容易被别人接受，因而 Saaty 等提出不把所有因素放在一起比较，而是采用一致矩阵法两两相比较，来提高准确度。判断矩阵元素的值反映了人们对各因素相对重要程度的认识，一般采用数字 1—9 及其倒数的标度方法，对各因素的重要性赋值（见表 4 - 15）。当相互比较因素的重要性能够用具有实际意义的比值说明时，判断矩阵相应的值则可以取这个比值。

表 4 - 15　　　　　　　　判断尺度定义

判断尺度	定义
1	对 A 而言，B_i 和 B_j 同样重要
3	对 A 而言，B_i 比 B_j 略微重要一些
5	对 A 而言，B_i 比 B_j 重要
7	对 A 而言，B_i 比 B_j 重要得多
9	对 A 而言，B_i 比 B_j 绝对重要
2、4、6、8	介于上述两个相邻判断尺度的中间

（三）层次单排序

（1）在形成判断矩阵之后，计算判断矩阵每一行元素的乘积 M_i：

$$M_i = \prod a_{ij}(i = 1,2,\cdots,n) \qquad (4-5)$$

（2）计算 M_i 的 n 次方根：

$$\overline{w_i} = \sqrt[n]{M_i} \qquad (4-6)$$

（3）对向量 $\overline{W_i} = (\overline{W_1}, \overline{W_2}, \cdots, \overline{W_n})^T$ 正规化，所得 $w = (w_1, w_2, \cdots, w_n)^T$ 即为所求特征向量。

（4）计算判断矩阵的最大特征根 λ_{max}：

$$\lambda_{max} = \sum_{i=1}^{n} \frac{(AW)_i}{nW_i} \qquad (4-7)$$

（四）判断矩阵的一致性检验

这种数学化的方法还需要进行思维一致性的检验。也就是指，专家在判断指标重要性时，各判断之间是否协调一致，不一致则会出现相互矛盾的结果，在满足 $a_{ik} = a_{ij} \cdot a_{jk}$（$a_{ij}$ 为 C_i 对于 C_j 的重要程度数值）的条件下，即判断矩阵各行（各列）成倍数关系时，称该判断矩阵为一致矩阵，此时，矩阵具有完全一致性，满足 $\lambda_{max} = 0$；而当矩阵不具有完全一致性时，$\lambda_{max} > n$。而现实应用中，只要矩阵能够处于前两种情况的中间状态，即可被认定为满意一致性，通过检验。一致性检验的步骤如下：

（1）计算一致性指标 CI。

$$CI = \frac{\lambda_{max} - n}{n - 1} \qquad (4-8)$$

（2）查找对应的平均随机一致性指标 RI。

表 4-16 平均随机一致性指标

n	1	2	3	4	5	6	7	8
RI	0.00	0.00	0.58	0.90	1.12	1.24	1.32	1.41
n	9	10	11	12	13	14	15	
RI	1.45	1.49	1.51	1.54	1.56	1.58	1.59	

在实际运用中，n 很少超过 10，如果指标的个数大于 10，则可考虑建立二级指标体系。

(3) 计算一致性比例 CR。

$$CR = \frac{CI}{RI} \qquad (4-9)$$

如果 $CR < 0.1$，则可认为判断矩阵的一致性可以接受，而当 $CR > 0.1$ 时，就认为判断矩阵不符合一致性要求，需要对判断矩阵进行修正。

（五）层次总排序

计算同一层次所有因素对于最高层相对重要性以后，从最上级开始，自上而下地求出各级要素关于系统总体的综合重要度，假如上一层的层次总排序已经完成，元素 A_1，A_2，$\cdots$，A_m 得到的权重值分别为 a_1，a_2，$\cdots$，a_m；与 A_j 对应的本层元素 B_1，B_2，$\cdots$，B_n 的单层次排序结果为 $[b_1^j, b_2^j, \cdots, b_i^j]^T$（当 B_i 与 A_j 无联系时，$b_i^j = 0$）；那么，B 层次的总排序结果见表 4-17。

表 4-17 层次总排序

层次 B \ 层次 A	A_1 a_1	A_2 a_2	$\cdots$ $\cdots$	A_m a_m	B 层次的总排序
B_1	b_1^1	b_1^2	$\cdots$	b_1^m	$\sum_{j=1}^{m} a_j b_1^j$
B_2	b_2^1	b_2^2	$\cdots$	b_2^m	$\sum_{j=1}^{m} a_j b_2^j$
$\cdots$	$\cdots$	$\cdots$	$\cdots$	$\cdots$	$\cdots$
B_n	b_n^1	b_n^2	$\cdots$	b_n^m	$\sum_{j=1}^{m} a_j b_n^j$

（六）层次总排序的一致性检验

在使用层次分析法的过程中，除了对每一个判断矩阵进行一致性检验，还要进行所谓的组合一致性检验。第 p 层的一致性指标 $CI_1^{(P)}$，$CI_2^{(P)}$，$\cdots$，$CI_n^{(P)}$ 对应的随机一致性指标为 $RI_1^{(P)}$，$RI_2^{(P)}$，$\cdots$，$RI_n^{(P)}$，那么，第 p 层对第一层的组合一致性比率为：

$$CR^{(p)} = CR^{(p-1)} + \frac{CI^{(p)}}{RI^{(p)}}, \quad p = 3, 4, \cdots, n \qquad (4-10)$$

只有当 CR<0.1 时，认为层次总排序结果具有满意的一致性；否则需要重新调整判断矩阵的元素取值。

二 指标选取与数据来源

（一）投入产出指标选择

本章应用 AHP 层次分析法对中国农村妇女社会保障进行分析，为了与三阶段 DEA 模型的结论进行对比，本书选取的指标与其保持一致，根据我国农村妇女社会保障数据的可获得性，本章选取了 7 项投入指标、8 项产出指标。其中，最高层是目标层 A，表示应用 AHP 层次分析法所要达到的总目标；中间层是准则层 B，即一级评价指标，表示采用某种措施和政策来实现预订目标所涉及的中间环节；最底层是方案层 X/Y，即二级评价指标，表示解决问题的措施和政策。

1. 中国农村妇女社会保障绩效评价准则层指标

财政部财政统计司陆庆平认为，绩效实际上是一项活动实施的结果，这种结果既包括实施这项活动所投入资源与获得效果的对比关系，也包括投入资源的合理性和结果的有效性。农村妇女社会保障绩效的好坏通过相应的社会保障政策实施后的社会参与度以及公民的满意度、社会保障投入与产出的效果等表现出来，因此本书选取了投入类 B_1、产出类 B_2 两项指标作为准则层。

2. 中国农村妇女社会保障绩效评价方案层指标

本章绩效评价的方案层主要涉及社会救助、社会保险、基础设施几个方面。社会救助的作用在于其可以直接减少贫困的发生，其为由于各种因素影响而生活在贫困线以下的社会弱势群体和贫困人群提供基本的生活需求和服务，经费的主要来源是政府财政支出和社会捐赠。社会保险作为社会财富再分配的重要手段之一，包括医疗保险、生育保险、养老保险等，能够全面有效地降低妇女贫困的发生率。基础设施通过其相应财政支出的情况反映政府部门的重视程度及制度可持续发展能力。具体指标的选取如表 4-18 所示。

表4-18　　农村妇女社会保障绩效评价投入、产出指标

总指标	一级子系统	二级子系统
农村妇女社会保障绩效A	投入类 B_1	X_1：农村妇女最低生活保障支出
		X_2：农村妇幼保健所
		X_3：农村妇女生育保险基金支出
		X_4：农村妇女基本养老保险基金支出
		X_5：农村妇女失业保险基金支出
		X_6：农村成人文化技术学校
		X_7：农村劳动者公共就业服务人数
	产出类 B_2	Y_1：农村妇女最低生活保障人数
		Y_2：农村妇女特困人员人数
		Y_3：农村妇女生育保险参保人数
		Y_4：农村妇女基本养老保险参保人数
		Y_5：农村妇女受教育人口数
		Y_6：农村妇女失业保险参保人数
		Y_7：农村妇女成人文化技术教育结业人数
		Y_8：农村妇女就业困难人员实现就业人数

三　实证研究及分析

（一）构造判断矩阵

根据相关的资料数据、专家的意见以及系统分析人员的经验经过反复研究后，本书依据判断矩阵定义表对各个指标进行标度打分。

（1）构造 $A - B_i$（i=1，2）判断矩阵，如表4-19所示。

表4-19　　　　　　　$A - B_i$ 的判断矩阵

A	B_1	B_2	$W^{(2)}$
B_1	1	1/3	0.25
B_2	3	1	0.75

根据以上判断矩阵，运用MATLAB软件进行运算，得出 $\lambda_{max} = 2$，CI=0，CR=0，具有满意的一致性。

（2）构造 $B_1 - X_i$（i=1,2,3,4,5,6,7）判断矩阵，如表4-20所示。

表4-20　　　　　　　　$B_1 - X_i$ 的判断矩阵

B_1	X_1	X_2	X_3	X_4	X_5	X_6	X_7	$W_1^{(3)}$
X_1	1	2	1	3	3	5	5	0.2719
X_2	1/2	1	3	3	3	1/3	5	0.2301
X_3	1	1/3	1	1	1	3	3	0.1421
X_4	1/3	1/3	1	1	1	5	5	0.1337
X_5	1/3	1/3	1	1	1	5	5	0.1337
X_6	1/5	3	1/3	1/5	1/5	1	3	0.0536
X_7	1/5	1/5	1/3	1/5	1/5	1/3	1	0.0347

根据以上判断矩阵，运用 MATLAB 软件进行运算，得出 $\lambda_{max} = 7.549$，CI=0.0915，CR=0.0693<0.10，具有满意的一致性。

（3）构造 $B_2 - Y_i$（i=1,2,3,4,5,6,7,8）判断矩阵，如表4-21所示。

表4-21　　　　　　　　$B_2 - Y_i$ 的判断矩阵

B_2	Y_1	Y_2	Y_3	Y_4	Y_5	Y_6	Y_7	Y_8	$W_2^{(3)}$
Y_1	1	1	3	3	1/3	3	3	5	0.2159
Y_2	1	1	3	3	5	3	5	5	0.2581
Y_3	1/3	1/3	1	1/2	3	1	5	5	0.1341
Y_4	1/3	1/3	2	1	3	1	2	3	0.1211
Y_5	3	1/5	1/3	1/3	1	3	1	3	0.0897
Y_6	1/3	1/3	1	1	1/3	1	3	3	0.0917
Y_7	1/3	1/5	1/5	1/2	1	1/3	1	3	0.0572
Y_8	1/5	1/5	1/5	1/3	1/3	1/3	1/3	1	0.0323

根据以上判断矩阵，得出 $\lambda_{max} = 8.7882$，CI=0.1126，CR=0.0799<0.10，具有满意的一致性。

（4）层次总排序。通过之前所得结果依次沿递阶层次结构由上而下逐层计算，计算出最低层因素相对于目标层的相对重要性的排序值，如表4-22所示。

表4-22　　　　农村妇女社会保障绩效层次总排序

总指标	一级子系统	二级子系统	
农村妇女社会保障绩效A	投入类B_1 0.25	X_1：农村妇女最低生活保障支出	0.067
		X_2：农村妇幼保健所	0.057
		X_3：农村妇女生育保险基金支出	0.035
		X_4：农村妇女基本养老保险基金支出	0.033
		X_5：农村妇女失业保险基金支出	0.033
		X_6：农村成人文化技术学校	0.013
		X_7：农村劳动者公共就业服务人数	0.008
	产出类B_2 0.75	Y_1：农村妇女最低生活保障人数	0.161
		Y_2：农村妇女特困人员人数	0.193
		Y_3：农村妇女生育保险参保人数	0.101
		Y_4：农村妇女基本养老保险参保人数	0.091
		Y_5：农村妇女受教育人口数	0.067
		Y_6：农村妇女失业保险参保人数	0.068
		Y_7：农村妇女成人文化技术教育结业人数	0.043
		Y_8：农村妇女就业困难人员实现就业人数	0.024

指标Y_1农村妇女最低生活保障人数、Y_2农村妇女特困人员人数、Y_3农村妇女生育保险参保人数、X_1农村妇女最低生活保障支出、X_2农村妇幼保健所的权重较大，说明农村妇女最低生活保障以及妇女生育保险的投入与产出的情况对于农村妇女社会保障制度是否满足了农村妇女的需求十分重要。B_2产出类的权重比B_1投入类的权重要更大，社会保障的投入是否合理并有效地得到利用是通过社会保障的效果来得到说明的。

（5）指标数据的选取以及无量纲化处理。基于数据可获得性考虑，本章选取2018年全国31个省级行政区统计数据作为研究的投入产出指标原始数据，从而对中国农村妇女社会保障体系开展一个总体评价。具体而言，这些数据主要来源于《中国统计年鉴（2019）》《中国卫生与健康年鉴（2019）》《中国妇女儿童情况年鉴（2019）》《中国社会统计年鉴（2019）》《中国人口与就业统计年鉴（2019）》以及各省份卫生健康统计年鉴等资料。

为了保证数据的可比性，从而对各个省级行政区农村妇女社会保障绩效做出准确客观的评价，需要对相应的指标数据进行无量纲化处理。本书将采取直线型无量纲化方法中的阈值法对中国农村妇女社会保障制度绩效进行无量纲化处理与评价，这是由于该方法适用于处理横截面和大样本数据的特点，符合本研究评价。例如，针对某一具体指标 x_i，我们分别用 $\max(x_i)$、$\min(x_i)$、$r(x_i)$ 表示其最大值、最小值以及标准化的指标值，则可通过以下公式进行换算：$r(x_i) = x_i/\max(x_i)$；$r(x_i) = [\max(x_i) - x_i]/\max(x_i)$；$r(x_i) = [x_i - \min(x_i)]/[\max(x_i) - \min(x_i)]$。由于本书指标均为正指标，且数值较大，为方便起见，选择公式：

$$r(x_i) = x_i/\max(x_i) \qquad (4-11)$$

首先经过无量纲化处理，将各个样本指标数据计算得出标准值，其次乘以各个指标标准值对应的权重数，得到该指标标准值上的得分，最后，将所有指标标准值上的得分累加，得到最终的综合得分，其计算公式为：

$$r = \sum_{i=1}^{n} r(x_i) w_i \qquad (4-12)$$

其中，r 为样本的综合得分，$r(x_i)$ 为指标标准值，w_i 为指标权重。最后得出全国 31 个省级行政区农村妇女社会保障绩效评价的具体比较结果（见表 4-23）。

表 4-23　　2018 年中国各省份妇女社会保障绩效评价排名

省份	X_1	X_2	X_3	X_4	X_5	X_6	X_7
北京	0.004	0.013	0.037	0.006	0.027	0.034	0.000
天津	0.006	0.013	0.009	0.006	0.016	0.043	0.010

续表

省份	X_1	X_2	X_3	X_4	X_5	X_6	X_7
河北	0.031	0.067	0.032	0.055	0.025	0.059	0.024
山西	0.033	0.054	0.014	0.021	0.012	0.015	0.027
内蒙古	0.046	0.045	0.011	0.017	0.011	0.001	0.008
辽宁	0.018	0.016	0.016	0.019	0.031	0.016	0.023
吉林	0.016	0.012	0.011	0.012	0.012	0.010	0.011
黑龙江	0.024	0.030	0.006	0.014	0.014	0.016	0.015
上海	0.004	0.016	0.026	0.007	0.038	0.001	0.002
江苏	0.036	0.013	0.076	0.072	0.084	0.122	0.075
浙江	0.029	0.020	0.069	0.045	0.049	0.042	0.051
安徽	0.058	0.035	0.016	0.053	0.027	0.004	0.042
福建	0.016	0.027	0.022	0.023	0.016	0.023	0.236
江西	0.042	0.040	0.014	0.025	0.006	0.001	0.028
山东	0.037	0.036	0.076	0.092	0.068	0.031	0.042
河南	0.046	0.053	0.038	0.081	0.027	0.084	0.040
湖北	0.048	0.024	0.023	0.042	0.024	0.007	0.039
湖南	0.033	0.045	0.021	0.052	0.018	0.011	0.024
广东	0.038	0.023	0.101	0.047	0.055	0.009	0.096
广西	0.050	0.040	0.018	0.029	0.017	0.001	0.037
海南	0.005	0.006	0.007	0.006	0.006	0.004	0.002
重庆	0.026	0.008	0.031	0.018	0.015	0.056	0.013
四川	0.057	0.072	0.016	0.084	0.107	0.064	0.033
贵州	0.064	0.041	0.024	0.025	0.015	0.060	0.013
云南	0.070	0.062	0.003	0.033	0.015	0.153	0.024
西藏	0.005	0.030	0.024	0.003	0.001	0.000	0.025
陕西	0.033	0.045	0.010	0.031	0.016	0.082	0.015
甘肃	0.040	0.041	0.005	0.020	0.008	0.015	0.007
青海	0.012	0.024	0.007	0.004	0.004	0.013	0.013
宁夏	0.016	0.007	0.016	0.004	0.002	0.001	0.001
新疆	0.059	0.043	0.005	0.008	0.022	0.024	0.023

省份	Y_1	Y_2	Y_3	Y_4	Y_5	Y_6	Y_7	Y_8	综合得分
江苏	0.021	0.036	0.054	0.471	0.045	0.067	0.174	0.057	0.150

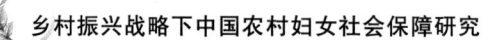

续表

省份	Y_1	Y_2	Y_3	Y_4	Y_5	Y_6	Y_7	Y_8	综合得分
河南	0.063	0.103	0.032	1.000	0.087	0.047	0.043	0.057	0.147
宁夏	0.011	0.005	0.013	0.033	0.005	0.005	0.000	0.004	0.131
山东	0.032	0.033	0.037	0.955	0.069	0.067	0.023	0.040	0.126
湖南	0.039	0.089	0.186	0.693	0.056	0.031	0.007	0.046	0.120
四川	0.078	0.080	0.018	0.660	0.069	0.057	0.061	0.045	0.118
新疆	0.068	0.017	0.004	0.140	0.023	0.016	0.043	0.021	0.110
安徽	0.050	0.086	0.037	0.680	0.049	0.027	0.002	0.026	0.106
河北	0.032	0.023	0.025	0.715	0.060	0.028	0.036	0.045	0.096
云南	0.081	0.051	0.002	0.440	0.044	0.018	0.173	0.055	0.088
广东	0.031	0.046	0.014	0.464	0.059	0.117	0.061	0.052	0.085
湖北	0.041	0.057	0.028	0.467	0.042	0.030	0.005	0.062	0.078
江西	0.040	0.097	0.063	0.374	0.037	0.013	0.000	0.020	0.076
广西	0.057	0.047	0.007	0.381	0.044	0.018	0.001	0.018	0.066
陕西	0.024	0.019	0.010	0.351	0.030	0.018	0.024	0.023	0.065
贵州	0.064	0.017	0.021	0.358	0.028	0.016	0.030	0.028	0.064
山西	0.029	0.014	0.017	0.304	0.030	0.016	0.013	0.014	0.063
福建	0.011	0.012	0.013	0.291	0.023	0.026	0.020	0.013	0.055
浙江	0.014	0.005	0.020	0.224	0.032	0.059	0.146	0.049	0.049
甘肃	0.063	0.026	0.003	0.262	0.022	0.011	0.001	0.022	0.048
内蒙古	0.045	0.007	0.037	0.145	0.017	0.010	0.001	0.023	0.042
黑龙江	0.028	0.032	0.047	0.177	0.030	0.015	0.002	0.061	0.041
重庆	0.018	0.014	0.038	0.211	0.019	0.022	0.037	0.046	0.039
吉林	0.020	0.029	0.016	0.133	0.022	0.015	0.001	0.027	0.038
辽宁	0.015	0.018	0.014	0.209	0.029	0.029	0.009	0.035	0.036
西藏	0.005	0.016	0.032	0.034	0.003	0.001	0.000	0.004	0.014
北京	0.001	0.001	0.018	0.040	0.006	0.022	0.045	0.012	0.014
青海	0.010	0.010	0.005	0.047	0.004	0.002	0.001	0.002	0.013
海南	0.004	0.008	0.022	0.054	0.007	0.009	0.000	0.004	0.012
上海	0.001	0.000	0.025	0.014	0.005	0.015	0.027	0.006	0.011
天津	0.002	0.003	0.006	0.029	0.005	0.006	0.013	0.009	0.010

根据以上数据，可将 31 个省级行政区大致分为三个层次。第一层次为得分在 0.08 以上的省区，表明这些省级行政区农村妇女社会保障绩效较好，包括江苏、河南、宁夏、山东、湖南、安徽等。第二层次为得分在 0.06—0.08，说明农村妇女社会保障制度基本上达到了制度设定的主要目标。第三层次则是余下的，说明该省农村妇女社会保障制度绩效没有达到相应的目标。

同时，东部 11 个省级行政区的总综合评分为 0.833，平均值为 0.0802，中部 10 个省级行政区的总综合评分为 0.778，平均值为 0.0778，西部 10 个省级行政区的总综合评分为 0.69，平均值为 0.069。据此可知，东、中、西部三个地区的农村妇女绩效为东部＞中部＞西部，而东中西内部也存在一定的差异。

四 结论和启示

（一）研究结论

本章构造了多层次分析模型对我国 2018 年各省级行政区农村妇女社会保障制度绩效进行了评价和运算。本章选取 X_1：农村妇女最低生活保障支出、X_2：农村妇幼保健所、X_3：农村妇女生育保险基金支出、X_4：农村妇女基本养老保险基金支出、X_5：农村妇女失业保险基金支出、X_6：农村成人文化技术学校、X_7：农村劳动者公共就业服务人数 7 个投入指标；Y_1：农村妇女最低生活保障人数、Y_2：农村妇女特困人员人数、Y_3：农村妇女生育保险参保人数、Y_4：农村妇女基本养老保险参保人数、Y_5：农村妇女受教育人口数、Y_6：农村妇女失业保险参保人数、Y_7：农村妇女成人文化技术教育结业人数、Y_8：农村妇女就业困难人员实现就业人数 8 个产出指标。由于层次分析法具有一定的主观性，本书对所选取的指标构造的矩阵进行了反复的一致性检验，并最后结合 2018 年各省级行政区的相应数值来进行数据无量纲化的处理，根据上文运算以及对比分析，最后得到以下结论：

1. 中国农村妇女社会保障制度取得了一定的效果，但仍有较大提升空间

从中国农村社会保障绩效评价的综合得分来看，各地区存在一定的差异。总体来看，养老保险、医疗保险、生育保险等基本社会保

险，以及面向农村居民和非正规就业人员的新型农村合作医疗、新型农村养老保险等农村居民基本保险覆盖面扩大，其中妇女的参保人数和保险的基金规模持续增长比例也在上升。此外，社会救助、基础设施建设都得到了相应的完善与发展。但是，很多省份的农村社会保障绩效较低，需要不断完善。

2. 我国农村妇女社会保障绩效具有一定的区域差异性

与 DEA 不同，单纯地使用 AHP 方法不能很好地剔除混合误差项的影响，在对 31 个省级行政区农村妇女社会保障绩效进行评价时可能会受到环境因素与随机因素的影响。根据所得数值，将东、西、中部三大区域 2018 年农村妇女社会保障绩效评价指标进行对比，可以得到东部地区 > 中部地区 > 西部地区。其中东中西三个地区的效率高低情况符合我国经济发展水平情况，但东中西内部存在矛盾的特殊性。

3. 农村妇女社会保障制度运行的绩效与该省区的经济发展程度没有必然联系

由数值可知，处在农村妇女社会保障绩效较好层次的省份中，四川、宁夏、新疆都属于西部地区，处在农村妇女社会保障绩效较低层次的省份中，北京、天津、上海都属于东部地区，后三者所处省区经济发展远远高于前三者，因此社会保障制度运行的绩效与其经济发展程度没有必然联系。

（二）政策启示

1. 提高农村妇女社会保障体系完整性

现有的社会保障水平较低，农村妇女社会保障较差，不能很好地满足其需求。对此，在社会保险方面，要提高社会保险的参保率与资金投入数目，争取实施全员参保，将贫困农村妇女纳入医疗保险、养老保险、生育保险、失业保险以及最低生活保障等相关社会保险政策体系。在社会救助方面，要有效地整合各个方面的资源，为农村妇女的基本生活提供支持与服务。在社会福利方面，要不断推进完善妇女儿童老年人福利，满足其精神文化需求、基本土地权益等。

2. 降低社会保障的区域差异性

目前，农村妇女社会保障制度与城镇妇女社会保障制度有着较大的差异性。此外，我国东、中、西部三个地区也呈现着一定的区别。国家不断地采取相应的方针政策来推动农村的社会保障制度建设，推动东、中、西三个地区共同发展。对于"高高型"省份，应该继续保持，持续推进经济发展与农村妇女社会保障建设共同迈进。对于"高低型"省份，应促进社会保障制度的建设。对于"低高型"以及"低低型"省份，应将以脱贫为主要经济任务与不断完善社会保障制度一起抓（见图4-5）。

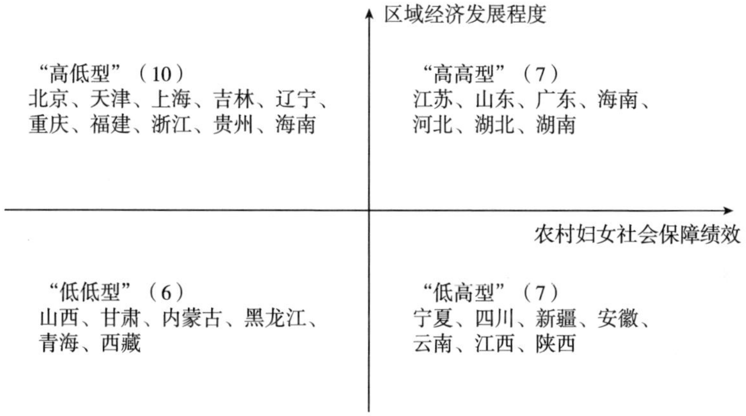

```
                       ↑ 区域经济发展程度
"高低型"（10）              "高高型"（7）
北京、天津、上海、吉林、辽宁、   江苏、山东、广东、海南、
重庆、福建、浙江、贵州、海南     河北、湖北、湖南

                                              → 农村妇女社会保障绩效

"低低型"（6）              "低高型"（7）
山西、甘肃、内蒙古、黑龙江、    宁夏、四川、新疆、安徽、
青海、西藏                    云南、江西、陕西
```

图4-5　各省份与区域经济发展程度分布

3. 提高农村低保与社会扶贫的衔接性

农村居民最低生活保障是保障农村贫困居民最低生活的最后一张"安全网"，它保障了困难民众的基本生活需要，在维护社会和谐与稳定上发挥了重要作用，它也是推动农村苦难人口脱贫的重要手段，要实现农村低保与国家扶贫这两项制度的有效衔接，充分发挥两项制度的作用，结合各地区的实际情况，具体问题具体分析，相应地调整两项制度的实施范围和力度，以此为更多有需要的农村贫困群体提供保障。

4. 提高农村妇女的劳动参与率

大多数农村妇女不能外出就业，没有能够支撑自己基本生活需要的物质来源，这不仅加重了家庭的贫困，还使其长期脱离劳动力市场，此外还受到了劳动力市场的性别歧视等因素影响，导致其之后也很难找到合适的工作，这不利于农村妇女的长期发展，损害了其基本利益。因此，提高农村妇女的受教育率，鼓励其进入成人文化技术学校进行教育，以此推动农村妇女外出参与劳动，是提高农村妇女社会保障绩效的重要一环。

第五节　本章小结

本章以农村妇女社会保障绩效为研究对象，首先，介绍社会保障绩效评估相关理论基础，依据社会保障绩效特点和影响机制，对六个不同地区的农村妇女社会保障案例进行考察比较，讨论不同地区农村社会保障绩效考核的影响因素。其次，从妇女社会保障方向入手并结合社会保障绩效的特点和影响机制，选取绩效评价指标，分别运用DEA 三阶段模型和 AHP 层次分析法进行绩效评价。最后，从两种方法所得结论入手进行对比分析，提出农村妇女社会保障绩效评价的不足与展望。

第五章

乡村振兴战略下中国农村妇女社会保障制度目标

随着我国城镇化进程的加速推进，大量农村劳动力外出打工，留在农村的绝大多数是老人、妇女和孩子。据有关资料统计，妇女已占农村劳动力的60%以上。因此，开展农村妇女发展及其保障问题的研究，对乡村振兴战略的实施和推进具有十分重要的现实意义。如何在实施乡村振兴战略中推动中国农村妇女发展，社会保障制度被赋予了新的时代使命。

第一节 乡村振兴战略的阶段目标

作为一项系统工程，乡村全面振兴不可能在一朝一夕就能实现。乡村振兴的顶层设计战略，需要基层实践中分阶段层层推进，步步落实，需要与我国经济社会发展的阶段目标保持一致。与此同时，乡村振兴的推进也需要其他制度与政策的持续支持。

一 我国经济社会发展的阶段目标

（一）2020年与全面建成小康社会

2019年，我国人均国民总收入（GNI）进一步上升至10410美元，首次突破1万美元大关。按照世界银行2018年划定的标准，一个国家的人均GNI若低于995美元，则属于低收入国家；人均GNI大于12055美元，则进入高收入国家行业；人均GNI在3896美元到12055美元之间，则属于中高收入国家。有专家估计，按照购买力平价来看，2019年中国的经济体量将接近美国的1/3，这对一个大国来说是非常不容易的。2020年绝对不仅仅只有收入水平的提高，更有农村脱贫攻坚的收尾之战，可谓是重头戏连连。"坚决打赢脱贫攻坚战"，这是2020年的政府工作报告和预算报告、计划报告等重要政府文件同时提到的内容，充分展现了党兑现到2020年现行标准下农村贫困人口全部脱贫这一庄严承诺的信心与决心。党的十八大以来，以习近平同志为核心的党中央从党和国家事业发展全局的全新高度，将促进男女平等和妇女全面发展放在统筹推进"五位一体"总体布局和协调推进"四个全面"战略布局的大格局之中，擘画推进妇女事业、妇联工作、妇联改革。在此背景下，妇女的社会保障事业建设必将得以快速的发展。

（二）2035年与跨入高收入国家的行列

党的十九届五中全会审议通过了《中共中央关于制定国民经济和社会发展第十四个五年规划和二〇三五年远景目标的建议》（以下简称《建议》），作为开启全面建设社会主义现代化国家新征程、向第二个百年奋斗目标进军的纲领性文件，《建议》是今后5年乃至更长时期我国经济发展和社会各项事业建设的行动指南，在我国发展进程中具有里程碑意义。清华大学中国与世界经济研究中心主任李稻葵认为，中国从现在（2017年）到2050年，头十三年保持6%的增速，紧接着的十年保持4%的增速，到2035年就会跨入高收入国家的行列。之后在第二个十年保持3%的增速，就完全有可能实现2050年的发展目标。根据党的十九大报告，中国要基本实现社会主义现代化，这个"现代化"绝不仅仅是一个经济水平，还有民生、法治以及百姓的文明程度和民众心态，以及社会保障事业等。

（三）2050年与进入中大型国家10强

到2050年，百姓能够期待中国将迈入世界上500万人口以上的这些最富裕国家的前十强。当然，高水平的富裕要求我国人均收入水平、人类发展水平、主要现代化指标接近或达到世界中等发达国家水平，现代化得以基本实现；全面建成共同富裕社会则要求高水平的公共服务与社会保障覆盖全体人口，地区、城乡、收入差距持续缩小，真正实现共建共享。届时，我国将具有强大的综合国力，拥有更多话语权，在全球的地位更加凸显。到2050年中国人均发展水平将超过美国的70%，这当然是一个具有非凡意义的里程碑。一方面，我国城镇化规模进一步扩大，城镇化质量进一步提升，农村人口转移到城市以后，其住房、就业、医疗、养老、子女入学等问题能得到很好地解决，能真正融入城市，实现市民化；另一方面，乡村振兴将达到更高水平，2050年左右我国城乡差距将完全消失。而且，我国在世界贸易体系中的强国地位将进一步稳固和提升。

二 乡村振兴战略的三阶段目标

党的十八大以来，我国的农业农村各项事业的建设取得了飞跃的进步，但可喜的成就背后仍然存在诸多不容忽视的隐忧。从总体上看，农业、农村基础设施仍然比较落后，农村公共服务、公共产品的供给缺口依然较大，供给质量也有待进一步提升，与此密切相关的农民持续增收的动力依然显得后劲不足。而且"冰冻三尺非一日之寒，滴水石穿非一日之功"，所有的问题都是长期累积的结果，要系统解决好我国农业农村发展在新时代面临的现实困境，需要循序渐进，要在乡村振兴"三步走"战略的指引下，有针对性地逐步加以解决。

第一阶段目标：2018—2020年，构架制度稳基础，打赢脱贫攻坚战。按照到2020年乡村振兴的制度框架和政策体系基本形成的第一步规划要求，本阶段需要重点解决乡村振兴制度框架的系统搭建以及全面脱贫这两个关键的问题。特别是在2020年，全国各地要严格对标对表完成全面建成小康社会的目标，要压实责任、强化举措、狠抓落实，集中一切力量打赢脱贫攻坚战并努力补齐全面小康下"三农"领域中的突出短板这两个重点任务，持续抓好农业稳产保供和确保农民持续增收，推进和实现农业的高质量发展，保持农村社会的和谐稳定，进一步夯实农民群众在新时代的获得感、幸福感、安全感，提升其美好生活水平，确保脱贫攻坚战圆满收官以及全面建成农村小康社会。作为乡村振兴战略第一步的底线要求，打赢脱贫攻坚战是国家意志，是全民共识，绝对不能让贫困问题成为乡村振兴开门红的阻碍石，也不能让贫困问题成为乡村振兴持续推进的隐患。

第二阶段目标：2021—2035年，坚持特色振兴路，系统攻克大难题。在此阶段，农业农村建设得以全面开展，标志着乡村振兴也可能面临更加综合、全方位的考验，一些此前未曾遇到的治理、技术方面的难题可能出现。要确保乡村振兴第二步战略的顺利实施，关键要在已经确立的制度框架下坚持走好中国特色社会主义的乡村振兴道路，充分运用好2021—2035年这15年的黄金时间，系统地解决好城乡关系的重塑、集体经济的实现、小农户与现代农业的衔接、生态宜居村庄的发展、乡村文化的重振、夯实乡村治理体系与治理能力现代化基础等一系列农业农村发展的重大问题。

第三阶段目标：2036—2050年，文化重振促发展，决胜攻坚得振兴。在本阶段，要在乡村文化、生态环境和社会治理方面进行决胜攻坚。尤其是乡村文化的重振是一个漫长的过程，不是一朝一夕就能完成的任务，需要从人才培育、基础设施建设、思想道德教化以及全面提升文化素质等方面进行长期性、综合性的培养。由此可见，实现文化的全面振兴是乡村振兴决胜阶段的突出任务和核心内容。在乡村文化得以重整旗鼓、人文素养全面提升的基础上，生态环境、社会治理在乡村将得到进一步完善，人、自然、社会的良性互动与循环由此而在乡村中得以形成和持续，从物质到精神的乡村全面振兴由此而最终实现。

第二节　乡村振兴战略下中国农村妇女社会保障制度评价体系

近些年来，我国农村妇女社会保障制度建设取得了长足的进步，制度覆盖面和社会保障水平不断提高，妇女群体的幸福感明显提升，但同时也要特别注意这样一个事实，即因地区经济社会发展水平的差异导致中国农村妇女社会保障发展的地区差异。正是因为这种地区差

第五章 乡村振兴战略下中国农村妇女社会保障制度目标

异的存在,就决定了不同区域中国农村妇女社会保障水平差异的存在,中国农村妇女的社会保障水平同样如此。那么,要有效监测和评价中国农村妇女社会保障水平,就必须要构建一套指标体系,对之进行动态监控与评价。

一 乡村振兴战略下中国农村妇女社会保障制度评价体系

本书参照其他相关研究成果,从中国农村妇女基本保险、适龄妇女受教育保障、适龄妇女就业保障、中国农村妇女防止返贫保障共四大维度,构建了乡村振兴战略下中国农村妇女社会保障制度评价的指标体系(见表5-1)。

表5-1 乡村振兴战略下中国农村妇女社会保障制度评价指标体系

乡村振兴战略下中国农村妇女社会保障制度评价体系	中国农村妇女基本保险 A	未参加基本养老保险的比例(A_1)
		未参加基本医疗保险的比例(A_2)
		未参加生育保险的比例(A_3)
		未参加工伤保险的比例(A_4)
		未参加失业保险的比例(A_5)
	中国农村适龄女性受教育保障 B	中国农村适龄女性接受小学教育的比例(B_1)
		中国农村适龄女性普通初中教育的比例(B_2)
		农村残疾适龄女性接受中等职业教育的比例(B_3)
		农村残疾适龄女性接受高中教育的比例(B_4)
		中国农村适龄女性接受普通高等教育的比例(B_5)
	中国农村适龄妇女就业保障 C	中国农村妇女参加就业培训的比例(C_1)
		中国农村妇女对就业培训的满意率(C_2)
		中国农村妇女对就业渠道拓展的满意率(C_3)
		中国农村妇女对政府就业政策的满意率(C_4)
		中国农村妇女对政府创业政策的满意率(C_5)
	中国农村妇女防止返贫保障 D	中国农村妇女脱贫后返贫率(D_1)
		中国农村妇女对政府扶贫政策的满意率(D_2)
		中国农村妇女对村组织扶贫工作的满意率(D_3)
		中国农村妇女对社会参与扶贫的满意率(D_4)
		中国农村妇女对自我发展能力的满意率(D_5)

由表5-1可知，本书研究的中国农村妇女社会保障制度评价指标体系既有基本保险等宏观维度的指标，也有中国农村妇女对自我发展能力的满意率等微观维度的指标，还有就业、受教育等衡量妇女充分发展方面的指标。

(一) 中国农村妇女基本保险

我国的社会保障体系共包括社会保险、社会福利、社会救助、社会优抚四个方面。其中，社会保险在社会保障体系中处于核心地位，是社会保障体系最为重要的组成部分，是实现社会保障的基本纲领。社会保险目的是确保保障对象的基本生活需要，是起码的、基本性的社会保障，其对象是法定范围内的社会劳动者，其目的是补偿劳动者的收入损失。通俗地说，基本社会保障是民生问题的一道安全网，是人民获取幸福感、获得感、安全感的重要源泉。我国基本社会保险通常是指基本养老保险、基本医疗保险、工伤保险、失业保险和生育保险五大基本社会保险。中国农村妇女基本社会保障维度的指标共包括未参加基本养老保险的比例（A_1）、未参加基本医疗保险的比例（A_2）、未参加生育保险的比例（A_3）、未参加工伤保险的比例（A_4）、未参加失业保险的比例（A_5）这五个二级指标。上述指标全部是客观性的指标，计算的时候采用正向计分的方法。

(二) 中国农村适龄女性受教育保障

农村教育是解决"三农"问题的基础性工程，需要长期努力，而农村女性教育的发展与完善更关系到城乡教育公平、农村性别公平以及乡村振兴的全面实现。常理说，现代教育在本质上是一种面向全体公民的开放型教育，理应成为起点、过程和结果均平等地惠及全民的国民教育。建立健全女性终身教育体系是我国发展教育事业理应追求的重要的目标，是政府的责任所在。作为和谐社会倡导的核心理念之一，以人为本在教育体系中的具体体现就是性别和谐、性别平等。在倡导社会群体平等发展的新时代，衡量社会进步的标志不应局限于以时间为轴的社会纵向发展，还应充分考虑男女共同的进步。面对农业生产和农村发展女性化、老龄化的巨大挑战，促进农村女性素质全面提升迫在眉睫。而且，在乡村振兴过程中，如果中国农村妇女教育得不到应有的保障，对这项持续的宏伟工程来说，也是一个重大的人力资本损失。中国农村妇女教育保障维度共包括接受小学教育的比例（B_1）、接受普通初中教育的比例（B_2）、接受中等职业教育的比例（B_3）、接受高中教育的比例（B_4）、接受普通高等教育的比例（B_5）这五个二级指标。上述指标全部为客观性的指标，计算的时候采用正向计分的方法。

（三）中国农村适龄妇女就业保障

随着科学技术的不断进步，我国农业生产开始进入机械化、信息化时代，对劳动力的需求日益减少，对技术类人员的需要则不断增多。这对以农业生产为主的农村居民而言，稳定就业将变得更为困难。在此背景下，进行非农就业已经成为无奈的选择，但在落后的农村，非农就业的机会并不多，而且在外出务工的群体中，主要是男性，农村妇女外出务工并不多。女性本来就是弱势群体，农村妇女更是弱势群体中的弱势者，是应该予以特别关注的那部分人。更应指出的是，长期以来，在父权思想的深刻影响下，有不少农村妇女在潜意识里认为照顾家庭比就业更重要，在面对家庭和就业时，均会选择家庭。因此，党和政府要从人民群众的根本利益与美好生活需要出发，实施积极的就业政策，通过加强引导和完善市场就业机制等途径，扩大整体就业规模。要多途径支持农村妇女的劳动就业，倡导相关企业为农村妇女提供岗位，并且给予这些企业一些政策优惠。要加大有关农村妇女劳动就业的宣传力度，让农村妇女自身认识到自己的就业权利。中国农村妇女就业保障维度共包括参加就业培训的比例（C_1）、对就业培训的满意率（C_2）、对就业渠道拓展的满意率（C_3）、对政府就业政策的满意率（C_4）、对政府创业政策的满意率（C_5）这五个二级指标。除参加就业培训的比例 C_1 为客观性指标之外，C_2、C_3、C_4、C_5 都是主观性的指标。

（四）中国农村妇女防止返贫保障

脱贫摘帽后并非意味着精准扶贫工作的结束，更不是发展已经告一段落，紧接而来的是更为艰巨的乡村全面振兴任务。如何使刚刚脱贫摘帽的地区尽快步入乡村振兴的轨道，实现两者的无缝接轨，是一个极为关键的问题。目前,脱贫攻坚已经到了最后阶段,既面临着啃下"硬骨头"的任务,也要时刻提防返贫的压力。确保低收入人口稳定脱贫并防止返贫,事关打赢脱贫攻坚战的成败,事关高水平全面建成小康社会大局,要从战略高度充分认识巩固脱贫成果、建立防范返贫机制的重要性与紧迫性,全面落实中央顶层战略部署,把稳定脱贫、防止返贫摆上更加重要的位置,确保低收入人口"一人不少、一户不落"地同步进入小康社会。因而,脱贫只是完成了前期工作,防止返贫才是后期工作,而在防止返贫工作中,农村妇女的返贫问题,更应引起高度关注。中国农村妇女防止返贫保障维度共包括脱贫后返贫率(D_1)、对政府扶贫政策的满意率(D_2)、对村组织扶贫工作的满意率(D_3)、对社会参与扶贫的满意率(D_4)、对自我发展能力的满意率(D_5)这五个二级指标。除中国农村妇女脱贫后返贫率D_1为客观性指标之外,D_2、D_3、D_4、D_5均为主观性的指标,由农村妇女凭主观感受自行填写。

二 乡村振兴战略下中国农村妇女社会保障制度评价体系的使用方法

(一)各维度的计算方法

本书构建的乡村振兴战略下中国农村妇女社会保障制度评价体系共分为四大维度,但随着乡村振兴战略逐步实施、目标的不断达成,每个维度在不同时期的权重应该进行动态调整。按照乡村振兴战略推进的2020年、2035年和2050年这三个重要的时间节点,采用专家调查法,通过听取中国农业大学、南京农业大学、湖南农业大学、湘潭大学、长沙理工大学等16所高校社会保障问题研究专家的意见,对各维度及各维度下的各项目进行如下赋值(见表5-2)。

由表5-2可知,2020年,与乡村振兴战略推进目标相一致的中国农村妇女社会保障制度评价各维度的权重如下:中国农村妇女基本保险A权重是35%、中国农村适龄妇女受教育保障B权重是20%、中国农村适龄妇女就业保障C权重是25%、中国农村妇女防止返贫保障D权重是20%。在全面建成小康社会的第一阶段,中国农村妇女基本保险在其社会保障体系中的占比是最大的,专家可能考虑到当前我国农村地区的妇女参加基本保险情况并不乐观，特别是许多中老年妇女的养老保障待遇水平还非常低，年退休金只有 2000 元左右，因而给予其较大的权重。排名第二位的是中国农村适龄妇女就业保障，其原因主要有：目前农村妇女隐性失业情况较为严重，部分妇女就业意愿不强烈，乡村地区就业机会也不是很多，而就业对农村妇女平等家庭地位的获取、个体的充分发展等具有非常重要的意义。中国农村适龄妇女受教育保障和中国农村妇女防止返贫保障的权重均为 20%。我国农村地区的义务教育已经基本普及、脱贫攻坚战已经到了"实现贫困县全部摘帽、贫困村全部退出"的最后决胜阶段，尽管适龄妇女受教育保障和防止返贫保障依然非常重要，但在此阶段大局已定的情况下，相对其他维度而言，这两大维度的权重可以稍微轻一点。

表 5-2　乡村振兴战略下中国农村妇女社会保障制度评价各维度的权重

维度	权重（%）		
	2020 年	2035 年	2050 年
中国农村妇女基本保险 A	35	20	10
中国农村适龄妇女受教育保障 B	20	30	40
中国农村适龄妇女就业保障 C	25	30	40
中国农村妇女防止返贫保障 D	20	20	10

到 2035 年，与乡村振兴战略推进目标相一致的中国农村妇女社会保障制度评价各维度的权重如下：中国农村妇女基本保险 A 权重是 20%、中国农村适龄妇女受教育保障 B 权重是 30%、中国农村适龄妇女就业保障 C 权重是 30%、中国农村妇女防止返贫保障 D 权重是 20%。在乡村振兴的第二阶段，城乡关系的重塑已经基本完成、集体经济能较快较好发展、小农户与现代农业实现了较好的衔接，乡村经济发展已经呈现良好的局面，农村居民收入得以较大幅度提升。此时，中国农村妇女的基本保险参加情况已经大幅好转，尽管该维度依然重要，但它已经和防止返贫保障一样，在中国农村妇女总体社会保

障体系中已经退居次要的位置。然而，中国农村适龄妇女受教育保障和适龄妇女就业保障的重要性进一步提升，权重进一步增加。适龄妇女的受教育不能再局限于义务教育，职业教育、高等教育开始成为农村妇女权益保障不可或缺的内容，农村妇女综合素养需要全面提升，与男性平等的受教育权要得以真正落实。此阶段的农村适龄妇女的就业保障也需要提升到更高的位置，因为我国此时极可能已经进入超老龄社会，劳动力更不稀缺。当然，此时全社会的保障能力和保障水平都已经有了大幅提升，党和政府也将更加注重农村妇女的受教育保障以及就业保障。

到2050年，与乡村振兴战略推进目标相一致的中国农村妇女社会保障制度评价各维度的权重如下：中国农村妇女基本保险A权重是10%、中国农村适龄妇女受教育保障B权重是40%、中国农村适龄妇女就业保障C权重是40%、中国农村妇女防止返贫保障D权重是10%。中国农村适龄妇女受教育保障和就业保障的权重进一步提升，而基本保险和防止返贫保障的权重进一步下降。在乡村振兴的第三阶段，因为农村妇女没有参加基本保险的情况已经越来越少，农村贫困也已经根除，返贫可能性已经大幅降低，基本保险和防止返贫保障在中国农村妇女社会保障体系中的重要性进一步下降，党和政府完全可以将这方面的资源和精力调整到其他更加重要的维度。与此同时，在农村物质文明、政治文明、精神文明、社会文明、生态文明已经得以全面、大幅提升的第三阶段，受教育保障、就业保障已经成为促进中国农村妇女全面、充分发展及建设美好生活的强大武器，需要全社会予以特别关注和高度重视。

根据以上分析，与乡村振兴阶段目标相匹配的中国农村妇女社会保障制度评价体系的计算公式可以做如下表述：

$$S_{2000} = A \times 35\% + B \times 20\% + C \times 25\% + D \times 20\% \quad (5-1)$$

$$S_{2035} = A \times 20\% + B \times 30\% + C \times 30\% + D \times 20\% \quad (5-2)$$

$$S_{2050} = A \times 10\% + B \times 40\% + C \times 40\% + D \times 10\% \quad (5-3)$$

（二）各维度下相应项目的计算方法

因乡村振兴战略下中国农村妇女社会保障体系各维度下相应的保

障项目选取的都是一些具有代表性的项目，对未来的发展同样具有适应性，故不需要根据乡村振兴战略的推进阶段再进行调整和重新赋值，因而本书假设各维度的总分均为100分，各维度下相应项目的分数同样为100分。

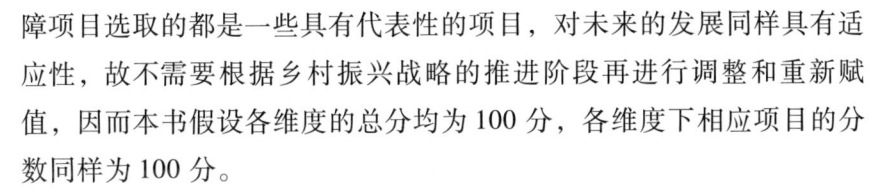

1. 中国农村妇女基本保险维度的计算方法

根据目前我国中国农村妇女基本养老保险、基本医疗保险、生育保险、工伤保险、失业保险的覆盖情况，本书制定的中国农村妇女基本保险维度下五个项目的计分方式，见表5-3。

表5-3   中国农村妇女基本保险维度下相应项目计分方式

项目	计分					
未参加基本养老保险的比例（A_1）	$20\% \leq A_1$ = 0分	$15\% \leq A_1 < 20\%$ = 60分	$10\% \leq A_1 < 15\%$ = 70分	$6\% \leq A_1 < 10\%$ = 80分	$1\% \leq A_1 < 6\%$ = 90分	$A_1 < 1\%$ = 100分
未参加基本医疗保险的比例（A_2）	$15\% \leq A_2$ = 0分	$12\% \leq A_2 < 15\%$ = 60分	$10\% \leq A_2 < 12\%$ = 70分	$6\% \leq A_2 < 10\%$ = 80分	$2\% \leq A_2 < 6\%$ = 90分	$A_2 < 2\%$ = 100分
未参加生育保险的比例（A_3）	$40\% \leq A_3$ = 0分	$30\% \leq A_3 < 40\%$ = 60分	$20\% \leq A_3 < 30\%$ = 70分	$10\% \leq A_3 < 20\%$ = 80分	$5\% \leq A_3 < 10\%$ = 90分	$A_3 < 5\%$ = 100分
未参加工伤保险的比例（A_4）	$50\% \leq A_4$ = 0分	$40\% \leq A_4 < 50\%$ = 60分	$30\% \leq A_4 < 40\%$ = 70分	$20\% \leq A_4 < 30\%$ = 80分	$10\% \leq A_4 < 20\%$ = 90分	$A_4 < 10\%$ = 100分
未参加失业保险的比例（A_5）	$50\% \leq A_5$ = 0分	$40\% \leq A_5 < 50\%$ = 60分	$30\% \leq A_5 < 40\%$ = 70分	$20\% \leq A_5 < 30\%$ = 80分	$10\% \leq A_5 < 20\%$ = 90分	$A_5 < 10\%$ = 100分

由表5-3可知，中国农村妇女基本保险维度下，当$20\% \leq A_1$时，其计分为0分；当$15\% \leq A_1 < 20\%$时，其计分为60分；当$10\% \leq A_1 < 15\%$时，其计分为70分；当$6\% \leq A_1 < 10\%$时，其计分为80分；当$1\% \leq A_1 < 6\%$时，其计分为90分；当$A_1 < 1\%$时，其计分为100分。

有研究表明，就近非农就业的农村妇女参加社会保险的比例非常小、缴费额度也比较低，46.8%的被调查者表示"只缴纳一部分"，仅有10.1%的被调查者表示"缴纳很齐全"。还有调查发现，女性农民工中参加养老保险、医疗保险的比例也非常低，分别只有41.5%和47.4%，参加其他险种的女性农民工则少之又少，与其息息相关的生育保险参与率仅有17.8%。人力资源和社会保障部相关调查统计数据显示，截至2012年年底，全国生育保险参保人数达15445万人，但保障对象主要是城镇企业及其职工，几乎没有用人单位为女性农民工办理生育保险。因此，本书认为，中国农村妇女中未参加基本养老保险的比例小于20%时，开始计分，但要小于1%时才能计满分。因城乡居民医疗保险覆盖率逐年上升，只有未参加基本医疗保险的比例小于15%时，才开始计分，小于2%时才能计满分100分。目前，未参加生育保障者在中国农村妇女中占比较大，因而当$A_3<40\%$时，其计分为60分，当$A_3<5\%$时，其计分为满分100分。未参加工伤保险的比例、未参加失业保险的比例在中国农村妇女中比未参加生育保险的比例更多，因而当A_4、A_5小于50%时就开始计分，当它们小于10%时，其计分为满分100分。

在现代社会，基本社会保障对任何个体来说都是非常重要的，对中国农村妇女来说更是如此。基本社会保障是改善基本民生和彰显社会公平正义的重要工具，是实现基本公共服务均等化的具体表现，社会关注度高，利益诉求多样。特别是在我国人口老龄化加剧、城镇化进程加快以及乡村振兴全面实施的新形势下，基本社会保障制度的建设更不容忽视，基本养老保险、基本医疗保险、生育保险、工伤保险、失业保险具有同等的重要性，因而其权重也应具有一致性。尽管目前生育保险已经开始与医疗保险合并，但考虑到读者的习惯，本书依然将生育保险独列。因而，中国农村妇女基本保障维度下各项目的计分，见式（5-4）。

$$A = A_1 \times 20\% + A_2 \times 20\% + A_3 \times 20\% + A_4 \times 20\% + A_5 \times 20\%$$

（5-4）

2. 中国农村适龄妇女受教育保障维度的计算方法

自 20 世纪 80 年代开始，国内学者们开始了对农村妇女的研究，发展到目前，其领域已经涉及家庭、教育、健康、就业、权利等诸多的领域。关于教育，有人提出，女性劳动力是农村剩余劳动力的主要组成部分，且其剩余大都具有隐性特征，尽管制约中国农村女性劳动力转移的因素较为复杂，但人力资本薄弱却是影响其非农转移的关键性因素。虽然中国教育政策高度重视对妇女的教育，但在现实中妇女获得的受教育机会依然大幅低于男性，主要原因是男女劳动力供给特点具有差异性，导致了教育投资中的性别歧视现象。随着我国工业化、城市化的纵深发展，农村青壮年男劳动力大量汇入了进城务工的队伍的态势在乡村振兴第二阶段依然存在，农业生产女性化的特征短期也难以改变，农村妇女事实上已成为影响农村经济发展、乡村全面振兴的重要因素。特别是，实际上，为中国农村适龄妇女提供教育保障是阻断贫困代际传递、促进家庭美好生活建设最为有效的方法。中国农村妇女教育保障维度下各项目的计分，见式（5-5）。

$$B = B_1 \times 10\% + B_2 \times 15\% + B_3 \times 20\% + B_4 \times 25\% + B_5 \times 30\%$$

(5-5)

因为目前我国农村义务教育已经实施多年，中国农村妇女教育保障的重心随着乡村振兴的推进要向中等职业教育、高中教育和普遍高等教育进行转变。本书制定的中国农村适龄妇女教育保障维度下五个项目的计分方式，见表 5-4。

表 5-4　中国农村适龄妇女教育保障维度下相应项目计分方式

项目	计分					
中国农村适龄妇女接受小学教育的比例（B_1）	$B_1 < 80\%$ = 0 分	$80\% \leq B_1 <85\%$ = 60 分	$85\% \leq B_1 <90\%$ = 70 分	$90\% \leq B_1 <95\%$ = 80 分	$95\% \leq B_1 \geq 98\%$ = 90 分	$B_1 \geq 98\%$ = 100 分
中国农村适龄妇女接受初中教育的比例（B_2）	$B_2 < 80\%$ = 0 分	$80\% \leq B_2 <85\%$ = 60 分	$85\% \leq B_2 <90\%$ = 70 分	$90\% \leq B_2 <95\%$ = 80 分	$95\% \leq B_2 \geq 98\%$ = 90 分	$B_2 \geq 98\%$ = 100 分

续表

项目	计分					
中国农村适龄妇女接受中等职业教育的比例（B_3）	$B_3 < 30\%$ = 0 分	$30\% \leq B_3 < 35\%$ = 60 分	$35\% \leq B_3 < 40\%$ = 70 分	$40\% \leq B_3 < 45\%$ = 80 分	$45\% \leq B_3 < 50\%$ = 90 分	$B_3 \geq 50\%$ = 100 分
中国农村适龄妇女接受高中教育的比例（B_4）	$B_4 < 30\%$ = 0 分	$30\% \leq B_4 < 35\%$ = 60 分	$35\% \leq B_4 < 40\%$ = 70 分	$40\% \leq B_4 < 45\%$ = 80 分	$45\% \leq B_4 < 50\%$ = 90 分	$B_4 \geq 50\%$ = 100 分
中国农村适龄妇女接受普通高等教育的比例（B_5）	$B_5 < 10\%$ = 0 分	$10\% \leq B_5 < 15\%$ = 60 分	$15\% \leq B_5 < 20\%$ = 70 分	$20\% \leq B_5 < 25\%$ = 80 分	$25\% \leq B_5 < 30\%$ = 90 分	$B_5 \geq 30\%$ = 100 分

由表 5-4 可知，中国农村适龄妇女教育保障维度下，当 $B_1 < 80\%$ 时，B_1 的计分为 0 分；当 $80\% \leq B_1 < 85\%$ 时，B_1 的计分为 60 分；当 $85\% \leq B_1 < 90\%$ 时，B_1 的计分为 70 分；当 $90\% \leq B_1 < 95\%$ 时，B_1 的计分为 80 分；当 $95\% \leq B_1 \geq 98\%$ 时，B_1 的计分为 90 分；当 $B_1 \geq 98\%$ 时，B_1 的计分为 100 分。初中教育同样属于义务的部分，所以其计分方式与小学教育一致。中等职业教育与高中教育属于同一级别的教育，尽管长期以来，国家把主要精力放在普及义务教育和扩大高等教育招生规模上，对高中阶段教育关注力度不够，但随着乡村振兴的推进，这两种类型的教育可能会在乡村获得更多的重视而并驾齐驱，所以本书认为 B_3、$B_4 < 30\%$ 时，均只能计 0 分，B_3、$B_4 \geq 50\%$ 时，方能计满分 100 分。在乡村振兴战略实施过程中，高等教育在新农村建设中责无旁贷，理应发挥重要作用。然而，从整体上看，我国高等教育服务农村水平落后，不仅影响到农村社会的发展，而且严重阻碍了高等教育普及化的深入、农村人口"中等收入陷阱"的跨越和

城镇化建设；虽然近年来国家大力推行农村教育扶贫，但农村人口的基本受教育权依然无法得到很好的保障，更何况是接受高等教育的权利；即使 2020 年我国高等教育毛入学率在整体上实现了量的达标，在很大程度上也只能说是高等教育在发达地区或城镇地区的普及化，农村地区并未达标，因而并不能称为面向全体国民的均衡发展的普及化高等教育，农村人口受高等教育的现状使农村成为我国高等教育普及化的"塌陷区"，而中国农村适龄妇女的普通高等教育现状则更为糟糕。因此，本书认为当 $10\% \leq B_5 < 15\%$ 时，可以开始计分，当 $B_5 > 30\%$ 时，计满分 100 分。

3. 中国农村妇女就业保障维度计分方法

党的十九大报告强调，我国社会主要矛盾已转变为人民日益增长的美好生活需要和不平衡不充分的发展之间的矛盾。党和政府"要不断满足人民对美好生活的向往"，"就要提升国民幸福感，更要满足女性对幸福感的追求，提升其幸福感水平"。农村妇女是我国社会成员结构中的重要部分，是半边天，影响女性幸福感的因素很多，如女性工作自主性、收入增长、婚姻状况等。农村妇女在为经济社会发展努力做出贡献的同时，却承受着比男性更大的婚姻家庭离散、身体健康等系列风险，承担着照顾未成年子女、老人的责任以及完善烦琐的家务劳动，面临着更为严重的就业压力和就业歧视。非农就业的农村妇女在工种选择、工资待遇、培训、晋升等方面的劣势，造成了其社会地位不高和就业竞争力不强的恶性循环，不利于其家庭稳定与发展，并可能给其未成年子女的成长产生负面影响。有关农村妇女非农就业的调查数据表明，非农就业的农村妇女从事的工作主要有民营企业工厂工人、家政服务、休闲、餐饮以及个体工商户雇员等。具体来说，在农村妇女非农就业岗位中，服装、电子玩具生产行业的生产工人占 11.4%，保姆、清洁工工作岗位的占 9.6%，餐饮、休闲服务工作岗位的占 72.5%。显然，上述工作都是一些流动性大、工作强度较大、劳动关系不固定以及工作环境及卫生条件差的岗位。当然，近些年来参加过农业部门的"雨露培训""阳光工程培训""农村实用技术培训"，人社部门的农村劳动力转移培训、"春潮行动"就业技能培训等以及各种行业协会举办的培训,中国农村妇女不在少数,农村妇女就业素养和就业环境已经有较大的改善。中国农村妇女就业保障维度下各项目的计分细则见式(5-6)。

$$C = C_1 \times 25\% + C_2 \times 15\% + C_3 \times 15\% + C_4 \times 15\% + C_5 \times 30\%$$

(5-6)

显然,式(5-6)中,中国农村妇女参加就业培训的比例(C_1)和中国农村妇女对政府创业政策的满意率(C_5)所占的权重是比较大的,其原因是就业培训无论在乡村振兴的哪一个阶段,都是提升中国农村妇女就业技能、参与市场竞争的有效手段,而创业政策则对那部分有创业愿景和创业能力的中国农村妇女跳出"贫困陷阱"具有重要的现实意义。本书制定的中国农村适龄妇女就业保障维度下五个项目的计分方式,见表5-5。

表5-5 中国农村适龄妇女就业保障维度下相应项目计分方式

项目	计分					
中国农村适龄妇女参加就业培训的比例(C_1)	$C_1 < 60\%$ = 0分	$60\% \leq C_1 <65\%$ = 60分	$65\% \leq C_1 < 70\%$ = 70分	$70\% \leq C_1 < 75\%$ = 80分	$75\% \leq C_1 < 80\%$ = 90分	$C_1 \geq 80\%$ = 100分
中国农村适龄妇女对就业培训的满意率(C_2)	$C_2 < 60\%$ = 0分	$60\% \leq C_2 < 70\%$ = 60分	$70\% \leq C_2 < 80\%$ = 70分	$80\% \leq C_2 < 85\%$ = 80分	$85\% \leq C_2 < 95\%$ = 90分	$C_2 \geq 95\%$ = 100分
中国农村适龄妇女对就业渠道拓展的满意率(C_3)	$C_3 < 60\%$ = 0分	$60\% \leq C_3 < 70\%$ = 60分	$70\% \leq C_3 < 80\%$ = 70分	$80\% \leq C_3 < 85\%$ = 80分	$85\% \leq C_3 < 95\%$ = 90分	$C_3 \geq 95\%$ = 100分
中国农村适龄妇女对政府就业政策的满意率(C_4)	$C_4 < 60\%$ = 0分	$60\% \leq C_4 < 70\%$ = 60分	$70\% \leq C_4 < 80\%$ = 70分	$80\% \leq C_4 < 85\%$ = 80分	$85\% \leq C_4 < 95\%$ = 90分	$C_4 \geq 95\%$ = 100分

续表

项目	计分					
中国农村适龄妇女对政府创业政策的满意率（C_5）	$C_5<50\%$ = 0 分	$50\%\leq C_5<55\%$ = 60 分	$55\%\leq C_5<60\%$ = 70 分	$60\%\leq C_5<65\%$ = 80 分	$65\%\leq C_5<70\%$ = 90 分	$C_5\geq 70\%$ = 100 分

由表 5-5 可知，中国农村适龄妇女就业保障维度下，当 $C_1<60\%$ 时，其计分为 0 分；当 $60\%\leq C_1<65\%$ 时，其计分为 60 分；当 $65\%\leq C_1<70\%$ 时，其计分为 70 分；当 $70\%\leq C_1<75\%$ 时，其计分为 80 分；当 $75\%\leq C_1<80\%$ 时，其计分为 90 分；当 $C_1>80\%$ 时，其计分为 100 分。C_2、C_3、C_4 的计分方式是一致的，当 $60\%\leq C_2/C_3/C_4<70\%$ 时，其计分均计 60 分；当 $70\%\leq C_2/C_3/C_4<80\%$ 时，其计分均计 70 分；当 $80\%\leq C_2/C_3/C_4<85\%$ 时，其计分均计 80 分；当 $85\%\leq C_2/C_3/C_4<95\%$ 时，其计分均计 90 分；当 $C_2/C_3/C_4\geq 95\%$ 时，其计分均计 100 分。当 $50\%\leq C_5<55\%$ 时，其计分为 60 分；当 $55\%\leq C_5<60\%$ 时，其计分为 70 分；当 $60\%\leq C_5<65\%$ 时，其计分为 80 分；当 $65\%\leq C_5<70\%$ 时，其计分为 90 分；当 $C_5\geq 70\%$ 时，其计分为 100 分。创业毕竟需要一定的胆识、资金积累以及社会交往能力与社会关系网络，还要面临项目风险、市场风险、管理风险等难以预计的风险，并不是所有中国农村适龄妇女都愿意或者都能创业，因而 $C_5\geq 70\%$ 时，其计分为满分 100 分。

4. 中国农村妇女防止返贫保障维度计分方法

在脱贫攻坚工作中，对于农村妇女贫困问题的关注是随着国家政策的演进而不断清晰明确。目前，在我国已经形成了专门针对农村妇女的多层次、多部门联动的"大扶贫"格局，特别是有针对性地推出了农村"两癌"免费检查和"两癌"贫困母亲救助等扶贫项目，为农村妇女脱贫做出了特殊的贡献。然而，因农村妇女的自身心理、生理的脆弱性以及部分家庭对于农村女孩受教育的不积极作为等因素的叠加效应使其脱贫更为艰难。但农村贫困妇女脱贫，不仅是关乎到农村妇女的个体发展问题,更为重要的是,从家庭角度,阻断农村妇女贫困,是阻断贫困代际传递最为有效的途径。有研究者在对河南、广西、四川等地进行实地调研时发现,农村适龄妇女在脱贫道路上存在以下需要特别注意的困境,留守妇女体力、心理负担超过了自身的承受能力,妇女的土地权益保障不到位,传统农村适龄妇女生育观念加剧了家庭抚养负担,但妇女的卫生保健得不到保证。然而,扶贫的目的不仅是促进农村适龄妇女的"脱贫摘帽",同时还要特别注意预防脱贫后返贫的情况出现,也就是在实现减贫的同时还要注意预防农村适龄妇女返贫,这才真正实现了永久性脱贫。好的外部社会经济条件是农村适龄妇女脱贫后发展的依托与保障,也是其可持续脱贫的基本前提。中国农村妇女防止返贫保障维度下各项目的计分,见式(5-7)。

$$D = D_1 \times 30\% + D_2 \times 10\% + D_3 \times 10\% + D_4 \times 10\% + D_5 \times 40\%$$

(5-7)

中国农村适龄妇女脱贫后之所以出现返贫,其主要原因是:一是脱贫后又不幸遇到了难以化解的风险,如重大疾病,单靠一己或者一家之力难以完全摆脱风险造成的困扰,哪怕享受到大病医保等政策,但因为中国农村家庭家底太单薄而没办法从困境中走出;二是中国农村妇女家庭享受了"输血",但因自身"造血"功能过于弱小,尽管曾经在政府帮助下实现了脱贫,但是抵抗风险的能力非常有限。因此,中国农村妇女防止返贫保障维度中,脱贫后返贫率(D_1)和对自我发展能力的满意率(D_5)的权重最大。本书制定的中国农村妇女防止返贫保障维度下五个项目的计分方式,见表5-6。

从表5-6可知,中国农村妇女防止返贫保障维度下,当$D_1 > 10\%$时,其计分为0分;当$8\% \leq D_1 < 10\%$时,其计分为60分;当$6\% \leq D_1 < 8\%$时,其计分为70分;当$4\% \leq D_1 < 6\%$时,其计分为80分;当$1\% \leq D_1 < 4\%$时,其计分为90分;当$D_1 < 1\%$时,其计分为100分。中国农村妇女脱贫后返贫率若超过10%,这将是一个庞大的

表 5-6 　中国农村妇女防止返贫保障维度下相应项目计分方式

项目	计分					
中国农村妇女脱贫后返贫率（D_1）	$D_1>10\%$ = 0 分	$8\%\leq D_1<10\%$ = 60 分	$6\%\leq D_1<8\%$ = 70 分	$4\%\leq D_1<6\%$ = 80 分	$1\%\leq D_1<4\%$ = 90 分	$D_1<1\%$ = 100 分
中国农村妇女对政府扶贫政策的满意率（D_2）	$D_2<70\%$ = 0 分	$70\%\leq D_2<75\%$ = 60 分	$75\%\leq D_2<80\%$ = 70 分	$80\%\leq D_2<85\%$ = 80 分	$85\%\leq D_2<95\%$ = 90 分	$D_2\geq 95\%$ = 100 分
中国农村妇女对村组织扶贫工作的满意率（D_3）	$D_3<70\%$ = 0 分	$70\%\leq D_3<75\%$ = 60 分	$75\%\leq D_3<80\%$ = 70 分	$80\%\leq D_3<85\%$ = 80 分	$85\%\leq D_3<95\%$ = 90 分	$D_3\geq 95\%$ = 100 分
中国农村妇女对社会参与扶贫的满意率（D_4）	$D_4<60\%$ = 0 分	$60\%\leq D_4<70\%$ = 60 分	$70\%\leq D_4<80\%$ = 70 分	$80\%\leq D_4<85\%$ = 80 分	$85\%\leq D_4<90\%$ = 90 分	$D_4\geq 90\%$ = 100 分
中国农村妇女对自我发展能力的满意率（D_5）	$D_5<50\%$ = 0 分	$50\%\leq D_5<55\%$ = 60 分	$55\%\leq D_5<60\%$ = 70 分	$60\%\leq D_5<65\%$ = 80 分	$65\%\leq D_5<70\%$ = 90 分	$D_5\geq 70\%$ = 100 分

数字，说明地方政府极有可能出现了"数字脱贫"和"政绩脱贫"下的"限期脱贫"与"快速催肥式"下的"短期脱贫""只输血不造血"的"项目扶贫"现象，并没有采取有效方式从根本上阻断农村妇女的返贫问题，因而其计分只能是 0 分。同时，本书还认为，无论处在乡村振兴的哪一个阶段，中国农村妇女脱贫后返贫率只有在小于 1% 的情况下，该项目才能计满分 100 分。中国农村妇女对政府扶贫政策的满意率（D_2）和对村组织扶贫工作的满意率（D_3）的计分方式是一样的，当 $70\%\leq D_2/D_3<75\%$ 时，其计分为 60 分；当 $75\%\leq D_2/D_3<80\%$ 时，其计分为 70 分；当 $80\%\leq D_2/D_3<85\%$ 时，其计分为 80 分；当 $85\%\leq D_2/D_3<95\%$ 时，其计分为 90 分；当 $D_2/D_3\geq$

95%时,其计分为100分。中国农村妇女对社会参与扶贫的满意率(D_4)的计分方式比D_2、D_3略微宽松,毕竟社会其他组织与个人参与扶贫都是非营利性的,都是出于一种社会责任感。尽管自我发展能力是中国农村妇女脱贫和防止返贫的内在力量,但该群体的自我发展能力的提升需要较长的时间,因而本书认为,当$D_5 \geqslant 70\%$时,其计分就应该为100分。

(三)总分值计算方法

将式(5-1)、式(5-4)、式(5-5)、式(5-6)、式(5-7)进行联立;将式(5-2)、式(5-4)、式(5-5)、式(5-6)、式(5-7)进行联立;将式(5-3)、式(5-4)、式(5-5)、式(5-6)、式(5-7)进行联立,可以得到式(5-8)、式(5-9)、式(5-10)。

$$S_{2020} = (A_1 \times 20\% + A_2 \times 20\% + A_3 \times 20\% + A_4 \times 20\% + A_5 \times 20\%) \times 35\% + (B_1 \times 10\% + B_2 \times 15\% + B_3 \times 20\% + B_4 \times 25\% + B_5 \times 30\%) \times 20\% + (C_1 \times 25\% + C_2 \times 15\% + C_3 \times 15\% + C_4 \times 15\% + C_5 \times 30\%) \times 25\% + (D_1 \times 30\% + D_2 \times 10\% + D_3 \times 10\% + D_4 \times 10\% + D_5 \times 40\%) \times 20\% \quad (5-8)$$

$$S_{2035} = (A_1 \times 20\% + A_2 \times 20\% + A_3 \times 20\% + A_4 \times 20\% + A_5 \times 20\%) \times 20\% + (B_1 \times 10\% + B_2 \times 15\% + B_3 \times 20\% + B_4 \times 25\% + B_5 \times 30\%) \times 30\% + (C_1 \times 25\% + C_2 \times 15\% + C_3 \times 15\% + C_4 \times 15\% + C_5 \times 30\%) \times 30\% + (D_1 \times 30\% + D_2 \times 10\% + D_3 \times 10\% + D_4 \times 10\% + D_5 \times 40\%) \times 20\% \quad (5-9)$$

$$S_{2050} = (A_1 \times 20\% + A_2 \times 20\% + A_3 \times 20\% + A_4 \times 20\% + A_5 \times 20\%) \times 10\% + (B_1 \times 10\% + B_2 \times 15\% + B_3 \times 20\% + B_4 \times 25\% + B_5 \times 30\%) \times 40\% + (C_1 \times 25\% + C_2 \times 15\% + C_3 \times 15\% + C_4 \times 15\% + C_5 \times 30\%) \times 40\% + (D_1 \times 30\% + D_2 \times 10\% + D_3 \times 10\% + D_4 \times 10\% + D_5 \times 40\%) \times 10\% \quad (5-10)$$

根据式(5-8)、式(5-9)以及式(5-10),可以计算出2020年、2035年、2050年我国乡村振兴战略下中国农村妇女社会保障制度的得分。当然,每一项制度或政策的评价都需要对其总体得分情况

第五章 乡村振兴战略下中国农村妇女社会保障制度目标

制定相应的等级标准，否则评价因参考依据而变得没有意义。本书综合考量专家意见后认为，S_{2020}、S_{2035}、S_{2050} 得分 80 分以上为良好、90 分以上为优秀。接下来，本书以良好为下限、优秀为上限，对 2020 年、2035 年、2050 年乡村振兴战略下我国中国农村妇女社会保障制度的建设标准分别展开讨论。

第三节 乡村振兴战略下中国农村妇女社会保障制度目标

中华人民共和国成立以来，我国经济与社会各项事业快速发展。为限制人口增长过快而在 20 世纪 70 年代后期全面推行的计划生育政策，导致了当前我国适龄劳动力大幅减少的局面，使我国成为世界上人口老龄化速度最快的国家之一。《中华人民共和国 2019 年国民经济和社会发展统计公报》数据显示，2019 年年末我国 65 周岁及以上人口较上一年度新增 945 万人，同比增加 0.7%，在总人口中的比重已经达到 12.6%。按照联合国的最新标准，一个国家或地区 65 岁老人在总人口中的比重达到 7%，即表明其进入"老龄化社会"；如超过 14%，则进入"老龄社会"；如达到 20%，则进入"超老龄社会"。尽管我国距"老龄社会"尚有 1.4% 之遥，但依据当前的老龄化速度，"老龄社会"，生活质量却在某种程度上要比男性低，因而在家庭和社会中的地位均处于性别方面弱势可谓是近在咫尺。众所周知，妇女的平均寿命要比男性长，但农村妇女普遍存在的健康状况差，患病率高，缺乏医疗保险，看病就医困难，承担家务劳动多，经济收入少等问题。

当然，中国一直积极创造条件发展妇女事业，鼓励女性施展才华，参与现代化建设，改善生活水平。2020 年 10 月 1 日，习近平总书记在联合国大会纪念北京世界妇女大会 25 周年高级别会议上通过视频发表的重要讲话中明确指出，中国要"建设一个妇女免于被歧视的世界，打造一个包容发展的社会"，为全球妇女事业的建设与发展贡献中国方案、中国智慧以及中国经验。习近平总书记还强调，妇女是人类文明的开创者、社会进步的推动者，在各行各业书写着不平凡的成就。在抗击新冠肺炎疫情的战斗中，再次彰显了妇女是推动社会进步不容忽视的伟大力量。广大女性医务人员、疾控人员、科技人员、社区工作者、志愿者等不畏艰险、日夜奋战，坚守在疫情防控的第一线，用自己的勤劳、智慧甚至生命书写着保护生命、拯救生命的壮丽诗篇。在抗击新冠肺炎疫情最紧要的关键时刻，正是成千上万的中国女性，以勇气和辛劳诠释了医者仁心，用付出、责任、担当与奉献换来了祖国山河无恙。加快实现性别平等，最大限度调动广大妇女积极性、主动性、创造性，增强她们的获得感、幸福感、安全感，是激励广大妇女努力发挥"半边天"作用，促进全球妇女事业发展乃至人类事业发展的必然要求。为了保障妇女享有平等的参政权、受教育权、劳动就业权、婚姻家庭权、经济权，我国构建了全面保障妇女权益的法律体系，建立了包括《中华人民共和国妇女权益保障法》在内的100多部法律法规，构建了包括妇幼保健机构、妇产医院、妇幼保健工作在内的卫生医疗组织体系，在教育、就业、脱贫等领域接近或基本实现女性占比一半甚至某些领域女性占比超过一半的良好局面。长期以来，我国致力于提高妇女平等参政权等各项权益，逐渐打造了一个包容发展的社会，推动了妇女事业可持续高质量发展。

习近平总书记同时也指出，仍在全球蔓延的新冠肺炎疫情，对各国生产生活、就业民生带来了严重冲击，也给妇女脱贫、教育、健康、就业、权益保护等带来了新的压力，男女平等也将面临新的挑战。联合国妇女署与联合国开发计划署日前共同发布的"新冠肺炎疫情全球性别应对追踪"数据显示，疫情期间的社会保障和就业支持措施大都忽视了女性的需求，仅12%的国家采取特别措施保障女性权益，过去几十年性别平等领域取得的成果正面临退步风险。因此，在全球抗击疫情和推动经济社会复苏进程中，尤其要关注妇女的特殊需要。

目前，学界在社会保障等社会政策方面存在诸多不同的声音，也夹杂着各种争论。这些现象表明，我国的社会保障等社会政策在经历

第五章　乡村振兴战略下中国农村妇女社会保障制度目标

了快速建设和快速发展时期以后，开始进入一个新的阶段。在未来的建设与发展中如何确立社会保障等社会政策的价值目标与努力共识，尚需通过广泛的讨论以凝聚新的共识，形成新的合力。中国农村妇女社会保障领域当然也存在类似的情况。这些情况既在一定程度上反映出当前我国社会保障政策的总体性特征，但同时也折射出了农村妇女社会保障的独特之处。总之，我国中国农村妇女社会保障的未来发展面临着三个基本问题：一是我国农村在脱贫攻坚战役完成后将会发生什么样的变化，这些变化对社会保障会提出哪些新的、具体的要求；二是我国农村妇女社会保障制度能否超越过去的生存型保障目标，能否在乡村振兴中为广大农村妇女的获得感、幸福感和安全感的进一步夯实发挥更加积极的作用；三是中国农村妇女社会保障的建设如何才能与乡村振兴这个宏伟战略目标保持一致，实现同步发展；本书接下来将围绕这些问题展开具体分析。

一　乡村振兴战略下中国农村妇女社会保障制度 2020 年目标

根据前文所知，2020 年中国乡村振兴已经取得突破性的进展，即使在新冠肺炎疫情的影响下，当前我国乡村经济社会的发展态势也可证明这一点。实施乡村振兴战略的良好氛围已经营造完成，工作格局已经初步形成，也已经初步构建了城乡融合发展的体制机制以及政策体系。主要农产品供给能力较前期稳步增强，农产品供给结构和质量进一步改善和提升，农村基础保障条件进一步改善，公共服务水平进一步提高，幸福美丽新村建设的任务基本完成，农民收入持续稳定增长，贫困县全部摘帽即将实现，贫困村全部退出，贫困人口全部脱贫，农民生活达到全面小康水平。根据上述情况，本书构建的乡村振兴战略下中国农村妇女社会保障制度 2020 年目标如表 5 - 7 所示。

表 5 - 7　乡村振兴战略下中国农村妇女社会保障制度 2020 年目标

项目	建设目标（%）	得分（分）
中国农村妇女未参加基本养老保险的比例（A_1）	5	80
中国农村妇女未参加基本医疗保险的比例（A_2）	5	80
中国农村妇女未参加生育保险的比例（A_3）	8	80
中国农村妇女未参加工伤保险的比例（A_4）	15	80

续表

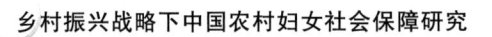

项目	建设目标（%）	得分（分）
中国农村妇女未参加失业保险的比例（A_5）	15	80
中国农村适龄妇女接受小学教育的比例（B_1）	90	80
中国农村适龄妇女接受普通初中教育的比例（B_2）	95	90
中国农村适龄妇女接受中等职业教育的比例（B_3）	48	90
中国农村适龄妇女接受高中教育的比例（B_4）	42	80
中国农村适龄妇女接受普通高等教育的比例（B_5）	22	80
中国农村适龄妇女参加就业培训的比例（C_1）	73	80
中国农村适龄妇女对就业培训的满意率（C_2）	90	90
中国农村适龄妇女对就业渠道拓展的满意率（C_3）	90	90
中国农村适龄妇女对政府就业政策的满意率（C_4）	90	80
中国农村适龄妇女对政府创业政策的满意率（C_5）	62	80
中国农村妇女脱贫后返贫率（D_1）	5	80
中国农村妇女对政府扶贫政策的满意率（D_2）	80	80
中国农村妇女对村组织扶贫工作的满意率（D_3）	80	80
中国农村妇女对社会参与扶贫的满意率（D_4）	80	80
中国农村妇女对自我发展能力的满意率（D_5）	60	80
合计	—	79.85

根据表 5-7 的相关数据，结合式（5-1）和式（5-8）可以计算出，在 2020 年，乡村振兴战略下中国农村妇女社会保障制度建设的目标是至少达到 79.85 分，也就是要接受非常良好的水平。

从中国农村妇女基本保险维度来看，农村妇女未参加基本养老保险的比例（A_1）需要控制在 5% 左右，以至少获得 80 分的计分；未参加基本医疗保险的比例（A_2）需要控制在 5% 左右，以至少获得 80 分的计分；未参加生育保险的比例（A_3）需要控制在 8% 左右，以至少获得 80 分的计分；未参加工伤保险的比例（A_4）需要控制在 15% 左右，以至少获得 80 分的计分；未参加失业保险的比例（A_5）需要控制在 15% 左右，以至少获得 80 分的计分。应该说，根据目前参保情况，生育保险、工伤保险和失业保险是此阶段最需要努力的地方。

从中国农村适龄妇女受教育保障维度来看，农村适龄妇女接受小学教育的比例（B_1）需要达到90%左右，以至少获得80分的计分；中国农村适龄妇女接受普通初中教育的比例（B_2）需要达到95%左右，以至少获得90分的计分；中国农村适龄妇女接受中等职业教育的比例（B_3）需要达到48%左右，以至少获得90分的计分；中国农村适龄妇女接受高中教育的比例（B_4）需要达到42%左右，以至少获得80分的计分；中国农村适龄妇女接受普通高等教育的比例（B_5）需要达到22%左右，以至少获得80分的计分。需要说明的是，接受中等职业教育和接受高中教育两者合计后，实际上就是初中毕业后的升学率，接受普通高等教育的比例含研究生教育。

从中国农村适龄妇女就业保障维度来看，中国农村适龄妇女参加就业培训的比例（C_1）需要达到73%左右，以至少获得80分的计分；中国农村适龄妇女对就业培训的满意率（C_2）需要达到90%左右，以至少获得90分的计分；中国农村适龄妇女对就业渠道拓展的满意率（C_3）需要达到90%左右，以至少获得90分的计分；中国农村适龄妇女对政府就业政策的满意率（C_4）需要达到90%左右，以至少获得80分的计分；中国农村适龄妇女对政府创业政策的满意率（C_5）需要达到62%左右，以至少获得80分的计分。此阶段无论是参加就业培训的比例、对就业培训的满意率、对就业渠道拓展的满意率、对政府就业政策的满意率，还是对政府创业政策的满意率都需要努力，特别是对政府创业政策的满意率，更是需要加倍努力。

从中国农村妇防止返贫保障维度来看，中国农村妇女脱贫后返贫率（D_1）需要控制在5%左右，以至少获得80分的计分；中国农村妇女对政府扶贫政策的满意率（D_2）需要达到80%左右，以至少获得80分的计分；中国农村妇女对村组织扶贫工作的满意率（D_3）需要达到80%左右，以至少获得80分的计分；中国农村妇女对社会参与扶贫的满意率（D_4）需要达到80%左右，以至少获得80分的计分；中国农村妇女对自我发展能力的满意率（D_5）需要达到60%左右，以至少获得80分的计分。此阶段既要对脱贫后返贫率指标进行严格控制，也要注意提升对政府创业政策的满意率。

二 乡村振兴战略下中国农村妇女社会保障制度 2035 年目标

此阶段,在城镇化快速推进和城市不断繁荣的同时,让城乡居民共享经济社会发展成果,不断促进城市与农村在人口流动、公共政策、资源开发、环境共享等方面形成双向互动、互为依存的态势,成为新时代城乡融合发展的核心主题。巩固和进一步完善农村的基本经营制度,在坚持农村土地集体所有、坚持家庭经营的基础性地位、稳定农村土地承包关系的基础上创新土地经营、流转方式,消除农村生产要素流动、集体经济高质量高水平发展的障碍,以确保实现保护农民财产权益、壮大集体经济、提升农村内生发展动力的目的。努力探索乡村综合发展模式,努力为农民开拓第三就业空间,让乡村的绿水青山成为人人向往的地方,不再是"养在深闺人不识",促进农村第一、第二、第三产业高度融合发展,让农民过上"在家上网开店铺,家庭事业两不误"的幸福家庭生活。而且,在乡村治理中,要注重将现代治理理念、治理方式、治理工具与传统治理资源有效结合,通过自治化解乡村矛盾,通过法治定纷止争,通过德治实现春风化雨。特别是,将在积极吸收和实践现代治理理念的基础上努力探索政府主导、多元主体协同、法治保障与村民自治的良性互动互进机制,实现乡村社会善治。

那么,中国农村妇女社会保障制度也将要在乡村振兴战略的持续推进下,随着乡村经济社会的发展实现质的飞跃。中国农村妇女基本保险、适龄妇女受教育保障、适龄妇女就业保障、防止返贫保障各个维度下各个项目的目标计分也应根据实际情况实现较大幅度的提高(见表 5-8)。

表 5-8 乡村振兴战略下中国农村妇女社会保障制度 2035 年目标

项目	建设目标(%)	得分(分)
中国农村妇女未参加基本养老保险的比例(A_1)	3	90
中国农村妇女未参加基本医疗保险的比例(A_2)	2	90
中国农村妇女未参加生育保险的比例(A_3)	3	100
中国农村妇女未参加工伤保险的比例(A_4)	12	90

续表

项目	建设目标（%）	得分（分）
中国农村妇女未参加失业保险的比例（A_5）	13	90
中国农村适龄妇女接受小学教育的比例（B_1）	100	100
中国农村适龄妇女接受普通初中教育的比例（B_2）	100	100
中国农村适龄妇女接受中等职业教育的比例（B_3）	49	90
中国农村适龄妇女接受高中教育的比例（B_4）	49	90
中国农村适龄妇女接受普通高等教育的比例（B_5）	28	80
中国农村适龄妇女参加就业培训的比例（C_1）	79	90
中国农村适龄妇女对就业培训的满意率（C_2）	93	90
中国农村适龄妇女对就业渠道拓展的满意率（C_3）	93	90
中国农村适龄妇女对政府就业政策的满意率（C_4）	93	90
中国农村适龄妇女对政府创业政策的满意率（C_5）	68	90
中国农村妇女脱贫后返贫率（D_1）	1	90
中国农村妇女对政府扶贫政策的满意率（D_2）	90	90
中国农村妇女对村组织扶贫工作的满意率（D_3）	90	90
中国农村妇女对社会参与扶贫的满意率（D_4）	88	90
中国农村妇女对自我发展能力的满意率（D_5）	65	90
合计	—	88.80

根据表5-8的相关数据，根据式（5-2）和式（5-9）可以算出，在2035年，乡村振兴战略下中国农村妇女社会保障制度建设的目标值是至少达到88.80分，也就是接近2035年标准的良好水平。当然，这也要求各个维度下各个项目的建设都要取得较大的进展。

从中国农村妇女基本保险维度来看，农村妇女未参加基本养老保险的比例（A_1）需要控制在3%左右，以至少获得90分的计分；未参加基本医疗保险的比例（A_2）需要控制在2%左右，以至少获得90分的计分；未参加生育保险的比例（A_3）需要控制在3%左右，以获得100分的满分；未参加工伤保险的比例（A_4）需要控制在12%左右，以至少获得90分的计分；未参加失业保险的比例（A_5）需要控制在13%左右，至少获得90分的计分。毫无疑问，未参加生育保险的比例在此阶段是一项需要严格控制的指标。

从中国农村适龄妇女受教育保障维度来看，中国农村适龄妇女接受小学教育的比例（B_1）需要达到100%，以获得100分的满分；中国农村适龄妇女接受普通初中教育的比例（B_2）需要达到100%，以获得100分的满分；中国农村适龄妇女接受中等职业教育的比例（B_3）需要达到49%左右，以至少获得90分的计分；中国农村适龄妇女接受高中教育的比例（B_4）需要达到49%左右，以至少获得90分的计分；中国农村适龄妇女接受普通高等教育的比例（B_5）需要达到28%左右，以至少获得80分的计分。在此阶段，农村适龄妇女接受小学教育的比例和接受普通初中教育的比例均需达到100%，接受中等职业教育的比例与接受高中教育的比例两者合计要达到98%左右，而接受普通高等教育的比例相对2020年的目标要实现6%左右的提升。

从中国农村适龄妇女就业保障维度来看，中国农村适龄妇女参加就业培训的比例（C_1）需要达到79%左右，以至少获得90分的计分；中国农村适龄妇女对就业培训的满意率（C_2）需要达到93%左右，以至少获得90分的计分；中国农村适龄妇女对就业渠道拓展的满意率（C_3）需要达到93%左右，以至少获得90分的计分；中国农村适龄妇女对政府就业政策的满意率（C_4）需要达到93%左右，以至少获得90分的计分；中国农村适龄妇女对政府创业政策的满意率（C_5）需要达到68%左右，以至少获得90分的计分。此阶段既需要对农村适龄妇女参加就业培训的事项继续努力，也需要政府加大对农村适龄妇女创业的支持力度。

从中国农村妇女防止返贫保障维度来看，中国农村妇女脱贫后返贫率（D_1）需要控制在1%左右，以至少获得90分的计分；中国农村妇女对政府扶贫政策的满意率（D_2）需要达到90%左右，以至少获得90分的计分；中国农村妇女对村组织扶贫工作的满意率（D_3）需要达到90%左右，以至少获得90分的计分；中国农村妇女对社会参与扶贫的满意率（D_4）需要达到88%左右，以至少获得90分的计分；中国农村妇女对自我发展能力的满意率（D_5）需要达到65%左右，以至少获得90分的计分。此阶段既要对脱贫后返贫率指标进行严格控制，也要注意提升对政府创业政策的满意率。此阶段，对中国农村妇女脱贫后返贫问题依然不能掉以轻心，特别是要杜绝那些人为导致的返贫现象，对那些不可抗拒因素导致的返贫也开始予以高度关注。

三 乡村振兴战略下中国农村妇女社会保障制度 2050 年目标

到了乡村振兴的第三阶段，中国农业农村将基本实现现代化，其努力的目标就是通过实践城乡融合发展，农村第一、第二、第三产业深度融合发展，小农户与现代农业发展有机衔接，百姓富与生态美的统一，自治法治德治"三治"相结合，懂农业爱农民爱农村等众多体现"融合""协调"以及"和"文化与精神的理念，实现乡村的全面振兴，乡村发展全面飞跃。也就是说实现乡村的经济建设、政治建设、文化建设、社会建设、生态文明建设全面提升，进而达成城乡居民共同富裕，农业强、农村美、农民富的目标。那么，中国农村妇女基本保险、适龄妇女受教育保障、适龄妇女就业保障、防止返贫保障各个维度下各个项目的目标计分也应根据实际情况发生积极的变化（见表 5-9）。

表 5-9　乡村振兴战略下中国农村妇女社会保障制度 2050 年目标

项目	建设目标（%）	得分（分）
中国农村妇女未参加基本养老保险的比例（A_1）	0.5	100
中国农村妇女未参加基本医疗保险的比例（A_2）	1	100
中国农村妇女未参加生育保险的比例（A_3）	1	100
中国农村妇女未参加工伤保险的比例（A_4）	3	100
中国农村妇女未参加失业保险的比例（A_5）	3	100
中国农村适龄妇女接受小学教育的比例（B_1）	100	100
中国农村适龄妇女接受普通初中教育的比例（B_2）	100	100
中国农村适龄妇女接受中等职业教育的比例（B_3）	50	100
中国农村适龄妇女接受高中教育的比例（B_4）	50	100
中国农村适龄妇女接受普通高等教育的比例（B_5）	35	90
中国农村适龄妇女参加就业培训的比例（C_1）	85	100
中国农村适龄妇女对就业培训的满意率（C_2）	95	100

续表

项目	建设目标（%）	得分（分）
中国农村适龄妇女对就业渠道拓展的满意率（C_3）	95	100
中国农村适龄妇女对政府就业政策的满意率（C_4）	95	100
中国农村适龄妇女对政府创业政策的满意率（C_5）	75	100
中国农村妇女脱贫后返贫率（D_1）	0.5	100
中国农村妇女对政府扶贫政策的满意率（D_2）	95	100
中国农村妇女对村组织扶贫工作的满意率（D_3）	95	100
中国农村妇女对社会参与扶贫的满意率（D_4）	90	100
中国农村妇女对自我发展能力的满意率（D_5）	75	90
合计	—	96.5

根据表5-9的相关数据，根据式（5-3）和式（5-10）可以算出，在2050年，乡村振兴战略下中国农村妇女社会保障制度建设的目标值是至少达到96.5分，也就是超过2050年标准的优秀水平。当然，这也要求各个维度下各个项目的建设目标都要取得进一步的发展。

从中国农村妇女基本保险维度来看，农村妇女未参加本养老保险的比例（A_1）需要控制在0.5%左右，以获得100分的满分；未参加基本医疗保险的比例（A_2）需要控制在1%左右，以获得100分的满分；未参加生育保险的比例（A_3）需要控制在1%左右，以获得100分的满分；未参加工伤保险的比例（A_4）需要控制在3%左右，以获得100分的满分；未参加基本失业保险的比例（A_5）需要控制在3%左右，以获得100分的满分。

从中国农村适龄妇女受教育保障维度来看，农村适龄妇女接受小学教育的比例（B_1）需要达到100%，以获得100分的满分；中国农村适龄妇女接受普通初中教育的比例（B_2）需要达到100%，以获得100分的满分；中国农村适龄妇女接受中等职业教育的比例（B_3）需要达到50%，以获得100分的满分；中国农村适龄妇女接受高中教育的比例（B_4）需要达到50%，以获得100分的满分；中国农村适龄妇女接受普通高等教育的比例（B_5）需要达到35%左右，以至少获得 90 分的计分。那么，在此阶段，农村适龄妇女中等职业教育或高中教育全普及，接受普通高等教育的比例也将达到 35% 左右，也就是超过 1/3 的农村妇女将接受过高等教育。

从中国农村适龄妇女就业保障维度来看，中国农村适龄妇女参加就业培训的比例（C_1）需要达到 85% 左右，以获得 100 分的满分；中国农村适龄妇女对就业培训的满意率（C_2）需要达到 95% 左右，以获得 100 分的满分；中国农村适龄妇女对就业渠道拓展的满意率（C_3）需要达到 95% 左右，以获得 100 分的满分；中国农村适龄妇女对政府就业政策的满意率（C_4）需要达到 95% 左右，以获得 100 分的满分；中国农村适龄妇女对政府创业政策的满意率（C_5）需要达到 75% 左右，以获得 100 分的满分。需要说明的是，因为每一个人的主观感受不同，要实现对就业培训满意率、对就业渠道拓展满意率等主观评价的 100% 是几乎不可能的。而且，并不是所有农村适龄妇女都需要参加就业培训，也不是所有农村适龄妇女都有创业意愿。

从中国农村妇女防止返贫保障维度来看，中国农村妇女脱贫后返贫率（D_1）需要控制在 0.5% 左右，以获得 100 分的满分；中国农村妇女对政府扶贫政策的满意率（D_2）需要达到 95% 左右，以获得 100 分的满分；中国农村妇女对村组织扶贫工作的满意率（D_3）需要达到 95% 左右，以获得 100 分的满分；中国农村妇女对社会参与扶贫的满意率（D_4）需要达到 90% 左右，以获得 100 分的满分；中国农村妇女对自我发展能力的满意率（D_5）需要达到 75% 左右，以至少获得 90 分的计分。此阶段的脱贫后返贫基本上是由不可抗拒因素造成的，但这种因素是不可避免的，努力的目标主要是如何使返贫者尽快回归正常生活。

第四节　本章小结

以 2020 年、2035 年和 2050 年为时间节点分析了我国经济社会发展的全面建成小康社会、跨入高收入国家行列和进入中大型国家 10

强的三阶段目标，讨论了与此相适应的2018—2020年、2021—2035年和2036—2050年乡村振兴的目标之一、目标之二以及目标之三的振兴三阶段目标。参照其他相关研究成果，从中国农村妇女基本保险、适龄妇女受教育程度、适龄妇女就业保障、农村妇女防止返贫保障这四大维度，构建了乡村振兴战略下中国农村妇女社会保障制度评价的指标体系，并介绍了评价体系的使用方法。提出了乡村振兴战略下中国农村妇女社会保障制度目标：在2020年，乡村振兴战略下中国农村妇女社会保障制度建设的目标值至少达到79.85分，也就是要非常接近此阶段良好的标准；在2035年，目标值至少达到88.80分，也就是接近此阶段的优秀标准；在2050年，目标值至少达到96.50分，也就是超过此阶段的优秀标准。

第六章

乡村振兴战略下农村妇女社会保障制度目标的实现机制

第一节　农村妇女事业与社会保障的关联

实现"第二个一百年"奋斗目标与中华民族伟大复兴中国梦，需要顺应亿万人民对富裕、幸福与和谐生活的共同期盼，需要充分聚焦社会弱势群体，特别是农村妇女的基本生存发展权益。为此，要不断深化社会体制机制改革，为经济社会发展创造有利环境，提供强力支撑。在新发展阶段，要坚定不移地贯彻"男女平等"基本国策，要积极发挥妇女"半边天"的重要作用。在建设中国特色社会主义道路上，努力发展农村妇女事业，走中国特色社会主义农村妇女道路，是依照党的十九大重要精神指引，以农村妇女为中心，结合我国实际发展需要与农村妇女现实发展情况，致力于实现农村妇女全面均衡发展目标所展开的一系列工作。农村妇女社会保障是以农村妇女为主要对象，通过收入再分配的形式，依法保障其基本生存发展权利，进而促进社会均衡稳定发展的一系列制度安排。所以，从本质来说，农村妇女事业与社会保障事业的作用目标是彼此联系、相辅相成的。

一　农村妇女事业与社会保障目标的统一性

农村妇女事业的开展与社会保障制度的建立，是党和国家把握现代化建设规律和社会发展关系变化特征作出的重要战略部署，是广大群众实现社会公平、民生幸福与共同富裕美好期盼的坚实基础，是成就"第二个一百年"奋斗目标和中华民族伟大复兴中国梦的根本保障。所以，从社会稳定、公平与发展上来说，二者目标是统一的。

（一）维持社会稳定的统一性

稳定是一种理想的社会状态，是保障社会持续发展的根本前提，要实现社会的长治久安，必须让人民群众过上幸福的生活。中国是一个传统农业大国，农村妇女人口多，占比高，同时基础设施建设和经济发展又比较落后，是党和国家关注的重点对象。只有以均衡发展为目标，帮助农村妇女摆脱生活与生产上的困难，才能保障所有国民安享太平盛事之福。因此，科学有序推进农村妇女事业工作、加强社会保障制度建设，就是要扭转农村妇女发展落后的局面，让其发展起来、幸福起来，跟上时代进步的步伐，成为稳定社会的受益者以及社会稳定最虔诚的拥护者。

（二）反映社会公平的统一性

社会主义的本质要求在于共同富裕，而共同富裕的根本要义又体现为社会公平。为了促进社会均衡发展，党和国家不断完善社会保障制度，充分发挥社会保障制度的资源调节与再分配作用，让社会进步果实有效惠及广大弱势群体，保障其平等参与社会建设的基本权利。农村妇女事业同样是针对弱势地区弱势群体的一项战略工作，主要是将农村妇女广泛动员起来，引导、鼓励其积极投身经济社会建设，从而保障其在城市与农村、男性与女性间的权利与地位公平。所以，农村妇女事业与社会保障制度在实现社会公平目标方面具有统一性。

（三）促进社会发展的统一性

当前，我国已基本实现"十三五"规划与全面建成小康社会目标，迈出了中华民族伟大复兴事业的关键一步。但仍需谨记，我国仍是世界最大的发展中国家，发展不均衡不充分的问题依旧严峻，"十四五"规划的发展任务将更为艰巨。因此，党和国家要坚定不移走高质量发展道路，秉持"以人为本""执政为民"的发展理念，以社会保障制度完善为依托，乡村振兴战略实施为抓手，补齐社会发展短

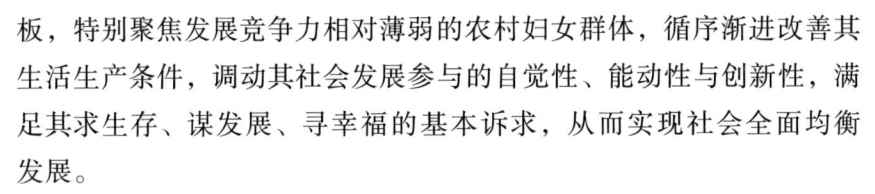

第六章　乡村振兴战略下农村妇女社会保障制度目标的实现机制

板，特别聚焦发展竞争力相对薄弱的农村妇女群体，循序渐进改善其生活生产条件，调动其社会发展参与的自觉性、能动性与创新性，满足其求生存、谋发展、寻幸福的基本诉求，从而实现社会全面均衡发展。

二　社会保障公平促进农村妇女事业发展

所谓社会保障公平，主要是指社会保障体系运行过程中，机会、权利与规则三个方面的资源分配与再分配，均符合社会主流的公正性评判。具体来说，机会公平要求每一位社会公民都能平等参与社会保障；权利公平需结合具体条件和标准，确保社会保障权利的公平享有；社会保障规则的制定、执行与完善，也应严格遵循公开、透明与公正的基本原则，体现规则上的公平。可见，在现代社会，公平已经是社会的基本价值与核心准则，而社会保障就是赋予公民公平待遇与权利的"保护伞"。

中国社会保障制度，是在马克思主义社会保障思想的基础上，经历艰苦卓绝的探索，形成有鲜明中国社会主义特色的社会保障制度，是中国共产党与全国人民长期社会实践而共同浇筑成的智慧结晶。特别是近些年来，中国社会保障事业建设步伐明显加快，基本形成了包含社会保险、社会救助、社会福利、优抚安置、社会互助的社会保障体系，并不断朝着新的发展阶段迈进。党的十八届三中全会讨论通过的《中共中央关于全面深化改革若干重大问题的决定》，提出要坚持社会主义市场经济改革方向，以促进社会公平正义、增进人民福祉作为一切工作出发点和落脚点的指导思想。党的十九大报告中，党中央进一步明确了以人民为中心的发展思想，始终将人民利益放在第一位的核心理念，按照兜底线、织密网、建机制的要求，不断完善、革新社会保障体系，全面建成覆盖全民、城乡统筹、权责清晰、保障适度、持续革新的多层次社会保障体系，让改革发展成果切实公正地惠及全体人民，满足群众追求美好生活的需要与实现共同富裕的期盼。"十四五"规划和二〇三五年远景目标同样指出，要健全覆盖全民、统筹城乡、公平统一、可持续的多层次社会保障体系。毋庸置疑，要在中国这样一个人口规模庞大、文化种类多样、地域面积宽广的大国，构筑这样一种制度完备、体系健全、机制均衡的现代化社会保障体系，并使其遵循一定运作机制，有效发挥社会保障的基本功能，若无法消弭社会保障制度建设的阻碍因素，克服社会保障制度不全面、不成熟、不均衡的缺陷，那么，一切与社会保障本身及其相关政策的实施，都将会在一定程度上流于形式。因此，新时期中国特色社会主义建设，要在公平基础之上，严格落实以人为核、以民为本的执政理念，不断健全社会保障制度，切实处理好百姓最实际、最迫切要解决的教育、就业、医疗、养老与居住等社会民生上的不公平问题，彰显中国特色社会主义社会保障制度的独特性与优越性，这些都与社会和谐进步息息相关，是实现全民富裕目标的基本前提。

2020年是我国全面建成小康工作取得历史性成就的收官之年，现行标准下的绝对贫困人口全面实现脱贫，巩固脱贫成果、缩小相对贫困、实现生活富裕将成为"十四五"时期的主要工作。作为我国人口结构中的重要组成部分，农村妇女受制于城乡与性别等方面的主客观条件限制，在经济、权利上十分脆弱，属于社会弱势群体。《中国妇女儿童状况统计资料》的数据显示，2018年共计1477万农村妇女符合社会最低生活保障标准，占全国最低生活保障总人口的33%。这说明，若不能从国家社会保障制度中得到公平、公正的扶持与帮助，那么，大量农村妇女的基本权益就会缺乏有效保障，个人生存与发展就面临极大困难与挑战，经济社会进步就始终不能开足马力。历史表明，妇女的解放与进步是人类谋求全面发展的前提。要真正解决人民不断增长的美好生活需要和发展不平衡不充分之间的矛盾，实现全体国民共同富裕的社会保障目标，还需率先解决农村妇女的生存发展问题。农村妇女事业的发展与进步就是将农村妇女从政治、经济、文化等方面的局限中解放出来，通过保障其基本权益、提高其经济水平、改善其生活质量、改变其社会处境，从而实现农村妇女全面高水平发展。

这不仅直接关系妇女的整体幸福感与对小康社会建设的满足感，亦影响全体人民对国家和政府的信心以及中国在国际社会的影响力和认可度，并与第二个百年目标和中华民族伟大复兴中国梦的实现息息相关。事实上，中国共产党自诞生以来，始终把妇女解放、促进性别平等谱写在奋斗的旗帜上，并将"坚持男女平等基本国策，保障妇女儿童合法权益"写入党的十八大、十九大报告中，强调中国特色社会主义建设，要更多聚焦于最普通的妇女特别是农村妇女。2015年9月，习近平总书记在全球妇女峰会的讲话中强调："中国将更加积极贯彻男女平等基本国策，发挥妇女'半边天'作用，支持妇女建功立业、实现人生理想和梦想。"这说明，新形势下国家改革发展的伟大事业，必须更多倾斜到广大农村地区与广泛女性人群，不断调节、优化、革新社会保障制度，积极推进农村妇女事业持续发展，发挥社会保障在公平地促进农村妇女事业进步方面的独特作用，充分调动新时代农村女性奉献智慧与力量的自觉性与创造性，建设"产业兴旺、生态宜居、乡风文明、治理有效、生活富裕"的新农村。

三 农村妇女事业发展对社会保障的促进作用

中国农村幅员辽阔、农民基数庞大，农村对促进我国经济社会发展贡献巨大。但是，随着工业化、城镇化的不断深入，大量农村富余劳动力分离出农业，持续、大规模涌入城市，且在农村劳动力转移过程中，呈现出男性比女性多、婚前比婚后多、年轻比年老多的总体特征。所以，农村地区的男性劳动力不断减少，已婚的、年龄大的女性劳动力不断增多，并逐渐替代男性成为农村主要劳动力量。对农村妇女而言，她们身处于相对封闭、落后、传统的乡村社会，受制于性别观念、城乡差异、经济水平与教育机会等约束，承担着几乎全部家务和农业生产劳动，还有照料子女、老人的家庭责任，在多重角色扮演上往往顾此失彼，这些因素极大限制了其寻求个人幸福、谋求个人发展的能力与空间。换句话说，农村妇女的生存与发展举步维艰。如何帮助农村妇女从艰难局面中脱离出来，实现人生理想与愿景，无疑是推进农村妇女事业的重点和难点所在，同时也是完善社会保障建设的关键突破口，是实现中国民族伟大复兴最艰巨的任务。

（一）中国社会保障的现状

中华人民共和国成立后，随着我国政治、经济体制改革努力的持续深入，社会保障制度不断发展，社会保障事业取得了了不起的成就,但社会保障体系建设也还存在不足之处。

第一,覆盖的有限性。虽然国家一直致力推进社会保障全民覆盖,但我国是疆域辽阔且人口众多,即便社会保障措施落实到了绝大部分地区与绝大部分人群,但不可规避的是,仍有发展相对落后、信息比较闭塞的偏远农村的人群,他们不能感受到甚至不能认识到社会保障的重要作用,导致没有参与到社会保障体系中来,这在一定程度上揭示出了我国社会保障实现全面覆盖仍面临着现实困境。

第二,公平的不足性。社会均衡是国家奋斗的长期目标,实现这一目标很大程度上取决于社会保障领域是否公平,而社会保障的公平性也必须建立在社会均衡基础之上。我国社会不均衡主要表现为城乡发展差异明显,与之相适应的是城乡贫富差距过大,尽管近些年来国家在城乡统筹建设方面做出了巨大努力,但受制于根深蒂固的城乡差异惯性,短期内很难真正实现社会保障公平,在消弭社会保障公平不足方面仍有诸多工作要做。

第三,认知的局限性。传统农村地区居民的社会信息掌握能力相对较低,若缺乏有效的宣传,社会保障的重要性就不能广泛为群众所全面认知,社会保障的辐射效能就会受到限制。有人认为自己现在收入稳定,身体健康,大可不必花精力去了解甚至是参与社会保险,对社会保障抱有怀疑感。也有人认为与其花钱购买社会保险,不如将其用于改善当前生活质量,满足自身消费需要,而对社会保障持有排斥感。还有人认为社会保障本质上类似于商业保险而同属于市场活动,要从自己身上获取利润,视社会保障为洪水猛兽,从而对社会保障产生恐惧感。

第四,能力的缺失性。众所周知,经济基础决定上层建筑,社会保障制度能发挥多大效能在一定程度上取决于经济发展条件。我国是一个发展中大国,"发展中"体现为我国整体经济发展水平不够充分,"大国"表现在我国需承担巨大的社会责任,两方面因素揭示出我国社会保障能力的缺失性问题。尽管国家持续加大社会保障带来建设投入,但也仅能做到兜底保障,难以满足老年人、妇女、儿童与残疾人等弱势群体的多元公共服务需要。

第五，监管的欠缺性。社会保障基金作为支撑一切社会保障活动正常开展的物质基础，是社会保障制度得以有效运转与经济社会能够持续发展的重要条件。所以，对于社会保障基金的监管同样不可或缺。但是，由于我国社会保障体系建设起步较晚，各方面不够成熟，整体发展水平相对薄弱，相较于迅速扩张的社会保障需求与供给，社会保障体系仍不够完善与全面，社会保障制度仍存在许多欠缺与不足，呈现出"大而缺"的特点，这在社会保障基金监管方面尤为突出。当前，我国社会保障基金监管一是法律法规仍不全面，尽管国家相继颁布了《中华人民共和国社会保险法》《全国社会保障基金条例》，一定程度上弥补了法律法规的空白和漏洞，提升了社会保障基金监管制度的作用效率与质量，但仍难以适应日新月异的社会保障发展需要；二是社会保障基金管理自身建设不足，具体表现为社会保障基金主体监督缺乏、机构分类混乱、部门协同不强、管理条例不规范、使用效率偏低等。

第六，权责的模糊性。社会保障是一项惠及全社会的福利工程，每一位参与社会保障的社会主体，在享受社会保障体系所赋予权利的同时，也应承担相应责任。一个有效、优秀的社会保障体系，更需要各方主体责任清晰且能有机协调，这是现代社会保障可持续发展的根本。然而，我国社会保障现行制度安排下，政府、企业、社会组织、家庭与个人等责任主体的责任边界是模糊的。其原因：一是因为多数社会事件具有多元性、跨界性与复杂性特征，很难界定出事件本身的权益与责任的所属关系；二是各方主体往往趋利避害，倾向于谋求更多权益并极力规避责任，导致社会保障供给缺失或失衡，对整个制度的健康持续发展构成威胁，这也反映出社会保障系统的管理规范性不足问题。

(二) 社会保障制度的完善

缩小社会贫富差距、维护社会发展公平是社会保障制度的根本出发点与最终落脚点。健全和完善社会保障制度，要重点兼顾发展落后的农村妇女群体。只有不断完善社会保障制度，农村妇女才有全面发展的可能，也只有将农村妇女事业发展作为社会保障制度的目标与工作，社会保障制度的价值才能得以体现，社会保障制度本身才能完善革新。所以说，通过农村妇女事业发展完善社会保障制度，实质上就是完善社会保障制度本身。具体来说，需要结合现行社会保障制度的不足，着力建设社会保险、社会救济、社会福利、优抚安置、社会互助五个方面。

第一，完善社会保险制度。社会保险制度是一项国家立法强制给予失能、失业劳动人员必要物质支持的基础性社会制度，涉及养老保险、医疗保险、失业保险、生育保险与工伤保险等内容，对于保障居民基本生活、促进国民整体福利、保持经济持续发展、维护社会长期稳定、推进社会正义公平有重要意义。社会保险本身的全面性与基础性特征决定社会保险制度的改革，要依照经济社会发展现状与走向，实事求是，循序渐进，遵循公平的核心价值理念，按照"广覆盖、保基本、多层次、可持续"的总体方针，形成范围上覆盖所有劳动人员、待遇上满足基本需要、类别上多样丰富、发展上稳定均衡的现代化社会保险制度，充分体现社会保险的本质和价值。

第二，完善社会救助制度。社会救助制度是以维持居民生活水准不低于最低生存限度而实施的社会保障制度，它的标准与社会主义市场经济发展相适应，会随着社会最低生存要求的上升，居民经济收入的提高，国家综合实力的腾飞，而相应发生改变。当前，我国经济社会迈入了崭新发展阶段，对发挥社会救济的独特作用也提出进一步要求。依据中共中央办公厅、国务院办公厅2020年8月印发的《关于改革完善社会救助制度的意见》，充分释放新时代社会救济制度的效能，要立足于现行社会救济制度基础，按照"保基本、兜底线、救急难、可持续"的发展思路，遵循公平共享改革发展成果的基本原则，以提高广大群众特别是困难人群的安全感、获得感与幸福感为总体目标，在健全分层分类的社会救助体系、夯实基本生活救助、健全专项社会救助、完善急难社会救助、促进社会力量参与、深化"放管服"改革等方面做出努力。

第三，完善社会福利制度。社会福利的概念十分宽泛，既可广义上理解为提高社会公民福祉水平与质量的各类方略，也可狭义上阐明

第六章　乡村振兴战略下农村妇女社会保障制度目标的实现机制

为面向特别困难人群的资金、物质与服务支持，但不论从广义还是狭义层面来看，其功能有效性都需建立在社会福利制度基础之上。一般而言，社会福利制度建立与发展蕴含着国家政治意志、意识形态、经济水平、历史文化底蕴与人文环境等多方面的特性，因而常常被视为评判国家综合能力的重要指标。我国传统社会福利思想源远流长，现代化的社会福利事业却起步较晚，整体发展质量、水平偏低。中华人民共和国成立后，我国社会福利制度迅速建立并经历长期摸索，逐渐形成与经济发展条件相匹配，重点关照老年人、妇女、儿童与残疾人等弱势群体的适度普惠型社会福利制度。相比西方发达国家，适度普惠型社会福利制度距离社会制度的变革趋势与亿万群众的理想期盼存在不少偏离，在完整性、规范性与有效性上也有较大的完善空间。所以说，经济社会建设与社会保障制度发展要重点完善社会福利制度，要紧密把握我国经济社会发展形势与趋势，动态规划社会福利供给增量与质量；充分吸收优良传统社会福利思想与文化，树立公众对社会福利的正确认知；广泛借鉴国外先进社会福利制度模式与经验，优化规范社会福利运转体系；解决好现行社会福利制度"不够好、不够精、不够全"的问题，建立具有中国特色社会主义特点鲜明且能让老百姓满意的社会福利制度。

第四，完善优抚安置制度。优抚安置制度属于社会保障体系中的重要组成部分，与其他社会保障类别不同，优抚安置有严格的门槛限制，只有从事特殊工作并做出特殊贡献的人员及其家属，才能依法享有相应的抚恤、安置与优待等保障措施，弥补他们在精神与物质上的缺失。可以相信，随着优抚安置制度的不断完善，优抚对象的获得感、荣誉感与幸福感必将持续提升，他们奉献中华民族复兴伟业的积极性、主动性与创造性必将得到极大激发。因此，优抚安置制度应该上升至捍卫国家、社会与人民发展权益的高度加以完善，要结合优抚对象的关键属性与特殊地位，遵循待遇与贡献对等的"优待"原则，按照物资补助与精神抚慰相结合的供给思路，不断突破优抚安置制度在对象审核、待遇标准、责任界定等方面不够规范、不够全面、不够清晰的问题，确保优抚安置制度走高质量建设道路的同时，又能有效衔接至现代化社会保障框架中，充分满足优抚安置对象多层次、多方面的需要。

第五，完善社会互助制度。随着社会发展水平的不断提升，人们的社会事务参与意愿与能力大幅增强，越来越多的社会公民在官方鼓励与支持下，主动以个人或组织的身份参与到社会济困扶危的活动中。中国民政数据库的数据显示，截至2018年年底，我国共有980.39万人就职于81.7万个社会组织，接收各类社会捐款高达919.7亿元，对缓解政府社会保障供给负担具有极大帮助作用。足以说明，我国社会互助事业已经并将长期是社会保障体系的重要部分。相比之下，我国社会互助制度整体发展比较滞后，与社会互助力量迅速扩张难以适配的问题还十分突出。因此，针对社会互助制度的不足，党和政府要加强对社会互助工作的引领与支持，大力培育社会互助组织的同时，规范社会互助的活动内容，完善好与社会互助相配套的政策措施，并对社会互助活动进行严格监督和管理。

四 社会保障应体现农村妇女事业的发展作用

"十三五"时期，中国社会保障事业迅速发展，初步建立起了现代化的社会保障公共服务体系。立足于"十三五"时期的伟大成就，承前启后，谋划"十四五"规划的社会保障建设，更加要注重农村妇女事业的发展作用。彰显农村妇女事业发展作用的关键是发挥其"发展"效能。这里所指的"发展"，就是不仅要在衣食冷暖问题上做到"保基本"，还需着眼于健康、政治、经济、教育等高层次需求上的"谋幸福"。也就是说，社会保障应该体现农村妇女事业的"发展"作用，在确保社会保障基本功能有效运行的同时，赋予社会保障更加丰富、更高层次、更有价值的内涵，激励、引导、支持广大农村妇女自觉行动起来，积极参与美丽、富饶、幸福的现代化乡村建设，成为解决"三农"问题的"半边天"，为实现经济社会全面均衡发展作出重要贡献。

（一）建立"发展"的最低生活保障体系

随着我国综合实力的不断增强，广大居民生存上的贫困已经基本不复存在，随之而来的是美好生活不能充分实现的非富裕状态。也就

第六章　乡村振兴战略下农村妇女社会保障制度目标的实现机制

是说，过去乃至现在这一按照传统"救济"思路去运作的最低生活保障体系，要及时调整维持"温饱感"的主要目标，逐渐过渡到支持"幸福感"的目标导向中，构建起"发展"思路的最低生活保障体系。具体来说，要注重对最低生活保障补助供给的门槛监督，利用大数据、人工智能、云计算等前沿智慧技术，优化最低生活保障体系的动态管理机制，即让补助真正落实到最困难的人群，也让最需要的人群能从中获取帮助，确保符合"保底"资格的所有农村妇女依法享受低保待遇的同时，也评估地方整体发展状况，将那些不完全符合"保底"标准，但依旧面临严峻生存与发展困境的个人纳入保障范畴中，针对其实际情况，对症下药地提供具体、有效措施，缓解其发展负担与成本，为其创造有利发展条件。与此同时，利用个别保障对象的成功案例，积极分享、推广这部分人群的发展经验与思想，发挥其标杆作用，让所有保障对象自觉摆脱"给多少用多少"的思维局限，努力变补助为实现美好生活的投资资本，确保每一笔补助都能"好钢用在刀刃上"。长久以往，"发展"的最低生活保障体系的优势就能得以体现，乡村振兴下农村妇女的巨大发展潜力就能得以激发，广大人民的美好生活愿景就得以实现。

（二）建立"发展"的医疗保障体系

女性健康不仅直接关系自身发展与进步，而且关乎家庭和谐与幸福，更影响国家、民族之存亡与未来。在乡村地区，农村妇女往往因为生理、观念、财力与时间上的局限，个人健康难以得到很好的保障，也常常因为疾病而使个人、家庭陷入贫困境地，造成"因病致贫"向"因贫致病"转变的恶性循环，严重侵害了社会幸福与进步。对此，国家需要建立广覆盖、保基本、谋幸福的医疗保障体系，观念上要引起农村妇女对健康的长期重视，财力上要对农村妇女提供足够支持，物资上要给予农村妇女充足的补助，形成一套完整、长期、有效的医疗保障供给逻辑，让医疗保障体系不仅是保障疾病痊愈的一颗"特效药"，更是防范疾病发生的一支"预防针"。通过加强农村妇女的医疗健康投入，不断提高其身体健康水平，让其不仅"吃得起药""看得起病"，而且"健得起身"，确保"由身至心"的幸福。此外，医疗保障体系也应该惠及每一位农村居民，对农村妇女来说，只有自身与家人的身体健康得到保障，个人发展才不会受到限制，生活品质才能得到改善，乡村建设才能持续推进。

（三）建立"发展"的素质保障体系

中国社会尚处于初级发展阶段，与发达国家相比，整体国民素质偏低且不均衡问题突出。特别对农村妇女而言，她们受制于落后的文化、教育、经济等因素，在思想、能力与资源上距离社会平均水平有不少差距，很难适应瞬息万变的社会发展趋势，社会地位逐渐被边缘化。所以，综合素质不足，已成为制约农村妇女共享社会进步果实的巨大障碍，迫切要求建立"发展"的素质保障体系，捍卫农村妇女与经济社会同步全面发展的权益。要实现这一目标，十分复杂。具体来说，思想上要形成蜕变，要将现行社会保障体系深刻融入乡村社会中，文化上加强宣传与引导，根除广大农村地区有关"男强女弱""男尊女卑"的封建思想偏见，让农村妇女敢于走出家门锻炼自己，在实践中提升综合素质；教育上形成多层次的供给模式，确保不同年龄阶段的农村妇女都能享有理想的教育服务，实现农村人力资本水平的整体提升。例如，让幼年女孩全面接受九年义务制基础教育，青年女性能有机会继续深造，中年女性可以参加职业技能培训，老年女性也能在相应的老年教育中提升自己；此外，经济上提供最基本的生存资料，缓解农村妇女短期内的经济压力，让其有精力与金钱投入学习中，实现个人能力的长期发展，继而从根本上扭转精神与物质贫困双重境地，并使其成为乡村素质教育的积极推动者。

（四）建立"发展"的环境保障体系

党的十九大以来，乡村振兴战略在推进"三农"工作上取得巨大成就，农村经济、生态、社会环境持续改善，发展条件焕然一新。但也应该看到，我国城乡二元结构依然十分突出，农村整体发展环境落后且与城市地区差距明显，严重制约着农村现代化建设与城乡一体化发展。在这样的背景下，农村妇女始终面临恶劣的生存发展环境，长期处于弱势地位，个人发展举步维艰。因此，社会保障体系更应该聚焦农村环境建设，构建"发展"的环境保障体系。首先，加大农村基础设施投入，基础设施建设是社会发展的基础，是民生幸福的根本，只有基础设施环境得到改善，才能打破农村闭塞的局面，提高农村与外界在人才、信息、物质与资金等要素上的交流，为农村妇女发展创造有益条件。其次，农村生态环境保障也十分重要。许多农村地区过分注重经济建设，忽视了对生态环境的保护与发展，不仅导致农村居民身体健康、生活幸福受到侵害，也严重破坏了宝贵的地方生态资源，造成恶劣的长期影响，反而阻碍了地方经济发展。所以，要统筹经济建设与生态保护两方面工作，权衡短期利益与长期发展，因地制宜、循序渐进，形成乡土特色鲜明的现代化乡村发展环境，实现"美丽乡村"建设目标。最后，在经济、生态环境基础之上，推动文明乡风环境发展，利用农村妇女在性别、社会、地理、家庭等方面的特殊地位，努力促进男女平等、社会和谐、城乡均衡与家庭幸福，塑造美丽的现代化乡村。

第二节 农村妇女事业发展的举措

中华人民共和国成立以来，随着经济社会发展的不断深入，妇女社会面貌焕然一新，但制约妇女发展的深层因素没有被根除。特别对农村妇女而言，在城镇化、市场化、工业化、信息化的迅速推进下，她们仍面临经济、思想、文化等方面的桎梏，发展上逐渐滞后于其他社会主体，不仅自身权益无法得到有效保障，也严重制约着社会进步和谐。为了帮助农村妇女走出发展困境，实现自身全面均衡发展，党和国家将解决"农业、农村、农民"发展难题作为经济社会总体规划的核心内容，并相继颁发《中华人民共和国妇女权益保护法》《中国妇女发展纲要》等政策文件，针对不同阶段的农村妇女事业发展做出重要指示。具体来说，推进农村妇女事业发展的举措，主要涵盖经济、政治、教育、健康四大领域。

一 农村妇女经济发展措施

（一）农村妇女经济发展措施的必要性

改革开放以来，我国经济建设驶入"快速通道"，国内生产总值迅速增长，以年均9.4%的速率从1978年的3678.7亿元飙升至2018年的896915.6亿元，一跃成为世界第二大经济体。但是，国际货币基金组织的人均数据显示，2020年我国人均GDP为10836美元，在全球排在第64位，属于中游水平。不难发现，现阶段我国经济发展呈现质量落后于效率的特点。与此同时，伴随大量农村劳动力向城镇地区的迅速转移，而农村妇女却受制于落后的经济初始条件，又面临角色冲突与性别局限等方面的约束，很难立足于激烈的市场竞争环境，于是，多数农村妇女选择滞留发展落后的农村地区，从事资本回报率极低的农业生产活动，鲜有投身综合实力更强、机会资源更多、经济发展更快的城市建设浪潮当中。可见，对农村妇女群体来说，她们既难以充分参与经济社会建设，也不能公平享用社会进步果实，无法满足自身与家庭在物质、精神层面上的多元需要，只能被迫成为社会发展主流的"放逐者"。

以上情况反映了一个事实，近年来，尽管我国经济总量突飞猛进，综合国家实力与日俱增，但经济质量建设还很欠缺，仍存在较大的发展空间，特别是农村妇女的发展境地显然有违于社会主义现代化建设初衷与客观规律。因此，若不及时向农村妇女伸出援手，采取有效措施助力其走出"低收入陷阱"，不但会伤害其基本发展权益，也将不利于社会进步与和谐稳定。对此，习近平总书记着重强调，越是到了新的发展阶段，女性的巨大潜能、才干与贡献就越应为全体社会所全面认知。《中华人民共和国国民经济和社会发展第十三个五年规划纲要》中，更是设立了专门章节，针对女性发展与农村现代化建设作出了详细规划部署。当前，我国已基本全面建成小康社会，但要实现社会主义现代化强国的伟大目标，就必须持续革新经济建设理念与模式，优化调整城镇与乡村、男性与女性间的经济配置关系，将农村妇女经济建设作为中央与地方工作的重心，科学制定农村妇女经济发展策略，发挥农村妇女在国家经济建设中的核心驱动作用，具有极为重要的现实意义。

(二)农村妇女经济发展措施的内容

就业作为个人与家庭的主要经济来源,农村妇女能否实现高质量经济发展,关键还在于就业保障措施的有效性。所以,促进农村妇女经济发展的具体措施如下。

第一,促进就业性别公平。在市场经济社会中,女性或多或少会遭遇职场歧视,农村妇女更是位居"鄙视链"最底端,遭遇的就业不公平格外严重。因此,促进农村妇女经济发展,要率先解决就业性别不公平问题。详细来说,要严格执行《中华人民共和国就业促进法》与《中华人民共和国劳动合同法》等已有的相关就业保障法律法规,并建立健全夯实女性公平参与经济建设的规章制度,通过加强就业保障监督强度,依法对市场组织中的性别歧视行为采取惩处措施。明确除特殊岗位外,任何单位、任何组织不得在任何时间以性别因素为由对录用人员进行不公平对待,也不得对任职女性员工的正常结婚、生育等行为采取变相限制措施。同时,要动态完善收入分配机制,确保同一单位下担任同等职务且取得相同绩效的就业人员能获得等量劳动报酬。除此以外,也要注重从思想观念上加以正确引导,弘扬"男女平等"的价值观念,努力纠正社会上依然存在的对女性的偏知。相关措施只有从法律与思想上双管齐下,农村妇女的经济发展状况才能得到改善。

第二,拓宽就业选择空间。农村妇女身处就业资源匮乏的农村地区,就业空间十分狭窄,即使外出择业,就业选择也很单一,所以,摆在农村妇女经济发展面前的最大难题就是就业机会缺失。针对这一情况,一是要加大农村基础设施建设。2020年中央一号文件明确指出,要加速补齐农村基础设施短板,全面推进农村交通、水利、人居环境建设。可以说,只有实现农村地区基础设施的全面覆盖,才能打破城乡二元分割,缩小城乡发展差距,加快城乡一体化建设,加速城乡间的技术、资本与劳动力自由流动,从而激发农村市场活力,实现农村第二、第三产业的快速发展。这样一来,农村就业岗位与机会就逐渐充沛起来,农村妇女就有了更广阔的就业空间。二是建立现代化农业生产模式。对农村妇女尤其是留守农村妇女而言，务农几乎是唯一的谋生手段，土地也是最宝贵的生产资料，随着农村土地承包经营权流转政策的持续深入，规模化、集约化、现代化的农业经营模式迅速兴起，农村妇女的务农模式也逐渐发生改变，既可选择流转土地给集体，成为集体组织的"股东"，也可以遵循市场机制，购买土地承包经营权，但不管是哪种选择，都一定程度上拓展了农村妇女的就业选择余地。三是加强技能培训。职业技能的缺失是农村妇女最突出的短板，无形之中提高了农村妇女的就业选择门槛，通过开展实用技术培训和职业技能培训，加强农村妇女的专业性与自信心，确保农村妇女不仅能胜任一般就业岗位，甚至有自主创业的底气、决心与业务能力。

第三，推行就业补助政策。考虑农村妇女与其他社会主体的综合性差距，在就业方面，应当给予其专项补助政策，从而缩小社会不公平，促进其经济发展。具体来说，可开展公益性岗位，缓解农村妇女短期就业难的问题，并依规贯彻社会保险补贴、培训补贴、贷款贴息等经济扶持政策，给予其从失业到复业或是到创业过程的一整套保障。而对于特别困难的农村妇女，除了实施更为积极的就业政策，还应同步跟进配套社会保障政策并与之有机衔接，结合地方生活水平和财政状况，给予额外生活生产资料补助，并奉行脱贫不脱政策的原则，保障其有长期稳定的收入来源，能追求更高水平发展的能力，实现个人与家庭生活幸福美满的美好愿景。

二　农村妇女政治发展措施

（一）农村妇女政治发展措施的必要性

传统社会中，"男外女内"的性别分工导致女性很少有机会参与政治活动。在很长一段时期，政治几乎是男性大展身手的专属领域，而女性则被排除之外，始终处于"被领导"地位，女性政治家也屈指可数。当然，中华人民共和国成立后，我国女性地位发生了翻天覆地的变化。特别是改革开放以来，随着女性与经济社会的联系越发紧密，党和国家更加重视女性政治话语权的提升。1995年，时任国家主席江泽民在联合国第四次世界妇女大会上庄重承诺："将男女平等作

第六章　乡村振兴战略下农村妇女社会保障制度目标的实现机制

为促进我国社会发展的一项基本国策。"基于我国宪法并结合实际国情而制定的《中华人民共和国妇女权益保护法》，进一步从法律层面上明晰了保障女性公平管理国家事务权利的系列规定。2015年9月，习近平总书记在联合国全球妇女峰会上重要讲话中，深入阐释了支持妇女建功立业和促进男女平等的中国见解。在党的引导与号召下，越来越多的女性以独立的社会角色投身到政治事业中，为中国经济社会发展做出不可磨灭的贡献。官方统计数据显示，出席党的十九大的2287名代表中，女性成员共计551名，占总人数的24.1%，相比党的十八大提高1.14个百分点；第十三届全国人大2980名代表中的女性占比为24.9%，女性代表数量为742名，较上届提升了1.5个百分点；参与第十三届全国政协的女性委员数量为440名，占2158名全体委员的20.39%，高于十二届全国政协女代表2.55个百分点。显然，现阶段我国女性群体参与决策和管理的人数、比率与层次均取得了长足进步，这既标志着我国在保障女性政治话语权方面已经取得历史性成就，但也应看到，在农村地区，还存在农村妇女政治权利得不到保障的情况。

中国是有数千年封建传统的国家，封建思想惯性短期内无法消解，并将长期嵌入社会各领域中。也就是说，我国男女政治不平等现象还很严重。特别是在信息相对闭塞、封建思想较为顽固的农村地区，还承袭着比较严重的传统社会思想，对女性抱有偏见，不能正确看待女性政治活动参与行为，这直接或间接地导致了农村妇女不愿意也不容易参与国家、地方社会事务管理。国家统计局数据显示，我国2018年的乡村基层管理队伍中，女性成员仅占村委会总成员的24%，村委会主任中的女性占比更是只有11.1%，与《中华人民共和国村民委员会组织法》规定的妇女村民代表应占村民代表会议组成人员1/3以上的要求还存在一定差距。这意味着，农村妇女虽然是农村社会进步的主要建设者，但与农村男性相比，享有的政治权利呈现占比少、层次低的特点，与其担负的社会责任不相对等，显然这并不合理且必将伤害农村妇女参与社会活动的热情。况且，在政策制定与实施过程中，只有提高女性政治参与权责与质量，才能更有效聚焦于农村最迫切、最亟待解决的问题，提高相关政策效率与效果。所以，保障农村妇女的基本政治权利，实现高水平的政治发展，是经济社会发展的大势所趋，是我国政治民主化和建设社会主义和谐社会的必然要求。

（二）农村妇女政治发展措施的内容

农村妇女政治发展措施内容主要包括三方面：第一，强化公共政策中的性别平等意识。第二，树立正确的政治参与观念。第三，提高妇女组织影响能力。

第一，强化公共政策中的性别平等意识。在公共政策的制度与实施过程中凸显性别平等意识是聚焦于弱势群体范畴的农村妇女、实现社会公平正义的重要途径。而公共政策中若缺失了性别平等意识，则是对现实情景中性别歧视现象的纵容，必会加剧社会性别不平等，进一步侵害农村妇女的基本政治权利。因此，将性别平等意识纳入公共政策是改善农村妇女政治地位的重要举措。确保这一举措的有效性，一方面是完善妇女参政的相关法律和政策，结合我国现实国情，针对当前国民政治参与中性别、城乡不协调现象，综合考虑各地区、领域、部门中的具体情况，积极采取有效措施提高相应层级的妇女在人大代表、政协委员、村民委员会、居民委员会成员及候选人中的占有比率，不断拓宽性别公平保障政策在农村妇女政治参与领域的覆盖范围，确保农村妇女能在与其联系紧密的地方政治事务参与中占有一席之地；另一方面是量化现行法律和政策中的妇女参政指标，在国家权威法律体系中将女性政治参与占比作出明确数值化规定。例如，明确规定全国人大代表妇女比例要达到"不得低于30%"的比例要求。同时，也要注重对地方政治参与情况进行科学全面统计，以便于接受社会监督，方便国家依据形势变化加以动态调整。此外，还需加强相关法律、法规的执行力度，确保相关要求能够层层落实，保障基层农村妇女参政权利。

第二，树立正确的政治参与观念。我国农村"重男轻女"意识根深蒂固，这一社会客观环境下，农村妇女与其他社会主体难免会对政治参与产生有偏认知。所以，消弭封建传统思想，矫正和优化农村妇

第六章　乡村振兴战略下农村妇女社会保障制度目标的实现机制

女与其他社会主体的政治参与观念,不仅有利于农村妇女积极参与政治活动、实现政治理想抱负,也能在实现农村妇女全面发展与性别平等目标上迈出关键一步。具体来说,党和国家要更加正视并重视农村妇女政治参与发展,通过有机结合妇女发展事业与社会主义文化强国战略,深刻融入性别公平意识到社会文化体系中,将男女政治权利平等作为增强国家文化软实力、国际影响力的重要工作。此外,充分利用和发挥新闻媒体与网络平台的积极作用,向全社会就我国实施男女平等基本国策的重要意义、女性参与政治活动的重要作用与广大女性同胞在政治舞台作出的卓越贡献开展多种形式、多种途径的宣传,从而营造以公平为准则的社会政治环境,在全社会形成重视女性政治地位的一致共识,并发挥社会舆论的监督功能,敦促国家和政府就广大妇女普遍关注的政治参与问题及时给出行之有效的回应,进而产生有助于农村妇女政治参与的良好社会效应。最后,除了在政治参与观念上取得进步,社会公民的政治素质也应跟得上,这两者是同步进行的过程,只有全社会的政治素质水平得到了提升,社会政治参与观念才可能正确树立并实现良性发展,这一措施的主要内容包括加强政治教育培训、培育农村妇女良好的个人意识与主体观念。

　　第三,提高妇女组织影响能力。中华全国妇女联合会(以下简称"妇联")作为我国最具代表性与影响力的妇女组织,在代表和维护广大妇女利益、促进男女平等上扮演重要角色,对提升我国妇女政治地位发挥着独特作用。作为党和政府沟通妇女的重要枢纽,妇联很大程度上决定了国家妇女政策向下落实的深度以及妇女向上干预国家妇女政策的高度。可以说,妇女组织与广大妇女群体在命运上息息相关,只有不断提高以妇联为核心的妇女组织的影响力,农村妇女的政治发展才能有所保障。因此,一方面要巩固妇联政治地位,充分提高妇联组织直接参与国家与社会事务决策、管理与监督的程度,充分吸收妇联组织代表广大妇女群体参与相关政策制定过程中提出的建议和意见;另一方面要促进妇联自身发展,要始终坚持谋妇女之福祉的基本原则,将组织扎根于各阶层妇女群体特别是基层妇女中,广泛听取社情民意,提炼中国妇女最关切的事务与最迫切的需要,并充分汲取各领域专家的智慧，制定有助于妇女发展的科学决策。在这一过程中，妇联规模得到扩张、人才得到锤炼、能力得到施展、作用得到体现、声誉得到发扬，妇联发展得以实现。

三 农村妇女教育发展措施

（一）农村妇女教育发展措施的必要性

城镇化是衡量一个国家或地区经济发展与现代化建设的重要标志之一。改革开放以来，我国城镇化飞速发展。据国家统计局发布的"新中国70周年经济社会发展成就系列报告之十七"显示，我国城镇地区常住人口从1978年年末的17.92%迅速提高至2018年年末的59.58%，城镇化水平提高了41.66个百分点。对我国这一传统农业大国而言，城镇化的不断深入，势必会对农村发展构成深层次影响。其中最值得关注的一点，便是农村人才"空心化"问题。随着城镇扩张对农村发展空间的持续挤压，大量优秀农村劳动力选择向城镇地区转移，滞留农村的多数是妇女、儿童和老人，农村人口数量与结构发生显著变化。

为了缓解城乡分割趋势，消弭长期困扰我国的"三农"痛点，在党的十九大报告中，习近平总书记提出了"乡村振兴"这一重大国家战略，并于2018年3月参加山东代表团审议期间深刻阐释了乡村振兴战略与人力资本两者之间的关系，指出有效推进乡村振兴战略的最务实办法就是以人力资本开发为重要支撑。2018年的中央一号文件同样指出，"实施乡村振兴战略，必须破解人才瓶颈制约。要把人力资本开发放在首要位置，畅通智力、技术、管理下乡通道，造就更多乡土人才，聚天下人才而用之"。可见，党和国家把强化人才建设摆在了振兴农村的重要位置。可以认为，这里所提及的人才，很大程度上指的就是农村妇女。依据乡村振兴战略对人才的定位，农村人才主要是能在乡村建设中发挥独特且重要作用的那部分人群。在农村地区，妇女既是家庭的主要劳动力量，也是农村社会建设的重要参与者，更是沟通家庭与社会的桥梁，她们对维系农村社会运转作出的贡献自然是不可被其他社会主体所替代。同时，受制于所受教育的不足，农村妇女群体普遍文化知识水平与劳动技能含量偏低，在推进乡村振兴上

第六章　乡村振兴战略下农村妇女社会保障制度目标的实现机制

被束缚住了手脚，始终不能发挥与其角色地位相匹配的能力。

因此，实施农村妇女教育发展措施，促进农村妇女教育发展，提高农村妇女的综合素质，培育较强专业能力的农村人才，就是破解乡村振兴难题、打开乡村现代化大门的关键钥匙。

（二）农村妇女教育发展措施的内容

农村妇女教育发展措施的内容主要有两方面：第一，加强农村职业教育。第二，加强农村师资队伍建设。

第一，加强农村职业教育。加强农村妇女教育的主要目的在于个人收入水平的提高与经济社会的发展，要确保目标能够顺利实现，需要特别注重人力资本向生产活动的有效转换。因此，职业教育作为针对就业需要提供职业知识与技能的一项教育，加强农村职业教育建设就显得尤为重要。况且，对绝大部分农村妇女而言，她们虽然渴望能够提升自己，但接受教育的机会却十分匮乏，也没有多余精力与时间参与到教育当中，而职业教育无疑能够很大程度上帮助她们解决理想与现实间的矛盾。总的来说，加强农村职业教育建设，可从以下方面着手：一是加大职业教育宣传。农村职业教育的主要对象是农民，绝大部分农民心中缺乏现代化的职业观念，尚不能正确认识与理解职业能力对于农业生产的重要作用，从而主观认定职业教育于自身而言没有意义，使农村职业教育开展面临巨大阻碍，因此，政府有必要借助网络、电视、广播等媒体手段，加大对职业培训和相关项目的宣传力度，构筑农村职业培训宣传机制，匡正广大农村妇女看待职业教育的偏见，并充分调动她们的兴趣与积极性，自觉参与职业教育培训。二是增加职业教育课程的针对性。要以人为本，以提高农村妇女职业能力为目标，因地制宜，因人施教，结合农村妇女在家庭、社会所属的地位与特征，综合考量不同地方的职业岗位情况，针对职业教育的培训时间、收费与课程进行科学制定，确保内容能切实反映农村妇女的现实需要，体现职业教育的基本价值。三是有机结合综合教育与职业教育。视角要立足长远，应该考虑到，随着乡村地区的不断崛起与城乡一体化的快速推进，农村妇女的生活生产方式将发生重大转变，并将成为现代化社会的重要一分子，所以，农村妇女的职业教育绝不只是简单的就业培训，在培养现代化农业生产能力的同时，也要高度注重与提升农村妇女的非农业生产素养，确保两方面的知识能帮助农村妇女快速适应未来的就业发展形势，在各项岗位中有所成就。

第二，加强农村师资队伍建设。本质上，教育是一项传递知识的活动，师资队伍就是知识的出发点，学生就是知识的落脚点，可见，师资队伍的建设是教育发展中不容忽视的一部分。而在农村地区，人才匮乏已经成为一种普遍现象，当农村妇女需要接受教育时，却常常因为师资队伍的巨大空缺而不能如意，这严重制约了农村妇女的教育发展。因此，加强农村师资队伍建设，具有极为重要的现实意义。加强农村师资队伍建设的相关措施如下：一是加大建设师资队伍的财政投入。我国国土辽阔，要实现全体国民共同富裕的伟大目标，只能开展阶段性工作，率先发展城镇地区，再通过"先富带动后富"实现农村发展。现阶段，我国仍处于社会主义初级阶段，地区发展还很不均衡，城镇地区的发展水平要远领先于农村地区，一个重要指标就在于城乡间的资本累积差距，这也是许多农村人才向城镇地区集聚的重要原因。因此，在人才"竞争锦标赛"中，要提高广大农村地区留住人才与吸引人才方面的竞争能力，必须加大对师资队伍的财政投入。具体来说，政府应该持续扩大对农村教育财政支出，并出台专项地方教师补助政策，明令规定城镇与农村地区的教师工资差距应在合理水平。二是实施乡土人才培育行动。乡土人才指的就是具有一定科学文化素养、掌握一定专业技能并拥有一技之长的农村居民，他们生长于农村，对农村的风土人情与发展情况较为熟知，同时他们也生活于农村，对于改变农村发展面貌抱有强烈期望。所以说，乡土人才就是最符合农村本土发展要求的师资队伍，很有必要实施乡土人才培育行动。首先，要以农村经济社会发展为要求，明确乡土人才开发的指导思想与目标任务；其次，对乡土人才开展广泛深入且形式多样的培训，组织农业专家、学者与技术人员实施面对面的技能培训；最后，认真做好乡土人才选拔力度，优先考虑党员、干部等地方带头人作为选拔对象，同时也要制定相应标准，准许广大村民也有机会获得培育机会。

四 农村妇女健康发展措施

(一) 农村妇女健康发展措施的必要性

健康属于人固有的"本钱",是促进人全面发展的前提条件。美国经济学家贝克尔在其1964年出版的著作《人力资本》中指出,健康与寿命是不可分离于人本身的人格化资本,其比经验、知识与技能等要素更为核心、更加珍贵。宏观来看,健康也是国家的重要发展资源。良好的国民健康素质是国家繁荣富强的根本实现保障,而国民健康缺失则是阻碍经济社会进步的关键因子,若不补齐健康短板,就不可能建成现代化强国,中华民族复兴就无从谈起。可见,健康发展是国家与人民的共同追求,是社会主义现代化建设的最大优势与目标,是"国之大计、民之大事"。

事实上,党和国家始终将健康发展作为工作重点。早在2003年10月,国家便制定并开始实施新型农村合作医疗制度(以下简称"新农合"),首次开展改善农村居民健康水平的大规模投入工作。中共中央与国务院在2016年10月25日印发的《"健康中国2030"规划纲要》中,更是第一次将健康发展上升至国家战略层面,力图有效融合健康到各类发展政策中,进而全方位、全周期地推进全体人民健康水平与公平。截至2018年年底,我国卫生总支出费用高达59121.9亿元,人均卫生费用合计4237元,卫生总费用占据年度国民生产总值的6.57%,这一数值超越了世界绝大部分国家。在此基础之上,国家卫生健康委员会于2019年6月制定《健康中国行动(2019—2030年)》,要求进一步加强国民健康建设,并提出2030年我国要基本实现居民健康、健康公平指标水平进入发达国家行列的总体目标。显然,我国在健康事业上付出了巨大努力并取得了伟大成就,但要实现健康均衡、充分发展还任重道远。随着工业化、城镇化、人口老龄化进程的加快,我国国民生活生产方式不断调整,农村妇女逐渐成为农业生产与家庭照料等事务的主要承担者,背负着极大的身体与精神负担,她们正面临巨大的健康风险。所以说,农村妇女的健康发展格外需要关注,这不仅是由于她们身处恶劣的生存环境,健康发展十分困难;也是因为她们作为农业领域、农村社会与农民家庭中的"顶梁柱",她们的健康安危关乎农村发展与稳定全局,甚至会波及城市农民工的生存心态;更是因为我国这样一个社会主义国家"以人为本"的核心价值导向所决定。

因此,要确保第二个百年目标与中华民族伟大复兴中国梦的实现,就必须将农村妇女健康发展行动作为重点内容,采取更多积极措施提高农村妇女健康水平,有效完成国家长远健康规划,实现全体国民全方位发展。

(二)农村妇女健康发展措施的内容

农村妇女健康发展措施的内容主要有三方面:第一,推广普及健康认知。第二,提高医疗服务能力。第三,完善医疗保障制度。

第一,推广普及健康认知。健康是个人身体与精神层面上的一种状态,人的一切活动都将与健康状况相互反映。世界卫生组织相关研究发现,个人健康问题的最大症结就在于非健康的日常行为和生活方式。这说明,人们健康认知的缺失严重妨碍了健康发展目标的实现。特别是在偏远农村地区,对妇女群体而言,健康知识更像是"灵丹妙药",很重要,却很稀缺。因此,推广普及健康知识,让农村妇女具备最基本的健康风险防范意识与准备,最大限度免予不必要的身体与心理疾病,进而实现乡村振兴战略下的农村妇女健康稳定发展。具体来说,发动基层工作人员、新闻媒体机构对健康科普知识进行广泛传播报道。

第二,提高医疗服务能力。医疗服务作为针对患者进行治疗的相关服务,是人们健康的"保护伞"。受制于落后的发展条件,我国农村医疗服务能力还较为不足,主要体现在医疗资源匮乏、医护人才缺失、医疗服务不全与就医成本过高等方面。在如此贫乏的医疗条件下,农村医疗服务质量必难得以保障。所以,要提高农村妇女的健康水平,必须提高农村医疗服务能力。一是要加强农村医疗资源建设。主要是改善医疗硬件设施条件、增加重大疾病药品目录、推进医疗联合共同体建设;二是加强农村医疗队伍建设。重点要提高地方人才吸引能力、加大基层人才培育力度、优化人才使用制度环境;三是增强专项女性医疗服务。针对农村妇女生理和心理特点,从生育保健、妇科疾病、营养水平等方面给予一定物资补助与心理辅导。据《中国妇女发展纲要（2011—2020年）》的中期统计监测报告显示，2015年我国农村孕产妇女死亡率大幅降低，仅为0.0202%，且城乡差距已基本消除；四是推进医疗成本多主体分摊。我国现行的医疗成本分担机制还很单一，主要还是政府与居民双主体模式，其他社会主体的参与度还很不足，在高昂的医疗成本面前，往往力不从心，极大制约了乡村医疗服务供需能力。所以，还应鼓励社会力量积极参与农村医疗建设，推进医疗卫生产业化与适度市场化发展，并加大政府资源整合、管控力度，减轻政府与居民医疗负荷的同时，提高农村医疗服务质量。

第三，完善医疗保障制度。新型农村合作医疗是农村医疗保障体系的主要内容，这一模式尚处起步发展阶段，相关规章制度不够全面、规范、精密，诸多方面与农村实际情况不相符合，难以有效满足农村妇女的多元健康发展需要。所以，要将推进农村医疗卫生管理体制改革与创新作为保障农村妇女健康发展的根本依托。具体而言，一是建立权责明晰的分工协作机制。确保医疗供给服务权责明确、规范有序地运行。二是改变农村医疗机构用人机制。遵循公平、公正、公开、透明原则，严格筛选人才，确保有能力、有担当的医护人员能备受重任。三是完善收入分配机制。要以高质量医疗服务为绩效考核准则，构建基本工资与绩效相结合的工资制度。四是完善监督机制。针对政府、市场与社会主体中的违法违规行医或医疗设施生产活动进行依法打击，并建立健全医疗机构规章制度。

第三节　乡村振兴战略下农村妇女事业的发展体系构建

随着我国城镇化进程的深入推进，大量男性青壮年劳动力走出农村迈向城镇，从农业向第二、第三产业转移，而更多的妇女、老人与孩子被留守在了农村，延续着传统的农村生活与生产活动。在留守队伍中，60%的农村妇女劳动力承担起主要家庭照料、家务与农业生产等活动，为中国农村社会的发展与稳定作出重要贡献。这足以说明，农村妇女的生存发展处境关系到农村乃至整个国家的和谐与进步。要实现乡村振兴战略下农村妇女社会保障制度目标，确保农村妇女平等享有城镇化红利、城乡一体化福祉与社会进步果实，必须全面构建农村妇女事业发展体系，帮助农村妇女实现全面发展，发挥其在深推乡村振兴战略的正向引领作用，不断优化农村社会整体发展环境，提高农村多元多层次社会保障供给能力。

一 构筑农村妇女现代利益共同体

即便几千年来有关妇女的系统性歧视正随着时代进步而逐步削减，但现代社会尚不能彻底消除妇女发展中面临的歧视，因而如何真正消弭性别不平等是世界各国与人民共同关注的焦点。中国共产党自诞生以来就立志促进性别公平，在经历长期摸索、归纳、总结和提炼后，逐步将这一追求升华至人类命运共同体的宏远设想。习近平总书记在人类命运共同体的构建设想中，着重强调了构建性别平等的人类命运共同体，认为构建人类命运共同体，离不开男女平等的持续推动与妇女发展引导的体制机制创新。作为社会物质文明和精神文明的重要创造者，妇女是推动人类社会发展和进步不可或缺的力量。简言之，如果没有妇女，就没有人类的存在，也就没有社会的存在。

乡村振兴战略下农村妇女事业发展体系的构建，首先需要构筑农村妇女现代利益共同体。妇女是构建人类命运共同体的参与者，也应是受益者。党的十八大以来，我国高度重视构建人类命运共同体，致力于消除性别歧视。在保障妇女的政治参与、职场就业、教育培训、健康医疗等基本合法权利方面，提出了更高规格的要求，力求构建和谐包容的社会文化，努力消除一切针对妇女的不公平与不合理的障碍，消除有碍妇女发展的落后观念和陈规旧俗，创造有利于妇女发展的社会环境，共建共享男女平等、更加美好的世界。

二 坚持农村妇女多元化发展道路

改革开放以来，我国特色的社会主义发展道路正在逐步形成。2018年的第十二届全国妇女代表大会强调，要"团结动员各族各界

第六章 乡村振兴战略下农村妇女社会保障制度目标的实现机制

妇女为决胜全面建成小康社会实现中华民族伟大复兴的中国梦而不懈奋斗",这充分体现了妇女在我国经济社会发展中的重要作用。同时,有关妇女事业的法治建设也顺利推进,2018—2020年先后修订了《中华人民共和国妇女权益保障法》《中国儿童发展纲要（2011—2020年）》《中国妇女发展纲要（2011—2020年）》。党的十八大以来,又接连出台了《妇联组织促进女性公平就业约谈暂行办法》《妇联组织维权服务评估标准》《妇联组织参与社会治安综合治理工作维权服务考评办法（暂行）》等规章制度,明确了坚持和完善促进男女平等、妇女全面发展的制度机制。而且,还开展了诸如"巾帼扶贫""巾帼创业""巾帼扫盲"等系列活动,鼓励广大妇女积极发挥"半边天"作用。也就是说,随着中国特色社会主义道路探索的不断深入,农村妇女发展迎来了更加丰富、多元的机遇。

在探索农村妇女发展道路方面,近年来我国积极开展世界交流合作,先后举办了妇女与可持续发展国际论坛、全球妇女峰会等重大会议,吸引各国广泛交流。随着经济发展的不断深化,我国妇女事业也得到蓬勃发展,为世界提供了众多的中国经验和中国方案。乡村振兴战略下农村妇女事业发展体系的构建,需要实事求是,直面我国在城镇与乡村、男性与女性等方面的发展差异,从微观上对农村妇女的个体差异和走向进行精准把握,因地制宜,因人制宜,充分发挥农村妇女的主观能动性和创造力,发挥个体优势,走多元化的发展道路。

三 建立新型工农城乡关系网

党的十九届五中全会提出,"优先发展农业农村,全面推进乡村振兴",乡村振兴战略目标的实现,需要构建农村妇女事业发展体系,充分发挥市场对资源配置的决定性作用,为农村妇女提供平等的发展机会,形成"以工补农,工农互促""以城带农,城乡互补""优势互补,全面融合""差异发展,共同繁荣"的新型工农城乡关系网,从而改善农村妇女生存环境,拓宽发展空间,提高奉献经济社会发展的热情与能力。

第一,要建立城乡统筹的发展模式。具体来说,要立足城市统筹农村,目的在于解决"城市有、农村没有",两者差距太大的问题。

在此基础上，通过市场和政府合理分工，解决城乡两个地域空间平等发展的问题，实现农村妇女劳动力、资金和土地等生产要素之间的自由流动，让农村妇女主动接受城市的反哺，为农村经济充分发展贡献力量。

第二，要促进劳动力要素的城乡平等互动。要通过户籍制度的改革，落实城市非户籍人口落户进度，加大和放宽城市入户限制，通过落户的配套政策使得城市常住人口享受同等质量的公共服务，并且在乡村振兴战略思想的指导下，建立农民工返乡创业就业的培训和扶持体系，完善乡村投资体系，实现传统农业升级转型，激励人才返乡，提升乡村的人力资本，使乡村女性在人口日益减少的前提下，能带动人口均衡和人力资源质量提升。

第三，要促进资本合理下乡。要确保农业资本的专款专用，杜绝取之于农，用之于城的现象；要进一步健全"三农"的投入保障制度，建立适合农业农村发展的农村金融支持体系，推广更多的融资方式，吸引城市资本下沉，提供更多助农优惠。

四 促进农村妇女增收，坚持农民的主体地位

乡村振兴战略下农村妇女事业发展体系的构建，需要坚持农民主体地位，为农村妇女提供更为广阔的发展舞台。随着新时代乡村振兴战略的全面实施，农村妇女迎来了全新的发展良机。为此，在发展过程中，要认识到农村妇女在乡村振兴中的主体作用，调动其参与积极性、主动性、创造性，促进农村妇女地位持续提升。

近年来，为了更好地促进农村妇女创业，并提高创业成功率，各地方政府已经开始制定相关的扶持政策和鼓励措施，积极支持农村妇女通过创业参与到乡村振兴的伟大事业中。农村妇女创业，有利于提升其经济地位，进而克服可能面临的家庭压力，改变可能面临的不利经济地位。而且，农村妇女的创业，能为社会发展注入新的活力。因而，要通过"巾帼创业行动"等专项计划，在尊重农村妇女主体地位的基础上，加强就业服务培训，拓宽其创业渠道，发挥其聪明才智，支持其在乡村振兴中建功立业。

五　完善农村人力资源开发机制

乡村振兴战略下农村妇女事业发展体系的构建，需要进一步完善农村人力资源开发机制。在农村人力资源的开发过程中，要坚持社区自治和政府管理有效结合的原则，为农村妇女人才的培养和成长创造良好环境，实现妇女当家做主，提高其自我管理能力和民主参与能力。

首先，要高度重视农村剩余劳动力，特别是隐性剩余农村妇女劳动力的发展潜力，以市场化手段来加大技能培训和基础教育投资，并积极发展多样化的农村职业技术教育，努力提升农村妇女综合素质。其次，要克服农村地区地广人稀、交通不便及居住分散的不足，加强农村基层组织的建设，选拔素质高、有号召力的基层领导干部，培养具有市场化头脑和思想的基层干部为农民，特别是为农村妇女的人力资本提升提供服务。再次，要发扬乡村干部深入田间地头的实地调研工作作风，积极体察民情，了解农村妇女的所需所求。最后，要加强农村信息服务，保证农村妇女可以通过网络推介农产品和获得生产技术信息。

六　培养农村妇女合理表达政治诉求的渠道

要提高农村妇女政治参与水平，首先需要提高其文化素质，保障其受教育权利。要通过财政补贴和希望工程、春蕾计划等的持续扶持，保障农村女孩的受教育权。要注重农村妇女的二次教育，定期组织各类培训和宣讲，帮助其增强意识、转变观念、提升思想觉悟与综合素质。其次，要进一步夯实经济基础，要将农村妇女就业创业列入当地经济发展规划，出台对应的优惠方案。最后，要在农村事务的管理中吸纳更多妇女干部，提高农村基层妇女的参与积极性。

随着社会主义民主建设的不断深化与发展，我国农村妇女的政治参与必将进入一个新的发展阶段。乡村振兴战略下农村妇女事业发展的促进，需要提高其组织化程度，为其发展提供可依托的组织载体。为此，要大力发展农村社会组织，逐步形成社区党组织领导、社区居委会（村民小组）主导、各类社会组织和社区居民多元参与、共同治理的机制，加大农村妇女通过合法渠道表达政治诉求的组织支持力度。

七　城乡对接实现城乡妇女联动创业

乡村振兴战略下农村妇女事业发展体系构建，需要破除城乡二元结构，加速推进城乡融合的一体化道路建设，精准把握城镇、农村妇女的共性与异性，在统一中寻求合作，在差异中寻求创新，统筹规划推进城镇与农村妇女创业支持战略，构建城乡妇女联动创业体系，尽量为外出务工农村妇女的城市生存、职业打拼创造良好环境。

具体来说，在城乡融合发展实践中，要倡导原产地直供，通过乡城对接，实现乡城妇女的联动创业。要加大对外出务工农村妇女的技能、技术培训，让其能适应城镇发展需求，使其能在农村文化和城市文明的结合中，实现经济独立和人格尊严。通过巾帼农业科技服务团、妇女创业小额循环扶助金、创业就业培训班、女性手工艺、农产品专委会线下体验店、女企业家协会和创业导师帮扶机制等多种机制与方式，为广大乡村妇女搭建科技、资金、培训以及交流互助的平台，并利用互联网新业态支持农村妇女创业。

八　提高农村妇女工作的网络信息化和公共服务水平

乡村振兴战略下农村妇女事业的发展体系构建，需要提高农村妇女工作的网络信息化和公共服务水平。通过"互联网＋"创业的形式，来提高农村社区的信息化建设，利用微信、抖音等新媒体技术，提高农村妇女接受公共服务的便捷程度，通过电商平台来鼓励妇女参与到经济活动中，实现农业经济的可持续发展。其中，信息化平台可以围绕四方面开展：第一，提供就业信息咨询和服务。信息平台可以为妇女提供就业形势、市场招聘分析、相关的法律法规知识、行业发展分析、创业政策优惠等信息，提高创业成功率。第二，建立就业市场服务平台，通过用人单位和人才招聘中心的合作，为农村妇女提供定向和丰富的招聘信息资源，提供更多组织化、有价值的就业信息服务。第三，提供心理咨询服务。目前的妇女工作中，涉及农村妇女的心理问题方面的工作比较少，对于农村妇女生活压力重视度较低，因此，信息化平台可以提供心理咨询服务来应对农村妇女生活工作中遇到的焦虑和压力，并提供适当的解决方法，帮助其树立正确的人生观

第六章　乡村振兴战略下农村妇女社会保障制度目标的实现机制

和就业意识。第四，交流和意见平台。通过建立信息平台，建立起城乡农村妇女交流中心，帮助其分析和总结经济活动中遇到的经验教训，提供有用的建议，提高实践效果。

乡村振兴战略下农村妇女事业的发展体系构建过程中，还需要建立科学的评价机制来指导相关工作，要积极学习国内外先进的妇女工作经验，建立定期走访工作机制，准确把握妇女的工作情况、生活学习状态，通过对各方面信息的综合分析和整理，改进工作中的不足之处，不断提升农村妇女的获得感、幸福感、安全感。

第四节　本章小结

本章瞄准乡村振兴战略背景下农村妇女社会保障制度目标的实现机制，首先，对农村妇女事业与社会保障的内在关联进行深刻论证，由表及里揭示出二者间的内生逻辑，于此提出乡村振兴战略背景下农村妇女社会保障制度目标的实现机制应以农村妇女事业发展为主导的本质理路。其次，在社会保障框架下阐释农村妇女发展事业的必然性与具体内容。最后，从八大维度提出了农村妇女事业发展体系建设的实现机制。

参考文献

安超：《中国农村低保精准识别的内在困境——贫困可见性与瞄准偏误及其解决思路》，《公共行政评论》2019年第6期。

包国宪等：《新公共治理理论及对中国公共服务绩效评估的影响》，《上海行政学院学报》2018年第2期。

包玲：《基于DEA的大连市社会保障绩效评估研究》，硕士学位论文，大连理工大学，2011年。

蔡立辉：《西方国家政府绩效评估的理念及其启示》，《清华大学学报》（哲学社会科学版）2003年第1期。

陈艳珍：《当前政府绩效评估的影响因素分析》，《理论探索》2010年第1期。

陈小华：《客观评估与主观评估：政府绩效评估的类型学分析》，《行政论坛》2012年第5期。

陈艳珍：《当前政府绩效评估的影响因素分析》，《理论探索》2010年第1期。

陈元刚等：《社会保障事业的绩效评估指标体系研究》，《劳动保障世界》2019年第15期。

蔡红英：《政府绩效评估与绩效预算》，《中南财经政法大学学报》2007年第2期。

曹信邦：《政府社会保障绩效评估指标体系研究》，《中国行政管理》2006年第7期。

天祥等：《影响政府绩效评估指标体系设计的多维因素》，《中国人民大学学报》2007年第6期。

程玲：《可行能力视角下农村妇女的反贫困政策调适》，《吉林大学社会科学学报》2019 年第 5 期。

陈健等：《连片特困地区农村妇女生计发展的要素测度及政策支持研究》，《人口与发展》2020 年第 2 期。

陈爱武：《新中国 70 年妇女人权保障之回顾与展望》，《法律科学》（西北政法大学学报）2019 年第 5 期。

陈丽琴：《从被动追随到主动选择：新中国成立以来农村妇女意愿生育性别偏好变迁及其原因》，《浙江社会科学》2019 年第 9 期。

蔡继明：《在城乡融合发展中实现乡村振兴》，《群言》2021 年第 4 期。

崔光宝：《农村妇女就业路在何方》，《中国人力资源社会保障》2011 年第 11 期。

董尚雯：《社会保障绩效评估体系国际标杆研究及对我国的启示》，《经济研究参考》2013 年第 70 期。

戴建兵：《我国农村最低生活保障力度及其横向公平性分析》，《人口与经济》2012 年第 5 期。

丁建定：《改革开放以来党对社会保障制度重大理论认识的发展》，《社会保障评论》2018 年第 4 期。

邓建华：《完善覆盖全民社会保障体系的路径选择》，《农村经济与科技》2020 年第 22 期。

付景涛等：《企业参与地方政府绩效评估的机会和空间——顾客政治的理论视角》，《中国行政管理》2013 年第 3 期。

范柏乃等：《影响政府绩效评估误差的因素及其对策研究》，《软科学》2005 年第 4 期。

付优等：《我国社会保障基金投资绩效审计研究》，《改革与开放》2015 年第 19 期。

范红丽等：《家庭老年照料与农村妇女非农就业——来自中国微观调查数据的经验分析》，《中国农村经济》2019 年第 2 期。

范会芳：《多维福利视角下脱贫户的福利获得及福利效应研究——以豫西 D 村的扶贫实践为例》，《郑州大学学报》（哲学社会科学版）2020 年第 5 期。

郭赞：《乡村振兴背景下农村社会保障问题审视及解决途径》，《农业经济》2020年第10期。

关爱萍等：《农村女性人力资本对家庭收入的影响——基于甘肃省贫困村的实证分析》，《人口与发展》2018年第4期。

谷晶双：《"溢出效应"还是"挤出效应"？——与父母同住对女性劳动供给的影响》，《首都经济贸易大学学报》2021年第1期。

郭晔：《深化农村土地制度改革的几点思考——以维护农村妇女土地权益的实践为例》，《妇女研究论丛》2019年第5期。

胡淑晶：《政府绩效评估的理论和方法》，《甘肃社会科学》2005年第6期。

何文盛等：《中国地方政府绩效评估中公民参与的障碍分析及对策》，《兰州大学学报》（社会科学版）2011年第1期。

黄红霞：《新型农村社会保障法律制度的缺失与构建》，《农业经济》2018年第3期。

霍红梅：《从社会资本视角探讨农村女性创业创新》，《中国妇女报》2017年10月11日第3版。

惠建利：《农村集体产权制度改革中的妇女权益保障——基于女性主义经济学的视角》，《中国农村观察》2018年第6期。

黄桂霞：《中国社会保障缓解妇女贫困的经验与挑战》，《山东女子学院学报》2020年第6期。

韩宁平：《从性别平等到性别红利：现实制约与实现路径》，《山东社会科学》2021年第3期。

韩沛锟等：《农村养老服务：需求、政策实践与发展展望》，《学习论坛》2021年第2期。

韩良良：《女权主义视角下的妇女权益保障》，《郑州大学学报》（哲学社会科学版）2010年第6期。

胡仕勇、姜秀芬、邹丽娟：《女性农民工参与生育保险的现状、问题与对策——基于武汉市女性农民工个案的分析》，《社会福利》（理论版）2012年第12期。

惠建利：《农村集体产权制度改革中的妇女权益保障——基于女

性主义经济学的视角》,《中国农村观察》2018 年第 6 期。

金淑彬等:《财政视角下经济欠发达地区农村老年妇女养老现状改善研究——基于西部 12 省（区、市）的调查》,《农业经济》2019 年第 3 期。

焦若水:《家的复归与赋权：农村社会工作整合发展的文化基础》,《甘肃社会科学》2021 年第 2 期。

姜耀辉等:《新时代妇女思想政治状况及其引领对策探讨——基于湖南 19285 名妇女的调查》,《湖南社会科学》2021 年第 2 期。

蒋文宁等:《教育层次对农村女性社会流动的影响——在广西所做的一个实证研究》,《广西师范大学学报》（哲学社会科学版）2014 年第 5 期。

江维国等:《中国乡村振兴的科学内涵、主要任务与战略重点》,《社会政策研究》2018 年第 2 期。

江维国等:《顶层设计与基层实践响应：乡村振兴下的乡村治理创新研究》,《马克思主义与现实》2018 年第 4 期。

江维国等:《被征地青年的颓废问题：沦陷因素与规避措施》,《北京社会科学》2019 年第 9 期。

江维国等:《基层治理现代化与被征地农民社会保障供给优化协同推进研究》,《农业经济与管理》2021 年第 1 期。

李乐等:《试论公共责任视域下以公民为本的绩效评估指标体系的构建——英国的经验与启示》,《中国行政管理》2018 年第 6 期。

林毓铭:《社会保障政府绩效与评估指标体系》,《中南民族大学学报》（人文社会科学版）2007 年第 1 期。

刘晓丽:《社会保障基金绩效审计评价指标体系思考》,《经济研究导刊》2020 年第 21 期。

芦刚等:《地方政府绩效评估的效度及其影响因素分析》,《云南行政学院学报》2006 年第 6 期。

刘贵平:《社会保障资金绩效审计目标及内容研究》,《财会学习》2019 年第 5 期。

廖晓明等:《论我国地方政府绩效评估中的价值取向》,《中国行政管理》2010年第4期。

李春根等：《建立适应和谐社会的社会保障支出绩效评估体系》，《当代经济管理》2009年第2期。

黎民等：《当前我国基本养老保险制度的有效性评价——基于层次分析法的一项研究》，《贵州社会科学》2008年第7期。

罗良清等：《基于CCA-DEA模型评估政府社会保障绩效的实证研究》，《统计与信息论坛》2010年第3期。

刘振杰：《社会保障：提升社会管理水平的重要途径》，《中国国情国力》2011年第10期。

林毓铭：《社会保障政府绩效与评估指标体系》，《中南民族大学学报》（人文社会科学版）2007年第1期。

刘亚玫等：《论习近平总书记关于新时代妇女发展和妇女工作重要论述的科学内涵》，《妇女研究论丛》2018年第5期。

刘华北：《城乡融合视野下新农村建设的立法完善研究》，《农业经济》2020年第1期。

罗军飞等：《农村贫困地区妇女生活质量及影响因素研究——以湖南农村贫困地区妇女为例》，《南方人口》2017年第1期。

刘筱红等：《集体化时期农村妇女生育意愿的变化：制度系统性调适视角——基于湖北省多点口述史与鄂北冯村的研究》，《妇女研究论丛》2018年第1期。

李泓宽：《基于人生存发展家庭保障的中国妇女就业机制构建》，《改革与战略》2017年第11期。

梁文凤：《基于精准扶贫视角的农村妇女脱贫路径研究》，《改革与战略》2018年第5期。

李莹等：《不让任何一个人掉队——对处境不利妇女群体发展的初步评估》，《山东女子学院学报》2021年第1期。

龙良富等：《手工技艺传承视域下民族地区妇女的代内流动——以黔东南州丹寨县排倒莫村为例》，《中南民族大学学报》（人文社会科学版）2021年第4期。

廖和平等：《试论新时期与新时代农村妇女的"超半效应"》，

《湘潭大学学报》（哲学社会科学版）2021年第2期。

刘妮娜：《从互助养老到互助共同体：现代乡村共同体建设的一种可行路径》，《云南民族大学学报》（哲学社会科学版）2021年第2期。

卢颖：《农村家庭普通高中教育投资的优化研究——以河南省虞城县为例》，《哈尔滨学院学报》2018年第6期。

李立清等：《乡村振兴战略下返乡创业农民工社会保障研究》，《新疆社会科学》2019年第1期。

木永跃：《当前我国政府绩效管理问题初探》，《廊坊师范学院学报》（社会科学版）2010年第4期。

毛平等：《西部民族地区农村妇女发展特点及路径探析——以四川凉山彝族地区农村妇女发展为例》，《贵州民族研究》2016年第5期。

穆怀中等：《农村养老保险适度水平及对提高社会保障水平分层贡献研究》，《人口研究》2013年第3期。

闵琴琴：《农村高等教育扶贫：缘起、困境和突围》，《高等教育研究》2018年第5期。

聂亚平等：《财政投入提升社会保障绩效探析——以湖南省绩效提升为例》，《财政研究》2013年第7期。

宁满秀：《谁从"家庭捆绑"式的新型农村社会养老保险制度中获益？——来自CHARLS数据的经验分析》，《中国农村经济》2015年第7期。

彭澎：《推进我国政府绩效评估制度发展的探索思考》，《南华大学学报》（社会科学版）2013年第5期。

潘锦棠：《生育津贴计发标准更趋公平》，《中国社会保障》2014年第3期。

秦法跃：《地方政府绩效评估的创新目标、影响因素与实现路径》，《领导科学》2018年第26期。

曲绍旭：《城乡社会保障统筹制度的实证研究——基于农村社会保险的多元logistic回归分析》，《中国经济问题》2013年第6期。

秦秋红：《农村女性人力资源教育开发对农村经济的贡献——以陕西省为例》，《经济体制改革》2012 年第 4 期。

任守云：《理性化的选择：客厅工厂中的农村妇女为何留守乡野？——以河北省李村为例》，《中国青年研究》2017 年第 7 期。

苏江：《乡村振兴战略背景下新型职业农民教育体系的优化》，《教育与职业》2019 年第 19 期。

苏海：《中国农村贫困女性的减贫历程与经验反思》，《云南社会科学》2019 年第 6 期。

唐娟莉等：《中国省际农村社会保障供给绩效的时空演变》，《河南农业大学学报》2020 年第 1 期。

唐娟莉等：《基于三大经济地区的农村社会保障供给消费效应分析》，《河南农业大学学报》2018 年第 5 期。

田瑞靖：《妇女当家会强化低生育水平吗？——一项关于家庭权力与生育决策的实证研究》，《人口与社会》2016 年第 2 期。

唐永霞等：《贫困地区农村妇女在乡村振兴战略中的作用研究——以甘肃省通渭县为例》，《西安建筑科技大学学报》（社会科学版）2019 年第 3 期。

汪军民：《中国农地制度的绩效研究》，博士学位论文，重庆大学，2007 年。

王增文：《论社会保障绩效治理的操作性路径》，《社会保障评论》2019 年第 3 期。

王晟哲等：《基于因子分析法的我国省际社会服务绩效评估》，《中国行政管理》2015 年第 7 期。

王学军：《我国政府绩效管理的治理转型》，《理论探索》2020 年第 6 期。

王延中等：《"十四五"时期中国社会保障建设的目标任务与政策建议》，《社会保障评论》2020 年第 3 期。

王曙光等：《中国农村社会保障的制度变迁与未来趋势》，《新疆师范大学学报》（哲学社会科学版）2020 年第 4 期。

王小林等：《2020 年后中国多维相对贫困标准：国际经验与政策

取向》，《中国农村经济》2020年第3期。

魏君英等：《农村人口结构变化对农作物种植结构的影响——基于中国粮食主产区面板数据的全面FGSL估计》，《农村经济》2019年第3期。

王晓睿等：《集体产权制度改革中的农村妇女土地权益的保护——基于5个县（市、区）的调研观察》，《农村经济》2019年第9期。

王亚华：《乡村振兴"三步走"战略如何实施》，《人民论坛》2018年第10期。

吴云青：《在乡村振兴中提升农村女性就近转移就业质量》，《中国妇运》2019年第6期。

王志章等：《教育阻断边疆民族地区代际贫困的具体路理——基于云南省怒江傈僳族自治州泸水市老窝镇的实地调查》，《云南师范大学学报》（哲学社会科学版）2020年第4期。

王维等：《社会性别视角下的农村留守女性生命史》，《中国农业大学学报》（社会科学版）2020年第2期。

汪淳玉等：《乡村振兴视野下农村留守妇女的新特点与突出问题》，《妇女研究论丛》2020年第1期。

徐月宾等：《中国农村反贫困政策的反思——从社会救助向社会保护转变》，《中国社会科学》2007年第3期。

徐俐颖等：《基于三阶段DEA的我国医药产业创新效率评价研究》，《中国药房》2020年第16期。

徐进：《社会保障助力乡村振兴：功能定位、现实困境、逻辑进路》，《社会福利》（理论版）2020年第3期。

谢飞等：《流动人口背景下欠发达地区农村妇女住院医疗服务及影响因素分析》，《中国公共卫生》2020年第7期。

徐志刚等：《新农保与农地转出：制度性养老能替代土地养老吗？——基于家庭人口结构和流动性约束的视角》，《管理世界》2018年第5期。

夏国祥等：《女性受教育程度、子女数量与家庭收入关系研究》，

《海南师范大学学报》（社会科学版）2021年第2期。

谢秋山等：《中国农民公共就业服务政策演变的逻辑、趋势与展望》，《中国农村经济》2021年第2期。

邢成举：《村镇工厂与农村女性反贫困研究》，《妇女研究论丛》2020年第1期。

余红伟：《我国社会保障支出效率的区域测度与影响因素研究——基于三阶段DEA模型的政策质量分析》，《社会保障研究》2015年第5期。

叶世绮等：《确定DEA指标体系的B－D方法》，《暨南大学学报》（自然科学与医学版）2004年第3期。

杨玉珍等：《乡村振兴战略与我国农村发展战略的衔接及其连续性》，《农业经济问题》2019年第6期。

虞崇胜等：《"扶"与"脱"的分野：从精准扶贫到精准脱贫的战略转换》，《中共福建省委党校学报》2017年第1期。

殷浩栋等：《"母凭子贵"：子女性别对贫困地区农村妇女家庭决策权的影响》，《中国农村经济》2018年第1期。

杨凡等：《选择性、传统还是适应：流动对农村育龄妇女男孩偏好的影响研究》，《人口研究》2016年第2期。

杨菊华：《生育支持与生育支持政策：基本意涵与未来取向》，《山东社会科学》2019年第10期。

闫坤等：《论引入性别因素的精准扶贫——以绵阳市特困县为例》，《华中师范大学学报》（人文社会科学版）2016年第6期。

尹木子：《女性流动人口参加社会保险的影响因素研究》，《大连理工大学学报》（社会科学版）2016年第2期。

叶敬忠：《农村留守人口研究：基本立场、认识误区与理论转向》，《人口研究》2019年第2期。

朱志刚等：《农村金融改革的创新实践和绩效评价研究——以浙江省丽水农村金融改革为例》，《上海金融》2017年第9期。

张秀兰等：《中国农村贫困状况与最低生活保障制度的建立》，《上海行政学院学报》2007年第3期。

周志忍：《政府绩效评估中的公民参与：我国的实践历程与前景》，《中国行政管理》2008年第1期。

张平：《我国社会保障支出绩效评价的难点与指标体系构建》，《现代财经—天津财经大学学报》2009年第6期。

张平：《我国社会保障支出绩效指标量化研究》，《财会通讯》2009年第36期。

周长城等：《社会保障绩效评估指标体系思考》，《社会保障研究》2012年第6期。

张超兰：《当前我国地方政府绩效评估指标体系探析》，硕士学位论文，湖南师范大学，2015年。

周颖颖等：《基于因子分析法的山东省17地市社会保障评价及对策》，《中国集体经济》2015年第21期。

郑功成：《多层次社会保障体系建设：现状评估与政策思路》，《社会保障评论》2019年第1期。

周平华、邓集文：《农村老年妇女社会保障问题探析》，《求索》2014年第8期。

赵静：《推进农村经济发展　留守妇女素质教育要先行》，《农业经济》2015年第9期。

左停等：《相对贫困视角下的贫困户脱贫质量及其自我发展能力——基于六个国家级贫困县建档立卡数据的定量分析》，《华南师范大学学报》（社会科学版）2021年第2期。

张金环：《农村女性外出务工的障碍及其对策——以农村女性平等就业权保障为视角》，《中华女子学院学报》2017年第2期。

赵艳云：《基于SWOT理论的农村女性职业教育发展研究》，《职业教育研究》2017年第12期。

朱铭来等：《宗族网络、保险制度与农村女性外出就业——基于CFPS数据库的空间计量实证分析》，《经济科学》2019年第4期。

Ahmadi, Anissa, "Evaluating Performance: How to Appraise, Promote, and Fire", *Journal of Applied Management and Entrepreneurship*, Vol. 13, No. 1, 2008.

Alkir, Sabina, Jose Manuel Roche, and Ana Vaz, "Changes over Time in Multidimensional Poverty: Methodology and Results for 34 Countries", *World Development*, Vol. 94, No. 76, 2017.

Agarwal, Bina, "Gender and Land Rights Revisited: Exploring New Prospects via the State, Family and Market", *Journal of Agrarian Change*, Vol. 3, No. 1 - 2, 2003.

Benefield, Lazelle E., and Barbara J. Holtzclaw, "Aging in Place: Merging Desire with Reality", *Nursing Clinics*, Vol. 49, No. 2, 2014.

Charnes, Abraham, William W. Cooper, and Edwardo Rhodes, "Measuring the Efficiency of Decision Making Units", *European Journal of Operational Research*, Vol. 2, No. 6, 1978.

Christopher, Karen, et al., "The Gender Gap in Poverty in Modern Nations: Single Motherhood, the Market, and the State", *Sociological Perspectives*, Vol. 45, No. 3, 2002.

Chant, Sylvia, "Re - thinking the Feminization of Povertyin Relation to Aggregate Gender Indices", *Journal of Human Development*, Vol. 7, No. 2, 2006.

Christiaensen, Luc, Joachim De Weerdt, and Yasuyuki Todo, "Urbanization and Poverty Reduction: The Role of Rural Diversification and Secondary Towns", *Agricultural Economics*, Vol. 44, No. 4 - 5, 2013.

Dewey, J., "Education and the Health of Women", *Science*, Vol. 6, No. 141, 1885.

Cannonier, Colin, "Does the Family and Medical Leave Act (FMLA) Increase Fertility Behavior?", *Journal of Labor Research*, Vol. 35, No. 2, 2014.

Deere, Carmen Diana, Magdalena León, "The Gender Asset Gap: Land in Latin America", *World Development*, Vol. 31, No. 6, 2003.

Deere, Carmen Diana, "Womens' Land Rights and Rural Social Movements in the Brazilian Agrarian Reform", *Journal of Agrarian Change*, Vol. 3, No. 1 - 2, 2010.

Ericksen, Kirsten S., et al., "Should I Stay at Home or Should I Go Back to Work? Workforce Reentry Influences on a Mother's Decision-making Process", *Journal of Employment Counseling*, Vol. 45, No. 4, 2008.

Fried, Amy, "Why Trust Matters: Declining Political Trust and the Demise of American Liberalism", *Perspectives on Politics*, Vol. 4, No. 1, 2006.

Fried, Harold O., et al., "Accounting for Environmental Effects and Statistical Noise in Data Envelopment Analysis", *Journal of Productivity Analysis*, Vol. 17, No. 1, 2002.

Fauveau, Vincent, et al., "Impact of a Family Planning and Health Services Programme on Adult Female Mortality", *Health Policy and Planning*, Vol. 3, No. 4, 1988.

Fitzgerald, Therese, et al., "Women and Health Reform: How National Health Care can Enhance Coverag, Affordabili, and Access for Women (Examples from Massachusetts)", *Women's Health Issues*, Vol. 24, No. 1, 2014.

Guendelman, Sylvia, et al., "Work-family Balance after Childbirth: The Association between Employer-Offered Leave Characteristics and Maternity Leave Duration", *Maternal and Child Health Journal*, Vol. 18, No. 1, 2014.

Hood, Christopher, "A Public Management for all Seasons?", *Public Administration*, Vol. 68, No. 1, 1991.

Hill, Heather D., "Welfare as Maternity Leave? Exemptions from Welfare Work Requirements and Maternal Employment", *Social Service Review*, Vol. 86, No. 1, 2012.

Henderson, Ailsa, Linda A. White, "Shrinking Welfare States? Comparing Maternity Leave Benefits and Child Care Programs in European Union and North American Welfare States, 1985-2000", *Journal of European Public Policy*, Vol. 11, No. 3, 2004.

Jondrow, James, et al., "On the Estimation of Technical Inefficiency in the Stochastic Frontier Production Function Model", *Journal of Econometrics*, Vol. 19, No. 2 – 3, 1982.

Kyomuhendo, Grace Bantebya, "Low Use of Rural Maternity Services in Uganda: Impact of Women's Status, Traditional Beliefs and Limited Resources", *Reproductive Health Matters*, Vol. 11, No. 21, 2003.

Kaur, Malkit, M. L. Sharma, "Role of Women in Rural Development", *Journal of Rural Studies*, Vol. 7, No. 1 – 2, 1991.

Liu, Qijun, "How to Improve Government Performance?", *European Journal of Political Economy*, Vol. 23, No. 4, 2007.

Li, Virginia C., et al., "Capacity Building to Improve Women's Health in Rural China", *Social Science & Medicine*, Vol. 52, No. 2, 2001.

Little, Jo, "Theoretical Issues of Women's Non – agricultural Employment in Rural Areas, with Illustrations from the UK", *Journal of Rural Studies*, Vol. 7, No. 1 – 2, 1991.

Iida, Mako, et al., "The Association between Unit – level Workplace Social Capital and Intention to Leave among Employees in Health Care Settings: A Cross – sectional Multilevel Study", *Journal of Occupational and Environmental Medicine*, Vol. 62, No. 5, 2020.

Moghadam, Valentine M., "The Feminization of Poverty: Notes on a Concept and Trends. Illinois State University", *Women's Studies Program*, 1997.

Misra, Joya, Stephanie Moller, Michelle J. Budig, "Work – family Policies and Poverty for Partnered and Single Women in Europe and North America", *Gender & Society*, Vol. 21, No. 6, 2007.

Manji, Ambreena, "Capital, Labour and Land Relations in Africa: A Gender Analysis of the World Bank's Policy Research Report on Land Institutions and Land Policy", *Third World Quarterly*, Vol. 24, No. 1, 2003.

Navarro Yáñez, Clemente, J., "Women and Social Mobility in Rural Spain", *Sociologia Ruralis*, Vol. 39, No. 2, 1999.

Oostendorp, Remco, "Globalization and the Gender Wage Gap", *The World Bank Economic Review*, Vol. 23, No. 1, 2008.

Oliver, M. K., "Enhanced Market Practices: Poverty Alleviation for Poor Producers in Developing Countries", *California Management Review*, Vol. 55, No. 1, 2012.

Parks, Roger B., "Linking Objective and Subjective Measures of Performance", *Public Administration Review*, Vol. 44, No. 2, 1984.

Pearce, Diane, "The Feminization of Poverty: Women, Work, and Welfare", *Urban & Social Change Review*, Vol. 11, No. 1, 1978.

Pressman, Steven, "Feminist Explanations for the Feminization of Poverty", *Journal of Economic Issues*, Vol. 37, No. 2, 2003.

Sen, Amartya, "Poverty: An Ordinal Approach to Measurement", *Econometrica: Journal of the Econometric Society*, Vol. 44, No. 2, 1976.

Schott, Whitney, "Going Back Part-time: Family Leave Legislation and Women's Return to Work", *Population Research and Policy Review*, Vol. 31, No. 1, 2012.

Struck, Bryan David, Elizabeth Aubrey Brown, and Stefani Madison, "Advance Care Planning in the Outpatient Geriatric Medicine Setting", *Primary Care*, Vol. 44, No. 3, 2017.

Visser, Jelle, "Union Membership Statistics in 24 Countries", *Monthly Lab. Rev.*, Vol. 129, No. 1, 2006.

World Bank, "World Development Report 1995: Workers in an integrating world", The World Bank, 1995.

Yang, Kaifeng, and Marc Holzer, "The Performance-trust Link: Implications for Performance Measurement", *Public Administration Review*, Vol. 66, No. 1, 2006.